Exercices
de créativité
à l'usage du formateur

Éditions d'Organisation
Groupe Eyrolles
61, bd Saint-Germain
75240 Paris Cedex 05

www.editions-organisation.com
www.editions-eyrolles.com

*Cet ouvrage a fait l'objet d'un reconditionnement à l'occasion
de son deuxième tirage (nouvelle couverture).
Le texte de l'ouvrage reste inchangé par rapport au tirage précédent.*

Michel et Bernadette FUSTIER

Exercices
de créativité
à l'usage du formateur

Deuxième tirage 2006

Éditions
d'Organisation

SOMMAIRE

Avertissement de la douzième édition 3

Introduction 7

Petit bouquet de pensées sauvages 15

Conseils pratiques pour la mise en œuvre
des exercices 17

PREMIÈRE PARTIE
5 SÉRIES D'EXERCICES
DE CRÉATIVITÉ

EXERCICES PRÉLIMINAIRES

La constitution du groupe et la sécurité affective 35

Exercices de présentation 37

Exercices d'approfondissement des rapports
interpersonnels 41

PREMIÈRE SÉRIE D'EXERCICES
Un regard neuf sur le monde 47

  1. Le point de vue de Sirius 48
  2. Les poutres vermoulues 51
  3. La défectuologie 55
  4. Les dispositifs d'auto-destruction 59
  5. Le jeu de casse-mots 61
  6. Se passer de… 65
  7. Plus cher, moins cher 67
  8. Scénarios futuristes 70
  9. Scénarios fantaisistes 72
 10. Le jeu avec les pensées ou « les proverbes » 73

DEUXIÈME SÉRIE D'EXERCICES
La reconnaissance de la diversité du monde 79

  1. Exercices de style 81
  2. La distanciation 85
  3. À suivre ou le récit à épisodes 89
  4. Les intrigues ou le dramaturge 93
  5. La réaction à l'événement 96
  6. L'étude de motivation 100
  7. L'anti-texte ou un langage politique 104
  8. Les échelles de valeur 109
  9. Dans la peau de l'autre 111

TROISIÈME SÉRIE D'EXERCICES
Les méthodes antithétiques 115

  1. Le concassage 117
  2. Que peut-on faire avec … 121
  3. Ailleurs et pas maintenant 126
  4. L'optimisation d'une fonction 127
  5. Les sept chemins 128
  6. Le système idéal ou la baguette magique 133

7. La dialectique ou « le face à face » 137
8. Concassage fondamental.................................... 141

QUATRIÈME SÉRIE D'EXERCICES
Les méthodes analogiques 145
1. Les relations de ressemblance............................. 148
2. La comparaison 150
3. La parabole 152
4. Le schéma...................................... 156
5. L'identification corporelle.................................... 160
6. La recherche analogique 163
7. L'heuridrame 173
8. L'analogie de relation 179

CINQUIÈME SÉRIE D'EXERCICES
Les méthodes aléatoires................................ 185
1. Les formes inductrices 187
2. Les mots inducteurs.............................. 194
3. Les objets inducteurs ou les superpositions............. 199
4. L'invention de nouveaux mots 204
5. L'invention de nouvelles pensées 210
6. La perception sélective
(la méthode du grand magasin) 217
7. L'invention de nouveaux objets.................... 219
Exercice final 225

DEUXIÈME PARTIE
MÉTHODOLOGIE GÉNÉRALE DE LA RÉSOLUTION DES PROBLÈMES

Première étape : la perception du malaise 234
Deuxième étape : l'exploration de l'environnement
(rassemblement des informations)................................ 245

Troisième étape : la définition des fonctions 253
Quatrième étape : la recherche des idées de solution 268
Cinquième étape : le choix de la bonne idée
de solution 276
Sixième étape : mise en œuvre de la solution
(la méthode morphologique) 281
Septième étape : la diffusion de la solution 293
Remarques finales 297

TROISIÈME PARTIE
POUR Y VOIR CLAIR DANS LES MÉCANISMES PSYCHOLOGIQUES DE LA CRÉATIVITÉ

1. De la « science des causes » à la « science
   des buts » 305
2. Le mécanisme de l'invention 316
3. Convergence et divergence 329
4. Le groupe pluridisciplinaire 336
5. Les postulats de la théorie de la découverte 347

Bibliographie 349

CE LIVRE EST DÉDIÉ AU CHERCHEUR

Mais qui est le chercheur ?

Le scientifique dans son laboratoire, chimiste, physicien, biologiste, qui s'efforce de comprendre le mouvement profond des choses et de remonter aux causes premières.

Oui : mais aussi l'ingénieur qui conçoit, combine, ordonne de nouveaux mécanismes à travers lesquels il cherche à exploiter les forces de la nature au profit de l'homme économique.

Oui : mais aussi celui qui a la charge d'administrer la civilisation industrielle et qui doit incessamment imaginer les moyens d'en contenir les soubresauts.

Oui : mais aussi eux, vous, nous qui en ce début de XXIᵉ siècle avons à inventer des comportements collectifs adaptés à la nouvelle dimension du monde.

Oui : mais aussi lui, toi, moi, homme ou femme des temps nouveaux, qui, dans le désarroi des morales ancestrales, ai au minimum l'impérieux devoir – si du moins je veux subsister – d'inventer ma propre vie.

Si quelqu'un ne se sent pas concerné, qu'il se pince jusqu'au sang pour savoir s'il est encore vivant...

UNE CRÉATIVITÉ À LA FRANÇAISE !

Avertissement de
la douzième édition

Il y a 30 ans il fallait que nous changions le monde. Aujourd'hui, au début des années 2000, le progrès technologique donne au monde une telle accélération que c'est nous qui devons le suivre, le rattraper et l'aménager !

Dans ce qu'il a d'essentiel, nous avons, ma femme et moi, écrit ce livre à la fin des années soixante, au moment où les techniques de créativité faisaient en France une première poussée. Une mouture initiale de cette créativité « à la française » a été publiée par un éditeur lyonnais (SME), vendue par coupons dans les journaux et tirée en cinq éditions. Quelques années après, le professeur Mucchielli nous demanda si nous ne pourrions pas faire quelque chose sur la créativité pour sa célèbre collection publiée par les E.S.F. Qu'à cela ne tienne : la vente par correspondance commençait à battre de l'aile et la collection Mucchielli disposait d'un solide support de distribution, les E.S.F. Pour nous conformer au cadre de la collection, la première version fut retravaillée, enrichie et divisée en deux volumes, l'un sur la créativité, l'autre sur la résolution de problème. Ils furent également l'un et l'autre réédités à six reprises par les E.S.F. et tinrent le coup jusqu'à la fin des années 95, où leur éditeur les laissa s'éteindre.

Aujourd'hui, **alors que la créativité a fait dans les entreprises une percée remarquable** (encore que pas encore assez technique) les Éditions d'Organisation viennent de me demander de reprendre le sujet, avec l'idée précisément de permettre aux entreprises de hausser d'un cran leurs performances et **de pratiquer la créativité avec une maîtrise et une efficacité qu'une meilleure connaissance de la « technique » permettrait largement de doubler...**

Et évidemment à condition de mettre à jour et de remanier complétement le texte initial... Je viens donc de me replonger dans notre livre pour découvrir avec émerveillement que – puisse ledit livre y avoir contribué ! – **nous ne vivons vraiment plus aujourd'hui dans le siècle où il a été écrit :** En 1970, il s'agissait d'arracher la société à son inertie : l'école, l'entreprise, les mœurs, les comportements sociaux et politiques étaient marqués du signe de la rigidité et l'expression qui faisait alors fortune pour parler de nos nations européennes était : la société bloquée. L'objet du livre était donc d'encourager le citoyen à être assez créatif pour la débloquer. **En cet an 2001, le problème n'est plus du tout le même : la société, le monde... ont été débloqués et se sont mis en route. Ils changent même maintenant à une extrême vitesse.** Tout y pousse : la chute de l'URSS, l'Europe, la mondialisation, Internet, les pandémies, la généralisation de l'informatique, le réchauffement climatique, l'amélioration de la productivité, la crise latente de l'énergie, la pollution, l'évolution des mœurs, le vieillissement des populations, la pression des pays sous-développés… Et déjà en effet les nations ont bougé, l'école a bougé, le travail a bougé, la politique a bougé, l'agriculture a bougé, l'industrie aussi, et la famille, et la morale… **Le problème est donc de nous transformer nous-mêmes pour contrôler ces mouvements multiformes.**

Néanmoins, **le fond du livre et l'esprit même dans lequel il a été écrit restent d'actualité : car si le monde a changé, l'esprit de l'homme fonctionne toujours de la même façon** et les exercices destinés à l'entraîner à changer le cours des choses lui sont aussi indispensables pour lui permettre aujourd'hui de maîtriser les changements qu'elles nous imposent.

Une chose encore. J'ai dit « **Créativité à la française** » ! **J'aurais du dire « Créativité à l'européenne »**… signifiant par là que, sans négliger l'immense coup d'accélérateur américain, c'est dans toute la vieille culture européenne que l'on peut trouver les racines de cet épanouissement méthodologique qui marque le XXe siècle. Cette vielle culture est d'ailleurs aussi celle des Américains de la génération qui a porté la créativité, les **Osborn** (brain-storming), les **Gordon** (analogie), les **Wiener** (cybernétique), les **Zwicky** (méthode morphologique), les **Miles** (analyse de la valeur), les **Korzybski** (sémantique générale), bon nombre d'entre eux étant d'ailleurs nés en Europe… J'ai également (au risque de paraître retro !) conservé tous les textes littéraires ou philosophiques qui émaillent ce livre avec l'intention de donner l'occasion et l'envie de renouer avec ce qui est la racine de notre civilisation… **La créativité n'est pas en effet seulement une collection de trucs efficaces, c'est le prolongement du**

geste immense d'une pensée-action qui part de nos origines et qui sous-tend précisément ce que nous appelons L'ÉVOLUTION. Merci aux Américains pour avoir formalisé les choses : mais ils n'ont fait que cueillir une fleur qui a poussé dans un terreau dont la formation remonte à nos origines.

INTRODUCTION

Créativité et évolution

Pour atteindre la vérité, il faut une fois dans sa vie se défaire de toutes les opinions reçues et reconstruire de nouveau tout le système de ses connaissances.
DESCARTES.

Notre capacité de voir, d'entendre et de sentir, est à ce point étouffée sous les voiles de la mystification, qu'une discipline intensive tendant à désapprendre est nécessaire à chacun avant qu'il puisse commencer à redécouvrir le monde avec innocence, lucidité, et amour.
RONALD LAING.

LA CRÉATIVITÉ, POUR QUOI FAIRE ?

Depuis qu'il existe, l'Homme a été un créateur. S'il ne l'avait pas été, il ramperait encore au fond des cavernes. Mais il n'y a pas tellement longtemps qu'il en a pris conscience. Jusque-là, Dieu seul était vraiment créateur et si l'homme créait, c'était sans oser le savoir. Il n'était que le « conservateur » du « musée » terrestre, avec tout ce que ces deux mots peuvent impliquer d'immobilité...

Ce n'est que du XIXe siècle que datent les premières affirmations de l'évolution. Et cent ans plus tard, de nombreux esprits n'avaient pas encore admis que le monde puisse être ainsi marqué du signe du changement... cependant que toutes choses continuaient à couler comme un immense fleuve, lentement d'abord, puis de plus en plus vite, du passé vers l'avenir.

En ce début du XXIe siècle, nous sentons l'homme de plus en plus conscient d'être directement engagé dans le processus : non plus défenseur d'un ordre établi depuis le commencement, mais inventeur d'un ordre renouvelé qui dépend toujours plus de sa volonté et de son intelligence.

Un mot manquait à son vocabulaire pour exprimer cette faculté créatrice qui devient une des dimensions essentielles de son esprit : celui de « créativité ». Il est apparu récemment. Mais les grammairiens étaient les plus conservateurs des hommes : en 1970, « créativité » ne figurait pas encore au dictionnaire de l'Académie Française.

LA VÉRITABLE DIMENSION DE L'HOMME

Il faut d'ailleurs avouer que **le mot de créativité,** pour avoir été prononcé par des bouches maladroites ou avides, ne sonne pas toujours très bien. Pour le scientifique, il se rattache plutôt au domaine artistique, avec le préjugé d'on ne sait quoi de gratuit et d'insolite dans l'invention de formes et de sons qui n'auraient pour règle que le caprice de l'auteur. Pour l'industriel, il concerne des qualités précieuses chez un publicitaire capable d'inventer de quoi attirer la clientèle : au mieux l'emploiera-t-il pour trouver en catastrophe les produits qui viendront gonfler un chiffre d'affaires qui s'affaisse. Pour le professeur, il concerne des activités marginales, ou considérées ainsi, comme la poterie, la vannerie, le dessin, et n'a aucune espèce d'application dans les disciplines fondamentales où il ne s'agit que de répéter, évidemment pas de créer.

La créativité, comme pouvoir créateur de l'esprit, est au contraire, pour nous quelque chose de fondamental et d'universel. **Le monde dans lequel nous entrons est tout entier (et toujours) à réinventer ; dans ses sciences, dans sa morale, dans son économie, dans ses structures... L'homme même est à réinventer :** comme si c'était à lui de se re-créer lui-même ! Dans ce monde, donc, notre créativité est la mesure de notre liberté. Elle est le contraire du « c'est écrit là-haut ». Elle coïncide avec notre pouvoir sur le « fatum ». Elle laisse entrevoir la véritable dimension de notre humanité.

S'EMPARER DU RÉEL POUR LE PROMOUVOIR

En effet, le réel n'est pas immobile : il évolue et échappe régulièrement aux modèles figés par lesquels nous voulons le maîtriser. L'écart devient au bout d'un certain temps si profond qu'il faut une révolution pour arracher les esprits à leurs vieilles habitudes et rétablir un modèle correct. Et ainsi progresse historiquement l'humanité, de révolutions en révolutions. **La créativité est paradoxalement la tentative d'une *fidélité* au réel,**

telle que les modifications successives de ce réel soient perçues à temps et permettent de corriger le modèle qui vieillit, avant qu'il soit trop tard pour éviter une catastrophe. La cybernétique a déjà défini le concept de la rétroaction ; la créativité voudrait en assurer le fonctionnement à tous les niveaux de la société.

D'ailleurs, la créativité n'est pas autre chose que ce qui sous-tend le mouvement de l'évolution des espèces qui, sous la pression d'un environnement changeant, s'inventent elles-mêmes chaque jour plus adaptées et plus efficaces...

Tous les individus ne sont pas destinés à faire des découvertes majeures, ou même mineures : mais une découverte n'est source de progrès pour l'humanité que si elle a été mûrie par l'ensemble de la société, que si elle en est l'émanation. Il y a des cultures créatives, il y en a de stériles. Les individus sont pour peu de chose dans les découvertes, ou plutôt dans leur fécondité ; c'est l'ensemble d'une population qui est ou n'est pas créative ; c'est elle qui décide d'accueillir un changement bénéfique ou de se crisper sur des comportements désadaptés.

ACCUEILLIR UNE NOUVELLE CIVILISATION

Pourquoi ne pas l'avouer : ce livre est tout entier sous-tendu par le désir profond de hâter l'apparition de la nouvelle civilisation qui, déjà, perce partout sous l'ancienne. Moralement, effectivement et intellectuellement, nous avons à peine dépassé l'âge de pierre... La vieille peau du monde se rétrécit et craquelle !

Le tableau suivant résume les grandes lignes de la transformation qui s'amorce entre un monde où se confondent encore la perfection et l'immobilité, et un monde qui tente de maîtriser son développement. On remarquera que la colonne de gauche décrit les grands traits d'une société : judéo-greco-latine par ses origines ; chrétienne, européenne, mécanique et nationaliste dans son accomplissement. Ce sont ces traits qui ont fait sa grandeur et qui lui ont permis d'accoucher de cette économie industrielle qui est entre ses mains comme une chance extraordinaire de réussir et de se développer. Mais ce sont ces mêmes traits que cette société doit aujourd'hui assumer et dépasser pour rester fidèle à sa propre destinée et pour maîtriser les phénomènes planétaires auxquels elle a elle-même donné naissance. Elle s'est d'ailleurs courageusement mise au travail...

Évolution des comportements
dans la société nouvelle

Les positions intellectuelles

L'emprise de la théorie	Le pragmatisme
Le primat du raisonnement	Les certitudes profondes
Le dogme	Les croyances multiples
L'immobilité, la perfection	L'évolution, l'adaptation
La morale codifiée	L'action réussie,
La causalité (les moyens)	La finalité (les buts)
La logique binaire	La dialectique

L'affectivité

La patience, la résignation	La joie de la création
La vertu de prudence	L'esprit d'entreprise
La vanité de l'effort humain	L'efficacité
Le péché, la culpabilité	Le droit à l'erreur
L'apprentissage	Le risque, la découverte
La récompense dans l'autre monde	La réalisation de soi
Le contrôle de soi	L'expression de soi

La structure sociale

La propriété des biens	La valeur de la personne
L'autorité, l'obéissance	La responsabilité
La centralisation	La décentralisation
La hiérarchie officielle	Les structures informelles
Le pouvoir, le grade	La fonction à remplir
Le refoulement des conflits	La liquidation des conflits

La relation aux autres

L'individu	La personne dans le groupe
L'indépendance	L'interdépendance
Le refus de communiquer	La confrontation des idées
L'uniformité	La diversité, la tolérance
Le prestige personnel	L'accomplissement
La solitude	L'ouverture sur les autres
La compétition	La coopération

La créativité, potentiel profond de la réalité humaine, activité supérieure de l'esprit, ferment du progrès historique de l'Humanité, ne s'exprime pas seulement dans l'art ni même dans la grande invention. Elle est à la fois plus universelle et plus modeste : elle est le ferment de la résolution de tous les problèmes, des plus particuliers aux plus généraux, des plus techniques aux plus comportementaux.

Cependant ce n'est pas une puissance que l'on peut invoquer magiquement, c'est une activité qui nécessite un entraînement, c'est un potentiel à actualiser par des méthodes qui se précisent aujourd'hui, compte tenu de l'effort personnel nécessaire pour abaisser ou écarter des obstacles individuels et sociaux, capables de s'opposer à son épanouissement.

Il était donc utile de proposer un plan d'entraînement individuel et de groupe, dans le but d'utiliser à plein les ressources des hommes et des femmes à tous les niveaux de leur activité sociale et professionnelle.

La paroles aux poètes

Pierre EMMANUEL. — *Il y aurait à faire toute une histoire du rationalisme — ou, si l'on veut, de l'imagination colonisée par la raison pour montrer par quelle terreur intellectuelle et quelles tortures infligées à l'imagination la « raison » moderne a établi son empire.* **L'imagination s'est vue chassée du réel,** *on lui a crevé les yeux pour les priver de la lumière de l'intelligence, puis on l'a exilée dans les ténèbres de l'illusion, où parfois on la traquait comme sorcière pour le seul crime d'exister.* **Elle** *qui était, dans la triade motrice de l'âme, l'élément coordinateur des apparences diverses du réel, le passeur entre le rêve et la veille, l'accordeur, entre l'homme et le monde de la complexité si changeante des rythmes et des temps ; elle qui savait que l'espace n'est pas que linéaire, que le développement n'est pas que successif, mais que toute forme de vie, tout homme donc et toute société d'hommes, évolue en même temps, sans que son unité soit compromise, sur des plans différents et selon différents ordres de durée, de sorte, par exemple, qu'un adulte continue d'être cet enfant qu'il fut, qu'un enfant est déjà, même s'il ne le sera jamais, cet adulte qu'il n'est pas encore ;* **elle que Pascal, qui lui devait tant et le savait, n'en accusait pas moins d'être « maîtresse d'erreur et de fausseté »,** *alors justement qu'elle avait fait un seul don et de l'observation du concret et de l'intuition symbolique ; elle qui, dans sa tâche intégrante, protégeait l'esprit et les choses de toute simplification arbitraire, par souci de maintenir ces correspondances intimes qui conditionnent l'équilibre global ; elle, gardienne du mystère de l'homme, raison ardente contrôlant*

**l'être obscur par la médiation de ses grandes images ;
elle, la Mère, génitrice de toute invention,** *éducatrice de
la sensibilité universelle, sainte « Ratio » nourricière du
cosmos, a dû subir d'une « raison » mesquine et dévoyée,
d'une « a-raison » privative de l'homme total une humilia-
tion spirituelle sans exemple dans l'histoire de la pensée.*

(Pour une politique de la Culture.)

NIETZCHE. — *O mes frères ! où est le plus grand danger qui
menace tout avenir humain ? N'est-il pas chez les bons et
les justes !*

*Chez ceux qui parlent ainsi dans leur cœur : « Nous savons
déjà ce qui est bon est juste, nous le possédons aussi ;*
malheur à ceux qui veulent chercher encore ».

**Et quel que soit le mal que puissent faire les méchants :
le mal que font les bons est le plus nuisible des maux.**

*Un jour, quelqu'un a regardé dans le cœur des bons et des
justes et il a dit : « Ce sont des pharisiens ». Mais on ne le
comprit pas.*

Les bons et les justes *eux-mêmes ne devaient pas
comprendre ; leur esprit est prisonnier de leur bonne conscience. La bêtise des bons est d'une sagesse insondable.*

*Mais ceci est la vérité : il faut que les bons crucifient celui
qui invente sa propre vertu !...* **Que haïssent-ils le plus ?
C'est le créateur qu'ils haïssent le plus : celui qui brise
les tables et les vieilles valeurs — le briseur.**

*Car les bons ne peuvent pas créer : ils sont toujours le
commencement de la fin.*

*Ils crucifient celui qui inscrit des valeurs nouvelles sur des
tables nouvelles, ils sacrifient leur avenir — ils crucifient
tout l'avenir des hommes !*

(Zarathoustra.)

PETIT BOUQUET
DE PENSÉES SAUVAGES

Il y a un autre monde, mais il est dans celui-ci. (Paul ELUARD)

Il faut venir en aide à la civilisation. (Federico GARCIA LORCA)

L'invention est la faculté de mener à bien une entreprise. (Irène JOLIOT-CURIE)

Qu'est-ce que l'homme ? Dans sa noblesse intellectuelle, c'est un être qui invente. (Gaston BACHELARD)

À quoi sert la recherche ? À quoi sert un enfant ? (Anonyme)

Dans le métier de philosophe, il est essentiel de ne pas comprendre. (Paul VALERY)

Rendre le familier insolite et l'insolite familier. (William J.J. GORDON)

Je trouve d'abord. Je cherche ensuite. (Pablo PICASSO)

Bien entendu, la recherche et la découverte ne vont pas sans un certain désordre. (Herman KAHN)

L'homme raisonnable s'adapte au monde. L'homme déraisonnable essaye d'adapter le monde à lui-même. Par conséquent, tout progrès dépend de l'homme qui n'est pas raisonnable. (Bernard SHAW)

Que l'enfant n'apprenne pas la science, qu'il l'invente. (Jean-Jacques ROUSSEAU)

C'est la chose, non le maître, qui détient la vérité. (Directives de l'Éducation Nationale)

Ce qui peut être enseigné ne vaut pas la peine d'être appris.
(Proverbe Chinois)

La géométrie n'est pas vraie : elle est avantageuse. (Henri POINCARÉ)

Seuls de vrais feignants peuvent faire des inventions pour économiser le temps. (Gunther GRASS)

Nos concepts créent des idoles : seul le saisissement pressent quelque chose. (Saint Grégoire de NYSSE)

Je ne suis pas une réponse, mais une question en réponse à ta question. (Paul CLAUDEL)

Aujourd'hui, je fais toutes choses nouvelles. (Apocalypse)

CONSEILS PRATIQUES
POUR LA MISE EN ŒUVRE DES EXERCICES

On a fait beaucoup de théorie autour de la créativité : théorie ô combien précieuse, mais théorie réservée à de trop rares spécialistes, échangeant par-dessus la tête des ignorants les mots subtils derrière lesquels leur science grandit à l'abri d'une indigne foule. Nous avons voulu, dans ce livre, inciter à **la pratique immédiate et générale des exercices de créativité.** Nous sommes persuadés d'une part que ce n'est que par la pratique et non par la théorie que, tel un pianiste montant et descendant ses gammes, l'esprit de l'homme peut progressivement atteindre la pleine possession de son pouvoir créateur ; et d'autre part nous pensons **que c'est le peuple tout entier qui doit être créatif pour participer à la solution des problèmes qui concernent la vie de chacun.**

Ces exercices sont destinés à des groupes. Ils peuvent à la rigueur être faits par des sujets isolés, mais ce n'est qu'au sein d'un groupe (commission, cercle d'étude, groupe scolaire, classe, groupe professionnel, groupe amical, etc.) qu'ils prendront leur véritable dimension. **Car le dialogue et les échanges**

avec « l'autre » sont une des conditions de la découverte et de l'exploration de tous les possibles. Ces groupes seront d'autant plus efficaces que les individus qui les composeront seront plus différents par le caractère et par la formation. Mais des groupes homogènes – l'homogénéité n'étant toujours qu'apparente – pourront également en tirer grand profit.

Il n'y a pas de condition d'âge, de formation ou d'expérience à poser à l'égard de ceux qui feront partie de ces groupes. Il suffira de choisir parmi les thèmes proposés ceux qui seront adaptés aux possibilités des participants. Les exercices décrits peuvent en principe convenir à tous les adultes de formation moyenne. Mais ce sera un entraînement excellent pour le professeur, ou l'animateur de ces groupes, que d'inventer lui-même, si besoin est, des thèmes plus adaptés, par exemple, à des groupes d'un niveau technique exceptionnel, ou à des groupes d'enfants d'âges variés. **En ce qui concerne ces derniers, nous ne pouvons que souhaiter vivement que, en marge de leurs programmes, des professeurs aient ici ou là l'audace d'initier leurs élèves à des attitudes qui sont fondamentales pour l'homme de demain.**

Ces exercices sont, pour la plupart, d'une extrême simplicité. On pourrait dire de la créativité ce que Molière disait de l'art théâtral : « Il semble que ces règles de l'art soient le plus grand mystère du monde : et cependant, ce ne sont que quelques observations aisées que le bon sens a faites… ». Mais, poursuivis jusqu'à leur terme, **ces exercices entraînent progressivement l'esprit à un mode de fonctionnement tout nouveau pour lui :** non parce qu'ils l'amènent à repenser la logique, mais parce qu'ils l'entraînent à pratiquer une logique élargie, conforme non plus seulement aux règles internes de la pensée abstraite, mais au mouvement même du réel avec lequel l'esprit finit par entrer en résonance.

CONSTITUTION DU GROUPE

Tous les exercices proposés spéculent, à un moment ou à un autre, sur l'effet de groupe. La constitution du groupe est, par conséquent, essentielle.

Le groupe peut, soit exister déjà dans des structures données (établissement scolaire, université, entreprise, syndicat, etc.), soit être constitué pour l'apprentissage de l'invention : dans ce cas, il faudra alors, dans la mesure du possible, rechercher la diversité des formations de base et des expériences professionnelles, et éviter d'inclure dans le groupe des sujets dont la position hiérarchique ou le prestige pourraient provoquer des blocages.

Le nombre des membres du groupe ne doit pas être inférieur à cinq. Au-dessus de dix, la pratique des exercices proposés exige de l'animateur une grande dextérité dans la conduite des opérations (problèmes d'ordre et de participation). Certains animateurs bien entraînés pourront essayer de faire travailler des groupes de 15 à 18 personnes en faisant alterner les exercices de sous-groupes avec la mise en commun théorique en groupe.

L'ANIMATEUR

Le groupe peut posséder un animateur naturel (professeur, par exemple, ou instructeur). Sinon, il faudra en désigner un qui prendra quelques longueurs d'avance et s'efforcera de guider ledit groupe. Attention, un chef hiérarchique ne peut pas habituellement être un bon animateur. Plus le groupe sera nombreux, plus l'animateur devra être directif. Un groupe peu nombreux devra être animé de façon beaucoup plus libérale : à la limite, il pourrait se passer d'animateur officiel. De toute façon, l'animateur ne doit être directif que **sur la forme des exercices et jamais sur le fond** de ce qui est exprimé. C'est un accoucheur et non un adjudant. C'est-à-dire qu'il doit, le premier, se conformer aux deux règles fondamentales qui suivent.

DEUX PRINCIPES FONDAMENTAUX

Les groupes ainsi constitués doivent se donner deux règles, inhabituelles mais essentielles.

Accueillir les idées des autres avec un a priori favorable ; c'est-à-dire considérer que ces idées, surtout si elles paraissent étranges, sont capables d'ébranler nos propres raideurs, d'élargir nos étroitesses, de renouveler nos points de vue. Dans la pratique, cela se traduira par le refus complet des expressions : « c'est idiot, c'est impossible, c'est trop cher, j'ai déjà essayé, cela existe déjà, croyez-en mon expérience, rien à faire, et puis quoi encore... ». Cette attitude a également comme avantage de maintenir un climat de confiance et de détente dans le groupe. Rien n'est plus fragile qu'une idée nouvelle, si ce n'est un homme qui a exprimé une idée nouvelle : la moindre rebuffade peut le faire définitivement rentrer dans sa coquille.

Tout ceci est évidemment vrai pour les phases imaginatives du travail ; mais cela vaut aussi pour les phases d'élaboration qui seront abordées dans le même esprit : avec le plus complet respect des idées de l'autre. Ce qui ne paralyse pas le sens critique : bien au contraire, cela le rend plus sûr.

Être capable de livrer le fond même de sa pensée la plus secrète et ses images les moins rationnelles : se libérer complètement, délirer s'il le faut. C'est à cette condition que les problèmes posés pourront être examinés sous des angles nouveaux. Il

faut apprendre à puiser dans son inconscient en écartant les barrières des conventions, des tabous, des habitudes. Cela sera d'autant plus facile que tous les membres du groupe auront adopté l'attitude d'ouverture dont nous avons parlé au paragraphe précédent et, par conséquent, fait disparaître tout sentiment de fausse pudeur ou de respect humain. Cette attitude est très contraire au rationalisme qui préside généralement à notre formation et qui tend à ne nous faire exprimer que des idées contrôlées et achevées. « Vous avez perdu une bonne occasion de vous taire », dit habituellement le professeur au jeune élève qui vient d'exprimer une pensée non conforme. Au contraire, on dira à celui qui a osé le faire : « Que vous avez bien fait de parler ! ». L'attitude : « Je n'ai de leçons à recevoir de personne » est incompatible. Nous avons au contraire des leçons à recevoir de tout le monde.

UNE TRIPLE MOTIVATION

D'abord, **il ne faut forcer personne.** Et ce sera la principale difficulté des groupes déjà constitués car il suffit qu'il y ait dans le groupe un élément sceptique, ou méfiant, ou irrité, ou dédaigneux, pour que tout travail devienne impossible. « L'effet de groupe » ne se produit pas.

D'autre part, la simple curiosité ne suffit pas pour aborder avec profit ces exercices. Il faut vouloir se livrer à un entraînement régulier, à une gymnastique sévère, avec **l'intention bien arrêtée de développer ses facultés créatrices.** Évidemment, il n'y a pas là matière à diplôme : mais c'est une chance de mieux réussir sa vie et cela en vaut la peine.

Enfin, les sujets abordés devront « intéresser » le groupe. C'est pour cette raison que les thèmes des exercices proposés sont très variés et qu'il est toujours possible de choisir d'autres thèmes. Les meilleurs résultats seront atteints quand le groupe traitera **les problèmes qui concernent tel ou tel membre du groupe – ou même tout le groupe, si c'est possible,** et que des résultats concrets seront atteints.

L'ORGANISATION GÉNÉRALE DU TRAVAIL

On peut consacrer deux heures à faire certains de ces exercices c'est bien. On peut consacrer deux jours, ou trois, ou cinq, à survoler l'ensemble : c'est mieux ; mais ce n'est rien encore.

Il faut considérer qu'il s'agit d'un **entraînement.** On peut envisager deux formules :

   a) sur une période longue, une demi-journée, ou quelques heures par semaine, pendant un ou deux ans ;
   b) sur une période plus courte, cinq ou six séances de trois jours, étalées sur quelques mois.

De toute façon, il faut mettre en garde les intellectuels contre la tentation de feuilleter le livre et de croire avoir compris. Il n'y a rien à comprendre : tout est à faire. **Ce n'est pas un livre de lecture, c'est un manuel d'exercices.** On ne peut pas non plus conserver sa forme physique en lisant un traité de gymnastique.

SUGGESTIONS POUR UN PROGRAMME

(Ces suggestions concernent les exercices de la première partie : « Créativité » proprement dite. Quant à la seconde partie 'Résolution de problèmes » elle doit être soit enseignée selon sa dynamique propre, soit utilisée comme un guide pratique de résolution d'un problème précis.)

Les exercices de créativité sont, osons le mot, des EXERCICES SPIRITUELS, c'est à dire que, de même qu'une gymnastique entraîne un épanouissement du corps, ces exercices devraient entraîner chez les participants une modification notable des esprits : on ne percevra plus le monde de la même façon et on trouvera de nouvelles voies de solutions. C'est donc une transformation en profondeur qu'ils visent à provoquer et **pour éviter de faire des dégâts** il faudra commencer par des exercices simples (c'est à dire faire de l'échauffement), puis ouvrir sur des exercices plus poussés avant de terminer, sans les oublier, par ceux qui risquent de provoquer les plus fortes remises en causes… **Dans tout ceci l'animateur ne se comportera jamais en manipulateur, mais seulement en « administrateur prudent » des exercices.** C'est à chacun de participants qu'il revient de tirer ses propres conclusions, sauf à en discuter précisément avec l'animateur.

Comme l'ordre dans lequel sont présentés les exercices (ordre logique) n'a rien à voir avec celui qu'il faut adopter pour les mettre en application et qu'il ne faut en aucun cas les enfiler tous les uns après les autres, l'animateur devra puiser indistinctement dans les cinq parties pour composer un programme progressif (ordre pédagogique)… La réalisation de dix à quinze des exercices doit permettre d'obtenir un effet appréciable.

Une fois que la présentation aura été faite (à l'aide de l'un ou l'autre des modes proposés), il commencera par des **exercices très simples** dont il ne devra pas s'étonner qu'ils soient mal faits… Il faut en effet une demi-journée ou une journée de dérouillage mental pour qu'un groupe normal comprenne ce qu'il peut trouver dans les exercices et commence à y prendre du plaisir. **Il faut parfois (pas toujours) consentir au début à une certaine traversée du désert** (à quoi ça rime tout ça ?). Ces exercices de base doivent en outre permettre de construire progressivement la **sécurité affective nécessaire au groupe.**

Il peut cependant arriver que certains participants, peu sûrs d'eux ou troublés émotivement par la perspective de quitter leurs habitudes de pensée, refusent de se laisser entraîner dans ce grand mouvement de remise en cause. Il faudra soit leur ménager le loisir de se reprendre et de se raffermir, soit les laisser quitter le groupe : on ne peut prendre le risque de les entraîner aussi vite que les autres dans le **voyage intérieur.**

Ce n'est qu'après une période suffisante d'entraînement préalable et l'acquisition d'une cohésion réelle du groupe, que l'animateur proposera **les exercices qui appellent un engagement plus profond des personnes.** Mais ces exercices eux-mêmes, qui engendrent parfois une grande tension intérieure, devront être conduits prudemment et devront alterner avec des exercices plus superficiels.

Dans le cours d'un séminaire ou d'une formation, selon le tableau ci-joint, on pourra donc prendre :

A – Pour commencer par les exercices simples

(**F** dans le tableau) qui n'entraînent pas d'implication affective, marchent à tous les coups, amusent le groupe et l'aident à se constituer :

- *formes inductrices,*
- *plus cher, moins cher, se passer de,*
- *concassage,*
- *que peut-on faire avec,*
- *la comparaison,*
- *le point de vue de Sirius,*
- *la recherche analogique,*

(C'est cette progression qui est suggérée).

B – Lorsque le groupe se sentira exister, on passera à des exercices qui impliqueront davantage les personnes

et qui deviendront intellectuellement passionnants :

* *les poutres vermoulues,*
* *la défectuologie, ...*
* *et tous les exercices marqués **M** dans le tableau.*

C – Pour terminer la formation on ira courageusement jusqu'aux exercices les plus difficiles

(**D** dans le tableau), qui engageront fortement les personnes, ceux dont elles se souviendront toute leur vie :

* *le concassage fondamental,*
* *la dialectique,*
* *les échelles de valeur,*
* *dans la peau de l'autre,*
* *les dispositifs d'autodestruction,*
* *et surtout **l'heuridrame**...*

Cependant, si l'on se demandait quels sont les exercices les plus importants, **ceux que, du point de vue de la méthode, il serait bon que chacun des participants ait fait,** on pourrait s'attacher à ceux qui sont soulignés :

* *la distanciation,*
* *les poutres vermoulues,*
* *la défectuologie,*
* *les objets inducteurs,*
* *le concassage,*
* *le jeu avec les pensées,*

- *l'étude de motivation,*
- *que peut-on faire avec,*
- *le système idéal,*
- *les échelles de valeur,*
- *le schéma,*
- *l'identification corporelle,*
- *la recherche analogique,*
- *l'heuridrame...*

On voit en tout cas qu'**il n'y a pas d'algorithme infaillible et universel...** À chaque animateur, en s'aidant s'il le veut de ces quelques indications, de CRÉER son programme. La créativité, comme la guerre (*cf.* Clausewitz) se développe dans l'incertain et le fantomatique. Une formation de créativité dépend trop des réactions des personnes et des événements qui jalonnent la progression pour pouvoir être programmée dans le détail. **L'animateur est un peu comme un aventurier qui prend des risques,** ou comme un **explorateur** qui découvre un territoire inconnu, traverse les fleuves et contourne les montagnes (les escalade parfois), en se servant des outils approximatifs que sont les exercices proposés.

De toute façon le choix du sujet à traiter est souvent beaucoup plus important que la nature de l'exercice. **Les sujets doivent d'abord intéresser le groupe** (il y a des choses à dire et à faire). Répétition : les exercices **doivent** être réussis et en règle générale, il seront réussis dans la mesure où **le sujet passionnera le groupe !**

D'ailleurs, après un certain nombre de séances de travail, le groupe exprimera lui-même très facilement ses intentions et il sera facile à l'animateur d'établir avec lui le programme correspondant. Ce programme dépendra essentiellement de l'expérience, des intérêts, des motivations ou des aptitudes des groupes, **qui ne sont pas du tout obligés, pour entrer dans l'univers de l'invention, de choisir la même porte.**

Une dernière recommandation : certains exercices sont plus difficiles pour des « hommes faits » que pour des enfants (et inversement). Il ne faudrait pas, en tout cas, commettre l'erreur de vouloir brûler les étapes avec des adultes en raison de l'expérience acquise : **les plus faciles des exercices leur seront peut-être les plus utiles.** Ils ont été trop fortement conditionnés pour ne pas avoir besoin d'être très progressivement déconditionnés.

R	D	M	F		
				Première série d'exercices : Un regard neuf sur le monde	
			F	Le point de vue de Sirius	48
R		M		Les poutres vermoulues	51
R		M		La défectuologie	55
	D			Les dispositifs d'autodestruction	59
	D			Le jeu de casse mots	61
			F	Se passer de	65
			F	Plus cher, moins cher	67
R	D			Scénarios futuristes	70
	D	M		Scénarios fantaisistes	72
R		M		Le jeu avec les pensées ou les proverbes	73
				Deuxième série d'exercices : La reconnaissance de la diversité du monde	
		M		Exercices de style	81
		M		La distanciation	85
		M		À suivre ou le récit à épisodes	89
	D			Les intrigues	93
R		M		La réaction à l'événement	96
R	D			L'étude de motivation	100
R		M		L'anti-texte ou un langage politique	104
R		M		Les échelles de valeur	109
R	D			Dans la peau de l'autre	111
				Troisième série d'exercices : Les méthodes antithétiques	
			F	Le concassage	117
			F	Que peut-on faire avec ?	121
		M		Ailleurs et pas maintenant	126
	D			Les sept chemins	128
		M		Le système idéal	133
R	D			La dialectique	137
R	D			Concassage fondamental	141

					Quatrième série d'exercices : Les méthodes analogiques	
				F	Les relations de ressemblance	148
				F	La comparaison	150
			M		La parabole	152
			M		Le schéma	156
R			M		L'identification corporelle	160
R				F	La recherche analogique	163
R	D				L'heuridrame	173
			M		L'analogie de relation	179
					Cinquième série d'exercices : Les méthodes aléatoires	
				F	Les formes inductrices	187
			M		Les mots inducteurs	194
			M		Les objets inducteurs	199
	D				L'invention de nouveaux mots	204
			M		L'invention de nouvelles pensées	210
			M		La perception sélective	217
			M		L'invention de nouveaux objets	219
R	D				Exercice final	225

Légende : **F** : facile et gratifiant. **M** : difficulté moyenne. **D** : plus difficile intellectuellement (il faut avoir une certaine capacité de raisonnement)
R : provoque une plus ou moins forte remise en cause personnelle (souligné, c'est plus)
Soulignement : exercices importants sur le plan de l'invention (méthodologie).

LES SÉANCES DE TRAVAIL

Il faudra organiser les séances de travail de façon à ce qu'elles soient très vivantes. L'ennui est un ennemi mortel de la créativité.

Pour cela, on fera alterner :

- les phases imaginatives et les phases critiques,
- les phases collectives et les phases individuelles,
- les phases spontanées et les phases ordonnées.

Toutes les idées doivent être inscrites sur des tableaux de papier de façon à ce que tous puissent les voir et les consulter globalement du regard. Le tableau est comme la **table de travail du groupe,** facteur indispensable de convergence et d'attention. On travaillera encore mieux dans des salles dont les murs seront des tableaux sur lesquels on pourra inscrire et conserver le processus dans sa totalité.

Plus le groupe sera entraîné, plus il deviendra libre et fécond. L'animateur devra alors s'effacer pour n'intervenir que dans les moments d'hésitation. De toute façon, sa directivité ne devra porter que sur la forme de l'exercice et pas sur le fond.

Comme les exercices demandent une participation intellectuelle très forte de la part de tous les membres du groupe, il faudra savoir, en cas de fatigue ou d'embourbement, couper l'effort et ne reprendre qu'après une bonne pause. **Les pauses sont des temps de remise en ordre et de clarification des idées.** Parfois, il serait bon que chacun aille, pendant la pause, se promener seul de son côté. Il est souvent utile de reprendre un exercice à la séance suivante, après une nuit ou une semaine d'interruption.

LES EXERCICES

Les exercices doivent rester très ouverts : d'une part, ils comportent de nombreuses variantes de forme ; d'autre part les thèmes proposés ne sont jamais limitatifs. L'important est de bien discerner le point de départ et le but poursuivi.

La plupart des exercices sont suivis d'un exemple, mais cet exemple ne doit jamais être considéré comme un modèle ou une norme : tout au plus comme une mise en train. Et si le groupe ne comprend pas l'exercice de la même façon que l'auteur, tant mieux.

Parfois, ce sont les textes d'illustration qui servent d'exemple. Parfois aussi il n'y a pas d'exemple, car l'exemple aurait pu bloquer le groupe dans sa démarche créatrice ou simplement parce que l'auteur n'en avait pas sous la main.

On dispose généralement de deux tactiques pour aborder un exercice : ou bien un débroussaillage individuel qui assure, au départ, une grande diversité des attaques, puis une confrontation et une construction collective ; ou bien une attaque collective, directe, entrecoupée, si nécessaire, pour briser les stéréotypes, de phases individuelles.

On peut également soit travailler oralement en groupe, soit individuellement par écrit en faisant circuler de l'un à l'autre les idées sur des fiches selon des rythmes et des modalités à préciser. On peut aussi diviser le groupe en deux sous-groupes qui travaillent en concurrence ou se lancent des défis l'un à l'autre... Il faut être aussi créatif dans les modalités de mise en œuvre des exercices que dans les exercices eux-mêmes.

Les exercices sont de longueurs très inégales. Certains ne durent qu'une demi-heure, d'autres peuvent s'étaler sur plusieurs séances.

Il est important de **terminer** les exercices, c'est-à-dire d'arriver à des conclusions précises et claires. Un groupe trop nombreux a de la peine à terminer. Il peut donc être bon, soit de confier à une petite commission la mise en forme des conclusions, soit de conclure par la rédaction de rapports individuels. Le groupe, qui est très fort dans la production des idées et leur appréciation, **éprouve toujours des difficultés à la mise en forme.**

Pour que les exercices n'apparaissent pas comme une série de jeux gratuits, il faut non seulement les orienter dans le sens des préoccupations de base des participants, mais encore ne jamais faire un exercice sans en chercher ensuite, tous ensemble, la portée, la signification, l'usage au niveau de la vie quotidienne. Chaque exercice a pour but **l'éducation d'un réflexe libérateur** qui doit progressivement modifier en profondeur notre approche du monde.

CONCLUSION EN FORME DE RECOMMANDATION

La première tâche du groupe de créativité est de s'inventer lui-même. Ce qui ne peut se faire qu'à travers des hésitations, des retours en arrière ou des refus qui jalonneront inévitablement la progression. Ces accidents sont d'autant plus naturels que les exercices proposés invitent à des remises en cause qui sont souvent difficiles à admettre et dont on cherche parfois à se dispenser sous le prétexte qu'elles sont futiles...

Les indications pratiques que nous avons données sont volontairement sommaires. Il est indispensable, en effet, que les groupes se prennent en charge et trouvent seuls leur chemin. Ce n'est qu'à cette condition qu'ils arriveront au terme d'un voyage dont personne ne peut tracer pour eux l'itinéraire exact.

Première partie

5 SÉRIES
D'EXERCICES
DE CRÉATIVITÉ

LA CONSTITUTION
DU GROUPE ET LA SÉCURITÉ
AFFECTIVE

La finalité de la créativité n'est pas « le groupe », mais **l'efficacité des méthodes de créativité passe par le groupe.** C'est pourquoi nous allons proposer en premier lieu un certain nombre d'exercices qui ne sont pas à proprement parler des exercices de créativité, mais des exercices de constitution de groupe.

Si l'on veut en effet que le groupe soit créatif, il ne faut pas que ses membres soient les uns par rapport aux autres dans un état d'ignorance, de peur ou d'insécurité. La recherche des solutions suppose une exploration profonde de notre subconscient. Or cette exploration n'est pas possible en présence d'inconnus : Que penseront-ils, comment réagiront-ils ? C'est ce que nous éprouvons chaque fois que nous nous trouvons dans une réunion mondaine ou professionnelle dont nous ne connaissons pas les participants. On nous a vaguement présenté : Monsieur X, Madame Y... Mais que font-ils tous, d'où sortent-ils, que cherchent-ils ? Bien que chacun brûle d'envie de parler de soi, une sorte de timidité anxieuse paralyse les conversations, et l'on reste à la surface des choses : « Connaissez-vous l'Espagne ? Que pensez-vous du Premier Ministre ? Avez-vous des enfants ? » Chacun se garde et respecte la garde des autres... Il n'y a finalement pas d'autre création que d'ennui.

Il faut donc que le groupe de créativité fasse très vite tomber ces barrières et instaure un climat de confiance tel que chacun puisse tout dire et soit certain d'être écouté avec attention et sympathie. L'engagement profond des personnes n'est possible qu'à cette condition ; et au-delà de l'engagement des personnes, la reconnaissance des idées originales.

D'autre part, la communication profonde ne peut s'établir sur le seul plan intellectuel. Nos idées ne vont pas seules : elles s'incarnent en nous, elles révèlent notre couleur ou notre odeur. Si l'autre n'aime pas cette couleur ou cette odeur, il rejettera l'idée. On ne peut pas supprimer le support physique de la communication, ni mettre entre parenthèses l'élément affectif. Dans un groupe de créativité, les autres reconnaissent et respectent ma couleur, mon odeur : je peux donc m'exprimer. S'ils font opposition, ce sera bien à mon idée et non pas à moi. Personne ne cherchera à me changer et à me blesser : je n'ai pas peur des autres, je n'ai plus peur de moi. Si je dois me transformer, ce sera de mon propre fait : ce sera moi qui me remettrai en cause et non les autres.

Tous les exercices de créativité proposés ici permettent accessoirement d'arriver à ce résultat. Mais ceux qui suivent immédiatement sont plus spécialement destinés à la création du **microclimat de sécurité affective** indispensable au bon déroulement des travaux du groupe.

Il ne faut pourtant jamais perdre de vue que les participants devront continuer à être créatifs, et donc en sécurité, hors du groupe. Il ne faudrait pas les infantiliser : la vie réelle n'est pas à l'image d'un groupe de créativité. Elle reste une jungle et cette jungle est le lieu véritable de la créativité.

EXERCICES DE PRÉSENTATION

Le premier contact des membres du groupe est très important. On peut le rendre plus rapide et plus intime au moyen des quelques procédés suivants :

1. Présentation traditionnelle
Celui qui se présente le premier donne un certain style à la présentation. Le modèle qu'il aura proposé sera inconsciemment reproduit par tous. Néanmoins, l'effet de censure inconsciente joue fortement et la présentation demeure très stéréotypée : chacun se décrit par ce qu'il a de plus banal et de plus extérieur.

2. Présentation avec questions
Il est intéressant de faire intervenir les autres dans la présentation : soit en faisant suivre la présentation traditionnelle de questions, soit en décrétant que les participants ne pourront se présenter qu'en réponse à des questions posées par les autres. On voit ainsi se manifester les premiers phénomènes d'attention aux autres et le groupe entier reste sous pression pendant la présentation entière.

3. Présentation croisée
Le dialogue peut également être ouvert par l'artifice d'une présentation croisée. Les participants se subdivisent d'abord en sous-groupes de deux dans lesquels chaque membre est chargé de présenter l'autre. Dans un premier temps, ils s'informent

mutuellement de ce qu'il est nécessaire qu'ils sachent ; dans un deuxième temps, ils se présentent réciproquement à l'ensemble du groupe, chacun apportant à l'autre les précisions qui lui paraîtraient nécessaires.

4. Présentation privée

Les présentations « professionnelles » sont banales et stéréoty-pées. Elles servent souvent de paravent à la vraie personnalité. On peut donc donner comme consigne de ne rien dire qui concerne le métier, mais de centrer la présentation sur sa vie privée. On verra de cette façon apparaître des détails beaucoup plus significatifs, susceptibles de créer plus vite entre les partici-pants des liens plus profonds... Parfois tel ou tel participant prendra conscience qu'en dehors du statut professionnel qu'il a reçu de la société, il ne lui reste pas grand-chose...

5. Le jeu des métiers

Si l'on veut récupérer l'aspect professionnel (ce qui peut être nécessaire), on pourra ensuite jouer en groupe au jeu des métiers. Untel vient de se présenter : Que pense-t-on qu'il fait ? Chacun émettra une hypothèse en tenant compte de la mor-phologie, de l'allure, des expressions, des idées de celui qui vient de parler de lui. Lorsqu'on aura fait le tour de tous les par-ticipants, l'intéressé s'expliquera sur son vrai métier. Le moin-dre intérêt de ce jeu n'est pas que chacun aura été vu par les yeux des autres : Pourquoi avez-vous dit que j'étais charcutier, ou coureur cycliste, ou psychologue ?

6. Qualités et défauts

On peut aborder la présentation sous un tout autre angle en demandant à chacun quels sont les plus grands traits de sa per-sonnalité et de quelle façon il se perçoit positivement et négati-vement. On lui demandera de ne pas s'exprimer d'une façon abstraite, mais de donner des exemples. Cette forme de présentation est beaucoup plus difficile. Il ne faudra la proposer qu'en connaissance de cause, et laisser aux participants le temps d'une certaine réflexion.

7. Les grandes dates de votre vie

Chaque existence est marquée par un certain nombre d'événements-clés : prise de conscience, rencontres, changement de statut, échecs, réussites, refus, épreuves... C'est une expérience très intense que de refaire l'histoire de sa vie à travers les grands moments. Chaque participant ajustera évidemment la profondeur de sa confidence à l'état émotif du groupe.

8. Photo-portrait

Dans une collection de photographies très différentes les unes des autres, chacun choisit trois ou quatre photos avec lesquelles il se sent en accord ou par lesquelles il est plus particulièrement intéressé. Il explique les raisons de son choix. Ce mode de présentation permet d'aller au-delà des faits (j'ai 32 ans ...), ou des concepts, et de susciter des manifestations d'affectivité qui n'auraient jamais sans cela trouvé leur place.

9. L'année sabbatique

La présentation peut aussi porter, non pas sur le passé, mais sur l'avenir. Chaque participant expliquera ce qu'il ferait s'il disposait d'une année de complète liberté professionnelle et familiale. Parfois cette perspective inattendue créera dans les esprits un certain désarroi ; mais ce désarroi sera lui-même révélateur de l'état de liberté intérieure des sujets.

10. Les sept souhaits

Du même esprit relève la présentation qui consiste à énumérer quels sont les sept souhaits que l'on formulerait en présence d'un magicien qui se ferait fort de les réaliser. Ici apparaîtront très évidemment le système de valeur et le potentiel imaginatif des sujets. Comme le précédent, cet exercice amène à mêler étroitement la réalité vécue et les projections affectives : il fait ressortir la dimension « utopique » du caractère. Le domaine d'application des souhaits n'est pas fixé (soi, ses proches, les autres, la société) ; il sera lui-même très révélateur de la personnalité.

11. Vingt-quatre heures à vivre

Comment réagiriez-vous si vous n'aviez plus que vingt-quatre heures à vivre (... soit parce que vous êtes condamné personnellement, soit parce qu'une catastrophe collective est imminente). Décrivez ce que vous feriez, qui vous rencontreriez, où vous iriez, quelles dispositions vous prendriez. Cet exercice de présentation fait expressément appel au choc affectif pour briser le cadre des convenances et des stéréotypes.

12. Présentation projective (le double)

Il est expressément convenu que la vie réelle des participants n'a aucune importance, ni dans son passé, ni dans son avenir. Mais chacun va sur-le-champ s'inventer un personnage qu'il nommera, dont il décrira les aventures et les états d'âme... Cet exercice a une valeur projective considérable : c'est en quelque sorte un double de la personne qui est créé. C'est aussi, évidemment, un exercice de créativité (peut-être est-ce même l'exercice de créativité type). Lors de la suite des travaux, chacun pourra rester le personnage qu'il a décrit ou revenir à son personnage habituel. Une variante de cet exercice consiste à se décrire tel qu'on imagine que l'on sera vingt ans après.

13. L'album de famille

Une variante de l'exercice précédent peut consister à proposer à chaque participant une série de photos variées qui seront censées être extraites de son album de famille. Il les commentera aux autres en expliquant qui sont les personnages ou les paysages photographiés, ce qu'il faisait à l'époque où ces photographies ont été prises et comment il a passé de l'une à l'autre... Il s'agit bien sûr d'une vie imaginaire. Cet exercice est très représentatif des méthodes de créativité, qui s'efforcent toujours d'apporter à l'esprit qui cherche un stimulus extérieur. On pourrait également faire cet exercice en utilisant des *listes de mots* dans lesquels le sujet devrait puiser pour faire sa présentation (ou qu'on citerait au hasard en demandant au sujet de les insérer au fur et à mesure dans son texte).

Ces diverses formes de présentation permettent de varier la formule et d'en renouveler l'intérêt. On pourra, soit proposer à tous la même présentation, soit donner le choix entre trois ou quatre formes différentes : ce qui ajoutera encore du piquant, chacun s'exprimant aussi à travers le choix de la formule...

EXERCICES D'APPROFONDISSEMENT DES RAPPORTS INTERPERSONNELS

Ces exercices ne sont possibles que lorsque les membres du groupe se connaissent déjà suffisamment et que les premières barrières sont tombées. Tout en étant très créatifs, ils ont un caractère ludique qui permet, par exemple, d'engager agréablement une journée de travail ou de détendre l'atmosphère après une recherche fatigante. Ils sont cependant à manier avec prudence.

14. Le dessin collectif

Chacun des participants est invité à collaborer à un dessin collectif qui se construit sur une grande feuille de papier... Dans un groupe non encore constitué, les prestations individuelles sont très marquées et le dessin se construit dans une sorte d'incohérence. Si l'expérience est refaite lorsque le groupe a progressé, on constate que le dessin collectif trouve une sorte d'unité qui symbolise la cohérence du groupe.

Une variante très intéressante de cet exercice consiste à demander d'abord à chacun de dessiner personnellement **un motif graphique simple** sur une feuille de papier standard. Ces feuilles, qui doivent rester anonymes, sont ensuite mises en commun : et la construction du dessin collectif sur une grande feuille se fera en reproduisant une ou plusieurs fois, au gré de l'inspiration, les motifs proposés. Chacun s'approche librement du tableau, choisit un motif et le reproduit dans la couleur et la taille qu'il veut pour participer à l'œuvre collective. À la fin du jeu, chacun révèle quel est le motif qu'il a proposé et on essaie de comprendre les raisons des choix qui ont été faits. Cette analyse peut conduire à des échanges très approfondis qui permettent de définir le contenu affectif du groupe. Il faut bien sentir jusqu'où le groupe est prêt à aller.

15. Le cas collectif

On définit un milieu social constitué de cinq à six partenaires (par exemple : la concierge, le locataire, l'enfant, le propriétaire et le voisin ; ou le Directeur Commercial, le client, le représentant, le concurrent, le consommateur ; ou le maire, le médecin, l'animateur culturel, le notaire). On distribue ensuite les rôles ainsi définis à des membres du groupe et on leur demande d'improviser un cas, une situation, dans lesquels seront impliqués les personnages qu'ils représentent. Toute liberté leur est donnée d'une part d'inventer les circonstances dans lesquelles ils se mettent et de conduire l'action ou la discussion, d'autre part de préciser avec tout l'inattendu qu'ils voudront, les traits de leur caractère. On tirera beaucoup d'enseignements de cet exercice. En particulier, en ce qui concerne la cohérence du groupe.

16. Le roman improvisé

L'animateur tire au hasard ou désigne un des participants qui donnera le départ à une sorte de récit collectif. Il s'invente un personnage : « Je suis le ministre des finances de Russie, ou « Je suis un balayeur du service municipal de Marseille » et le met rapidement en situation. Puis chacun des membres du groupe entre dans l'histoire qui a été lancée en se donnant le rôle qu'il veut (... je suis le voisin, la petite amie, le garçon de café, etc.) et en apportant à l'action les détails qui lui viennent à l'esprit. Chacun doit évidemment tenir compte de ceux qui l'ont précédé : ce qui fait que l'improvisation devient de plus en plus contraignante. Ceux qui ont parlé les premiers peuvent évidemment reprendre la parole lorsqu'ils le jugent nécessaire. On pourra même aboutir à des conversations générales. L'animateur décidera si l'improvisation doit être confiée à quelques-uns des membres du groupe seulement qui auraient été désignés à l'avance, ou à tous, ou à ceux seulement qui se sentiront inspirés...

17. Le tableau vivant ou le mime

Reprenant la vieille tradition du jeu de société, on peut organiser la mise en scène d'un tableau vivant. Le sujet pourra évidemment en être pris dans les grands événements de l'Histoire... à condition cependant que l'on puisse leur ajouter un petit brin de fantaisie. Ou mieux encore, le tableau vivant pourra représenter une scène familière en relation avec les travaux du groupe ou ses participants : et en particulier la scène finale (pour le photographe du ciné-roman) du cas ou du roman improvisé qui précédait. Le tableau vivant engage les participants sur le plan de leurs *attitudes* et donne au groupe la dimension de la *présence physique*. C'est un point important que d'arriver à libérer aussi le *corps* d'un conventionalisme qui l'inhibe très fortement. Le tableau vivant peut aussi prendre la forme d'un *récit* mimé qu'une partie du groupe prépare et exécute, cependant que l'autre en devine la signification (et réciproquement).

18. La résolution d'une énigme

Les relations du groupe peuvent également se resserrer grâce à un travail ou à un jeu collectif tel que la résolution d'une énigme ou d'un problème. Nous ne donnerons pas ici d'exemples. On peut en trouver facilement dans de nombreux journaux ou livres. Le problème peut être posé au groupe tout entier ou à deux sous-groupes qui travaillent en concurrence. Ou encore on peut faire une comparaison entre les résultats obtenus par des membres du groupe auxquels on demande de travailler seuls, et le reste du groupe dont on essaiera de mesurer la performance par rapport aux individus. Ou encore les données du problème seront dispersées entre les membres du groupe qui devront, pour trouver la solution, en faire la synthèse. Ou encore chaque sous-groupe devra inventer une énigme et la faire trouver par l'autre.

19. Jeux corporels

Même si la plupart de nos démarches sont d'ordre intellectuel ou affectif, nous ne pouvons pas négliger que nos attitudes corporelles en sont le fondement et le soutien. Des exercices visant à nous libérer dans nos attitudes extérieures seront précieux, et pour le groupe et pour la créativité. On peut ainsi proposer toute une série d'exercices très proches des jeux de société traditionnels :

- Jouer à collin-maillard en se donnant pour objectif de reconnaître par le toucher les autres membres du groupe.
- Danser ou mimer ensemble une promenade à la campagne, ou une expédition en barque, ou la visite d'un musée... ou tout ce qu'on voudra imaginer.
- Venir à bout d'une difficulté concrète : par exemple, faire franchir à tous les membres du groupe un obstacle symbolique tel que l'on ait à faire un échafaudage, à se tirer, à se pousser, etc..

- Se laisser tomber d'une table dans les bras du reste du groupe, ou se porter à tour de rôle à bout de bras, symbolisant ainsi l'unité et la confiance mutuelle du groupe. Faire tourner une étrange machine cyclique : chacun faisant à son tour le même geste et le même bruit. Et la machine tourne de plus en plus vite !
- Les yeux bandés, se laisser guider par « l'autre ». On peut ainsi organiser une promenade dans la campagne ou une visite de la maison.

    … Ces exercices seront adaptés à l'état du groupe et à l'habileté de l'animateur… Pour certains sujets et pour certains groupes, ils peuvent être perçus comme dérisoires ou provoquer plus d'inhibition que de libération.

20. L'organisateur en chef

Le groupe définit une œuvre collective qu'il aimerait entreprendre : fonder une entreprise, préparer une course automobile, organiser des vacances collectives, faire une expédition ethnologique, vider le coffre-fort d'une banque, ou toute autre chose. Puis il nommera le chef de l'expédition. Celui-ci prendra la parole et expliquera comment il s'organiserait et surtout comment il distribuerait les rôles : Untel sera chargé de la documentation, Untel de la comptabilité, etc. Il devra faire une **véritable définition des fonctions de chacun** (ou, du moins, d'un certain nombre de participants). Après quoi, il s'expliquera avec les intéressés sur les raisons de son choix. Si l'on préfère, on pourra remplacer le chef d'expédition par un « conseil » de deux ou trois personnes qui réfléchiront ensemble et délibéreront sur la distribution des rôles. La réflexion n'en sera que plus riche et plus précise. Cet exercice permet un échange profond sur la façon dont les membres du groupe se perçoivent les uns les autres : c'est l'occasion pour chacun de s'expliquer lui-même et de prendre la mesure de son utilité… Exercice à manier prudemment.

23. Voulez-vous vivre avec moi ?

Le même résultat (découvrir comment les membres du groupe se perçoivent les uns les autres) pourrait être obtenu en demandant à quelques-uns d'entre eux de définir comment les autres pourraient entrer dans leur vie. Bien entendu, c'est une vie projective et imaginative qu'ils décrivent, totalement déconnectée de la réalité et à l'occasion, ils se lient d'amitié avec l'un, ils travaillent sous les ordres de l'autre, ils se marient avec le (ou la) troisième... Au bout du compte, ils ont regroupé autour d'eux, ils ont fait rentrer dans le réseau de leurs relations, tous les membres du groupe qu'ils ont pu accrocher au passage... Exercice à manier prudemment (en particulier à cause des phénomènes d'exclusion qui peuvent se produire).

Autres approches. On peut également utiliser pour former ou reformer le groupe, un certain nombre d'exercices qui sont présentés dans les pages suivantes en tant qu'exercices de créativité proprement dits

* Que faire avec... ?
* Le scénario
* Exercices de style
* Mots au hasard
* Quelles qualités... ?
* Dialectique, etc.

UN REGARD NEUF
SUR LE MONDE
(La philosophie du pourquoi)

C'est une des lois de la psychologie expérimentale qu'une perception immobile finit par devenir une non-perception. Si nous posons la main sur un objet rugueux, après l'avoir perçu comme rugueux dans un premier temps, nous cessons ensuite de le percevoir comme rugueux, et même de le percevoir comme objet de sensation. À l'intérieur des limites hautes ou basses de l'insupportable, nous nous habituons tellement à la présence des objets quotidiens que nous ne les percevons plus si nous ne faisons pas un effort spécifique d'attention.

Ainsi en va-t-il de notre perception du monde. Nous vivons dans un certain état de fatalité qui nous le fait voir, aussi agressif ou agréable soit-il, comme immuable. Un « donné » établi une fois pour toute auquel nous devons nous adapter... L'homme raisonnable est celui qui s'adapte au monde tel qu'il est ! La morale traditionnelle est souvent l'expression d'une loi de résignation : souffre et abstiens-toi ! Et les grandes religions ont inventé une volonté de Dieu qui correspond à un état du monde qui doit être respecté : c'est écrit là-haut, comme le fait répéter Diderot à son Jacques le fataliste.

La première condition d'une entreprise de créativité, c'est de considérer que le monde n'est pas immuable et qu'il peut être changé, que nulle volonté de Dieu ne nous oblige à nous conformer à l'état des choses.

Mais pour cela, il faut apprendre à jeter sur lui un regard neuf, de le faire rentrer à nouveau dans le champ d'une perception rajeunie, de le faire bouger sous nos yeux pour qu'à travers ce mouvement il redevienne un objet de sensation. Objet de sensation et de désir ! Nous livrer à une sorte de « reconnaissance du monde » et découvrir ainsi que **le monde n'est pas immuable, mais qu'il pourrait être infiniment différent de ce qu'il est.** Et ainsi lever la barrière qui nous empêchait de nous lever et de nous mettre en route.

1. LE POINT DE VUE DE SIRIUS

Rappelons-nous les questions que nous avons posées, enfants, aux grandes personnes étonnées et exaspérées : Pourquoi ne marchons-nous pas à quatre pattes ? Pourquoi l'herbe est-elle verte ? Pourquoi y a-t-il des filles et des garçons ? Pourquoi doit-on se laver ? Pourquoi fait-on la guerre ? Pourquoi papa mange-t-il encore puisqu'il est déjà grand ?...
Aujourd'hui, nous sommes si habitués à des situations considérablement absurdes, dominées par des rapports de force ou des comportements acquis, que nous sommes incapables de nous

poser, à leur sujet, les questions élémentaires qui permettraient, dès l'abord, de les voir autrement et de prendre conscience de leur relativité et de leur absurdité.

Nous avons besoin, pour renouveler notre horizon, de prendre de la distance, de devenir étranger, et de poser sur notre entreprise, notre ville, notre produit, l'œil naïf et détaché de l'enfant, ou du Persan de Montesquieu, ou de l'habitant de Sirius. On dit que la terre, vue de la lune, prend une dimension nouvelle, et que l'ère spatiale marque comme l'apparition d'une nouvelle conscience, d'une conscience au second degré. Soyons donc un tant soit peu lunaires.

Tel est le but de l'exercice suivant. Il pourra se pratiquer de plusieurs façons : soit collectivement en appliquant aux phénomènes retenus la question « **pourquoi** » et en tentant d'y répondre ; soit en demandant à deux ou trois des membres du groupe de jouer le rôle d'habitants fraîchement débarqués d'une autre planète qui, s'exprimant par chance en bon français (le calcul des probabilités doit pouvoir expliquer cela), demanderaient aux autres de leur expliquer « **pourquoi** » les choses sont ce qu'elles sont et comment ils peuvent s'insérer dans la vie terrestre.

Exercice

Exercez votre esprit critique sur les objets suivants :

Une maison, un train, un piano, une lettre de licenciement, le repas familial, la ville, la famille, le système monétaire international, l'exploitation de l'énergie, la hiérarchie sociale, l'école, les diplômes, la culture, l'entreprise privée, le statut des fonctionnaires, la banque.... tout autre thème qui vous paraîtrait plus proche de vos préoccupations.

Autre exercice : en remontant la chaîne des « pourquoi »

Partir d'une situation donnée, habituellement vécue par un membre du groupe. Lui en demander le pourquoi. (Pourquoi partez-vous en automobile ? Pourquoi regardez-vous la Télévision ? Pourquoi prenez-vous vos repas en famille ?, etc.). Lorsqu'il a répondu, lui demander le « pourquoi » de la raison qu'il a donnée, et ainsi de suite. On remonte très vite ainsi à des raisons fondamentales habituellement négligées. On peut aussi faire le tour du groupe en demandant à chacun des membres de répondre à un pourquoi.

On s'aperçoit vite que les explications données ne sont jamais totales. Il y aurait, à chaque question, beaucoup de réponses différentes qui pourraient chacune engendrer des pourquoi nouveaux ; on s'aperçoit aussi qu'il y a des explications qui sont creuses, mais on soulève au passage un nombre impressionnant de problèmes sur lesquels on peut revenir à son aise. L'important est de ne jamais se contenter des explications toutes faites que l'on se fournit habituellement.

Il est essentiel de ne pas comprendre

> • *Comment peut-on être Persan ?*
> *La réponse est une question nouvelle : Comment peut-on être ce que l'on est ?*
> *À peine celle-ci venue à l'esprit, elle nous fait sortir de nous-mêmes et nous nous voyons sur le moment à l'état d'impossibilités. L'étonnement d'être quelqu'un, le ridicule de toute figure et existence particulière, l'effet critique du doublement de nos actes, de nos croyances, de nos personnes se reproduisent aussitôt : tout ce qui est social devient carnavalesque, tout ce qui est humain devient trop humain, devient singularité, démence, mécanisme, niaiserie.*
>
> (Paul VALÉRY – Préface aux *Lettres persanes*.)

*Dans le métier de philosophe, il est essentiel de ne pas compren-
dre. Il leur faut tomber de quelqu'astre, se faire d'éternels étrangers. Ils doivent s'ébahir des choses les plus communes.
Pénétrez dans le temple d'une religion inconnue, considérez un
texte étrusque, asseyez-vous auprès de joueurs dont le jeu ne
vous fut appris, et jouissez de vos hypothèses. Le philosophe est
de même un peu partout.*

(Paul VALÉRY – *Variété : Le retour de Hollande.*)

2. LES POUTRES VERMOULUES

Sans que nous nous en rendions compte, notre comportement
est profondément marqué par des habitudes morales, mentales
et biologiques contractées dans notre enfance et notre adoles-
cence, ou transmises par le milieu dans lequel nous avons vécu,
ou héritées de la culture et de la civilisation dont nous sommes
issus. Ces habitudes se sont historiquement formées pour
répondre à des besoins précis dans un contexte social défini.
Mais ces besoins ont évolué ou même ont disparu et les habitudes sont restées et aujourd'hui, **il arrive que les habitudes prises nous paralysent dans notre action,** sans que nous ayons
la liberté d'en discerner la nature, ni le courage de nous en séparer (on peut rapprocher cet exercice de celui concernant les dispositifs d'autodestruction).

En voici quelques exemples : la centralisation de Louis XIV et de
Napoléon (vidant les provinces au bénéfice de Paris) ; nos habitudes de table (véritable rite, petite liturgie du bien-manger) ; le
droit de propriété des sols (obstacle à une urbanisation
équilibrée) ; le système des grands électeurs aux États-Unis
(coupant le président du citoyen) ; les unités de mesure non
métriques, la conduite à gauche en Angleterre (obstacle à la

communication) ; le régime pénitentiaire (onéreux et d'efficacité douteuse) ; la Justice (reposant sur l'idée qu'un accusé est innocent ou coupable) ; le nationalisme exacerbé (faisant obstacle à la constitution de rapprochements profitables).

Le groupe s'efforcera de trouver d'autres exemples de ces inhibitions dues à la persistance, dans notre présent, d'un passé révolu. Pour chacun d'eux, il tâchera d'analyser les mécanismes exacts de la formation de l'habitude dans le contexte qui l'a vu naître ; puis il décrira comment ce contexte a évolué sans que l'on songe à modifier les règles de comportement édictées précédemment ; et enfin comment ces règles sont devenues franchement gênantes ou nuisibles.

Le groupe s'intéressera d'abord à des exemples généraux et lointains. Mais il tâchera aussi de s'intéresser à des exemples plus récents et de moindre portée, empruntés à l'univers personnel, familial, professionnel de chacun des participants : ce qui est le plus difficile, car on a de la peine à prendre de la distance par rapport à soi-même, mais ce qui est le plus important. Il pourra même, se projetant dans l'avenir, essayer de voir comment les habitudes qui se créent aujourd'hui pourront devenir gênantes lorsque les circonstances actuelles auront changé.

Exercice

Faites la description de situations, d'habitudes, de lois, de comportements, d'objets simples ou complexes nés dans le passé et dont l'existence paraît dommageable à notre présent ou à notre proche avenir,

dans le domaine professionnel,
dans le domaine familial,
dans le domaine politique,
dans le domaine scolaire,

dans le domaine économique,
dans le domaine religieux,
dans le domaine moral,
dans le domaine social,
dans le domaine artistique...

ou dans tout autre domaine que le groupe désirerait explorer.

P.S. – Si vous avez de la difficulté à faire cette analyse, livrez-vous à un quadrillage du domaine étudié. Par exemple, pour chacun des domaines étudiés, examinez ce qui se passe pour les enfants, les adolescents, les hommes, les femmes, les adultes, les vieillards... C'est déjà une application de la combinatoire dont nous servirons par la suite.

Exemple – La hiérarchie des salaires

Dans le désordre et le sous-développement économique de l'après-guerre (1946-47), il y avait, en France, une grande dispersion des rémunérations. Par exemple, selon les lieux et selon les industries, la même secrétaire était très différemment payée... Le Ministre du Travail de l'époque (Parodi) fit faire une enquête qui lui donna la possibilité de calculer la rémunération moyenne de chaque poste et il publia une grille des salaires selon laquelle le manœuvre de base était représenté par le coefficient 100, la secrétaire 185, le jeune cadre 330, le cadre supérieur 880.

Ainsi fut édictée une sorte de morale sociale (hissée à la hauteur **d'une loi naturelle**) à laquelle la plupart des conventions collectives adhérèrent et qui permit la construction d'un certain ordre, satisfaisant pour l'époque. Mais ces règles subsistèrent alors que la situation économique évoluait. Dans un pays en développement rapide, elles consacrèrent un éventail de salaires très large.

L'explosion de mai 1968 fut en partie causée par les revendications justifiées des « Smigards » à l'époque, victimes de la rigidité de cette grille des salaires. Qu'auraient-il dit s'ils avaient su que bientôt la grille exploserait par le haut et que seuls les bas salaires seraient encore contenus dans ses traditions de fer : la morale est bonne pour les petits !

Le Paria

La société des Hindous se trouve, comme chacun sait, cloisonnée par des castes. Et chaque caste a fini par constituer un peuple aux frontières invisibles et infranchissables.

La première caste est celle des Brahmanes, de ceux qui sacrifient, prient et savent. La seconde, celle des nobles, rois ou guerriers. La troisième, celle des commerçants, éleveurs de troupeaux ou bourgeois. La quatrième est la caste servile, celle des artisans, paysans et bergers. La dernière caste s'est subdivisée en autant de castes qu'il existe de corps de métiers, les interdictions de mariage et de contact se multipliant au fur et à mesure.

... La caste n'implique aucun privilège de richesse ou de pouvoir. Il est de règle, aux Indes, que les personnes des plus hautes castes se trouvent dans les conditions les plus diverses et les plus misérables et cela n'implique pour elles aucune déchéance... La caste ne représente aucune fonction publique. Elle n'offre aucun avantage à ceux qui lui appartiennent. Elle ne constitue qu'un empêchement aux rapports entre les hommes.

C'est, au sens propre, une superstition, c'est-à-dire un reste. Les débris d'une pyramide sociale qui a eu sa raison, sa grandeur, sa beauté. Mais cette raison, cette grandeur, cette beauté ont comporté dès le début leur revers de honte.

Ce revers, c'est l'abjection du Paria.

(Lanza del VASTO – Le pèlerinage aux sources.)

3. LA DÉFECTUOLOGIE

Le monde n'a jamais été parfait et la condition de l'homme dans le monde est difficile.

Aussi les morales traditionnelles de nos sociétés comportent-elles pour la plupart un important volet concernant la résignation. Stoïcisme, catharisme, jansénisme, puritanisme marquent quelques-uns des hauts moments de cette résignation, dont témoignent des expressions telles que : « Il faut être fidèle à sa condition – Supporte et abstiens-toi – Acquiers des mérites en ce monde – Tu seras récompensé dans l'au delà – C'est la volonté de Dieu que... – Bienheureux ceux qui souffrent – Les larmes sont rédemptrices – De quelle admirable résignation il a fait preuve... » Comme les hommes ne pouvaient pas améliorer leur condition, ils l'ennoblissaient. Ce qui était d'autant plus beau que, **ayant renoncé à changer le monde, ils travaillaient à se transformer eux-mêmes** et ainsi à s'adapter à ce monde, dans un souci de perfection personnelle dont témoignent tous les maîtres spirituels : les défauts qui les inquiétaient, c'étaient les leurs, non ceux du monde.

Aujourd'hui, les moyens que l'industrie et la science mettent à notre disposition nous permettent, à chacun de nous, de nous attaquer efficacement aux défauts du monde, de travailler avec succès à l'amélioration de notre univers et de modifier profondément notre environnement (santé, niveau de vie, liberté d'action, ouverture d'esprit). Nous échappons ainsi à (une partie) de l'antique obligation de nous résigner. **N'abandonnons certes pas notre exigence intérieure : nous en avons peut-être plus que jamais besoin, mais, pour les corriger, osons regarder aussi en face les défauts du monde.** Comme le dit Wagner : » L'homme qui n'a pas été, dès son berceau, doué de l'esprit de mécontentement de tout ce qui existe n'arrivera jamais à la découverte du nouveau ». Et comme le précise René Boirel : « À l'origine de la conscience inventive, se trouve **la perception d'une insatisfaction en présence du donné** ».

Nous avons forgé, pour cette attitude critique érigée en méthodologie de progrès, un nouveau mot : LA DÉFECTUOLOGIE. La défectuologie est une attitude inverse de celle adoptée dans le Point de vue de Sirius. Au lieu de venir de l'extérieur et de chercher poliment à comprendre ce qui se passe, on essaie de faire éclater les choses par l'intérieur, **on prend conscience de ses insatisfactions dans l'usage des objets ou la pratique des institutions dans lesquels on est enfermé.**

Les résultats de la cette démarche sont d'ailleurs ambigus. Lorsqu'on a pris conscience d'un défaut, deux voies s'ouvrent en effet :

- ou bien **perfectionner jusqu'à la limite de l'absurde** le type d'objet analysé. En ce sens, la défectuologie est un facteur de blocage. Ceci s'est passé par exemple depuis un siècle en ce qui concerne le moteur à explosion de nos automobiles, poussé à un tel point de perfection qu'il a bloqué l'évolution vers d'autres types de moteurs ; cependant que se confirme aujourd'hui l'importance d'un défaut qui n'avait pas été sensible pendant de nombreuses années : la pollution ;
- ou bien sortir de l'obsession de l'objet analysé et **trouver à remplir les mêmes fonctions par des objets de natures très différentes en recherchant une véritable mutation.** Dans le cas du moteur à explosion, la mutation qui semble se profiler est celle du moteur électrique, de la pile à combustible...

De toute façon, la défectuologie doit d'urgence être appliquée aux produits des entreprises. C'est la seule façon pour elles de n'être pas prises de vitesse par leur concurrents.

La défectuologie permet de déborder très largement les résultats de l'exercice précédent (les poutres vermoulues) : car si la plupart des défauts naissent d'un passé mal surmonté, ce n'est guère qu'à l'épreuve d'un usage quotidien qu'ils apparaîtront en toute clarté. **La défectuologie est une entrée facile et efficace dans tous les problèmes que nous pouvons avoir à traiter : problèmes d'instruments, de comportements, d'institutions. Elle prélude heureusement à l'étude des fonctions.**

Comme d'habitude, le groupe travaillera en deux temps : un temps spontané d'énumération désordonnée. Un temps raisonné de réflexion et de classement.

Exercice

Faire la liste ordonnée de tous les défauts que vous percevez (c'est-à-dire de tous les problèmes auxquels vous êtes sensible) :

1) dans un sarcloir
2) dans un tire-bouchon
3) dans un fauteuil
4) dans une table de salle à manger
5) dans une automobile
6) dans un livre
7) dans un bureau de poste
8) dans une gare SNCF
9) dans le système français de Sécurité sociale
10) dans le système actuel d'assurance automobile
11) dans le suffrage universel
12) en récapitulant les événements de votre journée d'hier
13) en récapitulant les événements de vos dernières vacances
14) à la relecture de votre journal de ce matin

15) dans le cours habituel de votre vie familiale
16) dans le cours habituel de votre vie professionnelle
17) en vous faisant et en mangeant un sandwich
18) en prenant votre bain
19) en allant en classe ou à votre travail
20) à propos de tous les instruments ou comportements dont vous souhaiteriez faire la critique.

Exemple – Étude des défauts d'un livre

1. fragile
2. combustible
3. sans images ou avec peu d'images, ne stimulant pas l'imagination
4. sa structure matérielle ne tient pas compte de la composition du texte (la page n'est pas une unité de pensée, ni de lecture)
5. défaut de synthèse ; la lecture, page par page, exclut la vision globale
6. son contenu est stable, on ne peut rien y ajouter ni en retrancher, il n'est donc pas « à jour »
7. il se déroule dans le temps, le début peut décourager l'attention de se porter sur la fin
8. il n'y a pas de droit de réponse, ni de possibilité de dialogue avec l'auteur
9. on ne peut rien en extraire sans avoir à recopier ou photocopier ou scanner
10. il ne fait pas de différence entre ses lecteurs, c'est-à-dire qu'il dit à tous la même chose et les oblige tous à passer par les mêmes chemins ; etc.

4. LES DISPOSITIFS D'AUTO-DESTRUCTION

Si donc le monde a chaque jour tellement de difficulté à se conformer à lui-même, c'est parce qu'il est encombré de vieilles choses qui s'opposent à la naissance de choses nouvelles. **Mais nous n'aimons pas nous séparer d'une habitude ancienne, d'un métier connu, d'une maison familière, même si la plus impérieuse nécessité nous y contraint...**

Nous n'aimons pas non plus voir mourir nos vieux parents. Et pourtant nos vieux parents vont mourir. La nature prudente a inclus dans chaque être qui vient au monde un dispositif d'auto-destruction qui s'appelle la mort. Son but est non seulement de faire place aux générations montantes, mais d'organiser le renouvellement de l'espèce. **Ne serait-il pas prudent que chacun de nos dispositifs techniques, mentaux ou sociaux, chacun de nos comportements et même chacune de nos affections, soient équipés d'un semblable dispositif d'autodestruction qui nous débarrasserait, presque malgré nous, de tout ce qui à la longue a perdu sa raison d'être et encombre notre vie.**

La cybernétique nous invite à de telles précautions. Ne prévoit-elle pas, en effet, pour tout ce que nous mettons en œuvre, des informations en retour (feedback) qui permettront d'ajuster le dispositif prévu aux résultats de son action. **Pourquoi la dernière information ne serait-elle pas celle qui détruirait définitivement un système qui aurait fourni la preuve de son incapacité à résoudre la nouvelle série de problèmes qui se présentent ?**

Ainsi en est-il déjà, d'ailleurs, de toutes les opérations conclues pour un temps limité, en particulier les mandats électoraux, qui permettent de mesurer dans le temps l'engagement pris envers un homme. Quant à l'Histoire, elle nous donne l'enseignement de renouvellements spectaculaires provoqués par une disparition inattendue des institutions et des infrastructures, tels que ceux qui ont eu lieu par exemple au Japon ou en Allemagne pendant la guerre de 1939-45.

L'exercice consistera en une étude des raisons qui peuvent amener à souhaiter la destruction des objets proposés, et de la façon dont il faudrait s'y prendre pour introduire en eux, lors de leur conception, un dispositif inéluctable d'autodestruction. Il faudra évidemment tenter de discerner ce qui, dans le passé, est **source, santé, solidité, point d'appui,** et ce qui est **chaîne, boulet, pesanteur, aveuglement.** La discussion n'en sera que plus animée.

Exercice

Pourquoi et comment provoquer l'autodestruction de :

- un jouet, un meuble, un appartement, une usine, une ville, un contrat de travail, l'exercice d'un métier, une règle de conduite, une technique musicale donnée, une nation, une religion, une morale, une constitution, une loi, un programme d'éducation, une symphonie, un tableau, un monument historique, un objet ou une institution de votre choix...

Dans chaque cas, le groupe évitera les généralités et précisera de quel objet spécifique et concret il veut qu'il soit question dans la discussion.

Exemple – L'auto-destruction de la ville

1) Pourquoi provoquer l'autodestruction ? Parce que s'édifiant progressivement par couches successives à partir d'un noyau central, sa structure est constamment déséquilibrée et elle devient progressivement inhabitable... Trouver d'autres raisons... Thème à développer.

2) Comment provoquer l'autodestruction ? Par exemple, quelques solutions à étudier : On vide et on démolit le centre à mesure que la périphérie se développe, puis on y met des jardins et des voies de communication – Démolition obligatoire après trente ans pour chaque immeuble – Loyers diminuant et impôts croissant avec l'âge des immeubles – Autant de terrains vides que de terrains habités : tous les trente ans par roulement, on évacue les seconds pour aller sur les premiers... etc.

5. LE JEU DE CASSE-MOTS

Sous l'influence de nombreux « logiciens » (dont entre autres Wittgenstein et Korsybski, le fondateur de la Sémantique Générale) nous avons pris conscience que notre pensée est enfermée dans des mots contingents qui la conditionnent et la paralysent. Il n'était pas inquiétant, en 1930, de parler du « National-Socialisme » d'Hitler. Et pourtant, quelle catastrophe à l'abri dans ce concept rassurant ! Quoi de plus péjoratif, d'autre part, que l'expression « enfant illégitime » ? Et pourtant quoi de plus innocent qu'un tel enfant ! **Nous pouvons multiplier les exemples de préjugés créés à l'égard des choses ou des gens par les mots qui les désignent** : les pays sous-développés, un manœuvre, un chien, un seigneur de la guerre, l'impérialisme, une instance souveraine, un cocu, le libéralisme, l'adultère, un gauchiste, une avorteuse... **Le mot n'est pas une désignation : c'est déjà un Jugement.** Ce thème du conditionnement mental par le vocabulaire mériterait d'être développé très longuement. Nous ne pouvons le faire ici ; mais nous donnons en annexe deux textes très explicites qui l'illustreront parfaitement.

Selon l'expression fameuse : « Il faut écarter les mots pour penser justement », nous allons essayer de relativiser un certain nombre de désignations familières, pour découvrir les secrètes liaisons qui existent autour d'elles dans nos esprits et pour nous délivrer de leur tyrannie. C'est un travail auquel il convient de se livrer en groupe en laissant jouer l'imagination collective. Dans un premier temps, on se laissera aller à toutes les associations possibles et imaginables (adjonctions, suppressions, renversements, ressemblances, confusions, étymologies, contrepèteries), en relâchant au maximum toutes les censures du sens commun, de l'éducation et même de la bienséance (10 à 15 minutes). On prendra toujours bien soin d'inscrire au tableau toutes les trouvailles faites. Dans un second temps, on reviendra sur ce débarquement de l'inconscient et on tâchera de comprendre ce qui s'est passé et comment les mots se sont appelés les uns les autres. Mais surtout après avoir regroupé les réponses selon leur signification, on tâchera d'en tirer des conclusions.

Exercice

Jouer avec l'un ou l'autre des mots suivants :

Soldes (dans un magasin), Appartement, Vacances, Générosité, Ordre, Justice, Exportation, Contrôle, Démesure, Discipline, Leçon, Recherche, Patrie, Lumière,... *Tout autre mot dont il vous paraîtrait intéressant de faire l'analyse.*

Exemple – Jeu avec le mot « appartement »

Appartement (le concept de départ)
Appartenant (idée de propriété)
À part tenant (idée de séparation)
Apparentement (l'appartement est le lieu d'une parenté)
Aux parents (en effet, c'est à eux)

Apparence (signe extérieur de richesse)
Partition (ré) (les personnes sont réparties)
Particule (un bel appartement vaut une ...)
Particulier (c'est le lieu du « particulier »)
Appartementir (jeter de la poudre aux yeux)
Compartiment (chacun le sien)
Comportement (également)
Partir (il faut savoir le quitter)
Mental (condition de la santé mentale)
Parqué (comme des bestiaux)
Important (effectivement, ça l'est)
Bonapartement (quand on peut y grandir : « Déjà Napoléon perçait sous Bonaparte... »)
Département (on en est le préfet)
Aparté (lieu de l'intimité)
Déportement (quand on en change)
Déboursement (même jeu)
Débordement (quand il est trop petit)
Malapartement (dans bien des cas...)
Part à deux (le jeune ménage !)
Apport marrant (un grain d'originalité)
Chapartement (les bêtes domestiques)
Chambardement (quand les amis sont partis)
Parement (on a pignon sur rue)
Paravent (on est à l'abri des regards)
Paratonnerre (on est à l'abri)
Apparemment (il faut sauver les apparences)

Le langage

Les mots sont des outils essentiels pour formuler et communiquer les pensées, et aussi pour les emmagasiner dans la mémoire ; malheureusement, les mots peuvent devenir pièges, appeaux ou camisoles de force. Nombreux sont les concepts fondamentaux de la science qui, à telle ou telle époque, ont servi à la fois d'outils et de pièges : par exemple « temps », « espace », « masse », « force », « poids », « éther », « corpuscule », « onde », dans les sciences physiques ; « but », « volonté », « sensation », « conscience », « conditionnement », en psychologie ; et en mathématiques : « limite », « continuité », « calculabilité », « divisibilité ». Car il ne s'agissait pas de simples étiquettes, comme les noms donnés aux personnes et aux objets ; il s'agissait de constructions artificielles qui, derrière une façade innocente, dissimulaient les traces de l'espèce particulière de logique qui avait servi à les fabriquer. Pour reprendre l'exemple de Sidney Hook : « En dressant le tableau des catégories qui, à ses yeux, représentait la grammaire de l'existence, **Aristote projetait en réalité sur le cosmos la grammaire de la langue grecque** ».

La science occidentale a bien mis deux mille ans à se délivrer de l'hypnose produite par Aristote, dont la philosophie pénétrait la structure même du langage définissant non seulement les notions de la « science », mais aussi celles du « sens commun ». **Toutes les grandes révolutions de la pensée scientifique durent se faire non seulement contre les dogmes aristotéliciens, platoniciens ou chrétiens, mais aussi contre ce qui paraissait l'évidence et le bon sens : les règles informulées du code.** Chaque fois, il fallut battre en brèche l'ordre établi de la pensée conceptuelle. Kepler renversa la doctrine « évidente » du mouvement circulaire uniforme ; Galilée ruina la notion de bon sens que tout corps en mouvement doit avoir un « moteur » pour le tirer ou le pousser. Newton, non sans répugnance, dut contredire l'expérience et montrer qu'il y a action possible sans contact ; Rutherford dut commettre une contradiction dans les termes en affirmant que l'atome, dont le nom signifie « indivisible », est divisible. Einstein nous interdit de croire que les horloges tournent à la même vitesse en n'importe quel point

*de l'univers ; la physique des quanta a escamoté le sens tradi-
tionnel de mots tels que matière, énergie, cause et effet.*

*Les préjugés et les impuretés qui se sont incorporés aux
concepts verbaux d'un « univers du discours » donné ne seront
éliminés par aucun discours à l'intérieur de cet univers. Ce n'est
pas en jouant à un jeu que l'on peut en modifier les règles, si
absurdes qu'elles soient. De toutes les formes d'activité mentale,
la pensée verbale est la plus claire, la plus complexe et la plus vul-
nérable. Elle est capable d'absorber toutes sortes de suggestions chuchotées et d'en faire des règles secrètes du code. **Le
langage peut faire écran entre le penseur et le réel. Et c'est
pourquoi, bien souvent, la véritable création commence où finit
le langage.***

(Arthur KOESTLER – *Le cri d'Archimède.*)

6. SE PASSER DE…

L'ensemble des produits ou services qui sont à notre disposition
dans l'une ou l'autre de nos sociétés, forme un tout cohérent. Il
s'établit a un moment donné une sorte d'équilibre entre… par
exemple les différents moyens de transport, les différents
moyens de communication, la production et l'offre, les contraintes de la société industrielle et les instruments qu'elle propose au consommateur. Cet équilibre nous paraît tellement
naturel que nous ne le pensons même pas comme tel. Essayons
cependant de supprimer de notre vie quotidienne tel ou tel objet
et pesons-en les conséquences. Nous allons voir, dans certains
cas, le monde basculer. Mais chaque civilisation n'est pas faite
seulement de ce qu'elle contient matériellement ou spirituelle-
ment. Le voisinage d'autres civilisations, leurs révolutions ou
leur prospérité, contribuent à définir leur équilibre interne.

Les exercices suivants doivent être faits en groupe : on commencera par en définir très exactement les bornes ; puis on accueillera indistinctement les conséquences qui seront perçues les unes après les autres par chacun des participants ; enfin, dans un troisième temps, on s'efforcera de mettre de l'ordre et de classer ces conséquences, de façon à maîtriser intellectuellement le phénomène.

Exercices

1) Supposez que personne n'ait inventé les souliers, comment serait le monde ?

2) Supprimez les chaises et l'envie de s'asseoir, quelles en seraient les conséquences ?

3) Imaginez que la mesure du temps, c'est-à-dire la montre individuelle, n'ait pas été inventée. Comment serait le monde ?

4) Interdisez brutalement l'usage de toute publicité, même informative. Comment évoluerait l'économie?

5) Supprimez le papier en tant que support de l'écriture, et tous les produits de substitution par lesquels on pourrait le remplacer. Qu'arriverait-il ?

6) Supprimez les parfums, fards et produits de beauté. Quelles, seraient les conséquences sociales et économiques de cette suppression ?

7) Proclamez un édit mondial interdisant toute nouvelle invention. Qu'arrive-t-il ?

8) Imaginez les conséquences d'un échec de la révolution russe en 1917, c'est-à-dire la permanence du régime tsariste.

9) Imaginez que les États-Unis soient entièrement et subitement rayés de la carte du monde.

10) Imaginez toute autre disparition dont vous aimeriez examiner les conséquences.

La disparition du papier

Supposez... qu'une sorte de maladie mystérieuse attaque et détruise tout le papier qui existe dans le monde. Point de défense, point de remède. Impossible de trouver le moyen d'exterminer le microbe ou de s'opposer au phénomène physico-chimique qui attaque la cellulose. Le rongeur inconnu pénètre dans les tiroirs et les coffres, réduisant en poudre le contenu de nos portefeuilles et de nos bibliothèques. Tout ce qui fut écrit s'évanouit. Le papier, vous le savez, joue le rôle d'un accumulateur et d'un conducteur ; il conduit non seulement d'un homme à un autre, mais d'un temps à un autre une charge très variable d'authenticité ou de crédibilité. Imaginez donc le papier disparu : billets de banque, titres, traites, actes, codes, poèmes, journaux, etc. Aussitôt, toute la vie sociale est foudroyée et, de cette ruine du passé, on voit émerger l'avenir, du virtuel et du probable, le réel pur. Chacun se sent aussitôt réduit à sa sphère immédiate de perception et d'action. L'avenir et le passé de chacun se resserrent prodigieusement ; nous sommes réduits au rayon de nos sens et de nos actions directes... Rien ne fait mieux saisir la fragilité du monde organisé et la spiritualité du monde social que cette hypothèse fantastique.

(Paul VALÉRY – *Variété*.)

7. PLUS CHER, MOINS CHER

Une variante plus subtile de l'exercice précédent consiste, non pas à supprimer ou à inventer quelque chose, mais à **modifier l'équilibre acquis en élevant ou en diminuant le prix de vente de tel ou tel bien.**

Ce problème est celui que se pose souvent l'industriel qui se demande quelles seraient les conséquences d'une augmentation ou d'une diminution du prix de ses produits. Mais l'industriel ne se pose la question que par rapport à la prospérité de son entreprise et ne se préoccupe que peu de l'impact social de ses décisions.

Cette intervention est en revanche familière aux États qui, à travers la fiscalité et les tarifications, cherchent à modifier l'équilibre de la consommation.

Mais, pour mieux comprendre ce phénomène, nous ne procéderons pas comme eux, par touches discrètes et prudentes, mais en pesant lourdement et brutalement sur les phénomènes, comme pourrait par exemple le faire un état totalitaire qui voudrait modifier la structure de la société.

Nous verrons alors combien nos situations acquises sont relatives et contingentes. Les exercices proposés se feront, comme les précédents, en groupe, en trois temps :

1) une bonne définition de l'exercice ;
2) l'énumération spontanée et désordonnée de toutes les conséquences qui viennent les unes après les autres à l'esprit de chacun des participants ;
3) le classement de ces conséquences et l'organisation de la nouvelle société.

Exercices

1) Multiplier par dix le prix des lessives.
2) Doubler le prix de tous les déplacements.
3) Faire payer l'eau au prix de l'alcool.
4) Doubler les salaires et appointements.
5) Tripler le prix des livres.
6) Doubler le prix des automobiles en Suisse.
7) Diminuer de moitié le prix de la construction.
8) Assurer la gratuité des produits alimentaires.

9) Tripler le prix de l'électricité.

10) Fixer le prix des denrées alimentaires en fonction d'une unité de valeur nutritive.

11) Supprimer l'impôt sur les bénéfices au profit de l'impôt sur le revenu.

12) Faire l'inverse.

13) Tout autre changement dans les normes économiques qui, au premier abord, vous apparaîtrait sans grandes conséquences.

Exemple – Multiplier par dix le prix des lessives

Conséquences :

Laver devient très onéreux : on lave moins – On se change moins souvent : les gens sentent mauvais, comme au temps de Louis XIV – D'où développement des parfums pour masquer les odeurs – Les tissus synthétiques disparaissent : ils doivent être lavés trop souvent – Ruine des usines qui les fabriquent – Chômage des chercheurs chimistes – Reprise de l'élevage du mouton et du ver à soie – On teint les tissus dans des tons neutres et en « écossais », où les taches se voient peu – Le repassage redevient indispensable : reprise de l'industrie des fers à repasser – Disparition de la machine à laver familiale, devenue trop chère à amortir – Faillite des fabricants d'électro-ménager – Les entreprises de dégraissage à sec prospèrent – On fait des sous-vêtements à jeter – Aggravation du problème des déchets – Prospérité des usines de cellulose où l'on fabrique les vêtements à jeter – La publicité pour les lessives change de style : elle s'adresse à un public snob et raffiné qui seul consomme les produits de luxe, etc.

8. SCÉNARIOS FUTURISTES

Il y aurait une autre façon de perturber l'équilibre acquis du milieu, ce serait d'y introduire des dispositions nouvelles. C'est d'ailleurs ce qui se passe lorsqu'une décision politique importante est prise ou lorsqu'une invention majeure est faite. **L'Histoire est riche de tels exemples : la révocation de l'Édit de Nantes, la médecine de Pasteur, l'Imprimerie, la découverte de l'Amérique, la Relativité, la bombe atomique...** Si nous avons une forte culture historique, nous pouvons nous amuser à suivre à la trace les conséquences de certains de ces événements. Mieux encore, nous pourrions essayer de décrire l'état actuel du monde si ces découvertes n'avaient pas eu lieu.

Mais pour rendre cet exercice accessible à tous les groupes, essayons de découvrir les conséquences proches et lointaines de quelques dispositions ou inventions nouvelles, subitement faites dans notre monde. La technique à employer est la même que pour les exercices précédents.

Exercices

Que se passerait-il

1) Si l'État décrétait et assurait la publication des revenus.
2) Si l'école gratuite était supprimée et remplacée par une allocation librement utilisable par la famille pour l'éducation de chaque enfant.
3) Si les élections législatives reposaient non sur un découpage territorial, mais sur un découpage professionnel.
4) Si l'on parvenait à dispenser l'homme de dormir.
5) Si l'on décidait de plafonner la durée de la vie humaine.
6) Si l'on ouvrait toutes les frontières.
7) Si l'on assurait la transmission sans fils de l'énergie électrique.

8) Si l'on doublait la durée de la vie humaine.
9) Si l'on supprimait le revenu personnel – ou si l'on assurait l'égalité du revenu.
10) Si les associations de consommateurs prenaient le pouvoir.
11) Si tous les enfants de moins de 15 ans disparaissaient subitement.
12) Si les hommes étaient frappés de stérilité.
13) Si le gîte et le couvert étaient assurés à chacun.
14) Si les hommes étaient frappés de surdité.
15) Si l'on admettait que les hommes ne sont ni libres, ni égaux, ni fraternels.
16) Si l'on découvrait que les matières plastiques sont nuisibles à la santé.

Exemple – Si l'on doublait la durée de la vie humaine

Scénario. – On atteindrait alors en moyenne 175 ans pour les hommes et 190 ans pour les femmes – Dans cette hypothèse, il y aurait au moins, dans chaque famille, 4 ou 5 générations en vie en même temps – À quel âge prendrait-on sa retraite ? Si c'est à 65 ans, le nombre (la proportion) des vieillards à charge devient insupportable pour la société – Comme c'est impossible, on recule l'âge de la retraite. Il faut donc absolument une forte expansion pour créer des emplois pour tout le monde, et on travaille jusqu'à 100 ans et plus – Mais, pour travailler jusqu'à 100 ans, il ne faut pas perdre pied : recyclage obligatoire et généralisé. École à vie – Conséquence pour la scolarité enfantine et secondaire : on ne peut envisager d'apprendre une science encore utilisable dans 100 ou 120 ans ! L'école change d'objet : elle fournit des outils de base et prépare l'intelligence a s'adapter au changement par des exercices de gymnastique mentale (mathématiques, latin, par exemple) et des exercices...

de créativité – Déséquilibre des générations. Conflits (à moins d'un changement radical dans l'éducation) – Il faut beaucoup plus de logements, car la population double, elle aussi, bien que le nombre des naissances demeure stable – Profonds changements dans l'héritage du patrimoine : on n'hérite plus que vers 100 ans environ, du pouvoir et des biens. Le pouvoir aurait donc tendance à rester aux mains des plus de 100 ans. Mais c'est inacceptable et les jeunes réclament leur autonomie. On les traite en mineurs jusque vers 50 ans – Grâce aux procédés contraceptifs, admis par tous à cause de la nécessité absolue de freiner l'accroissement de la population, les femmes sont libérées de leurs servitudes maternelles vers 35 ans. Elles ont alors en moyenne 115 ans devant elles – Comme on a besoin de leur activité pour entretenir les nombreux vieillards, elles entrent toutes dans la vie professionnelle. Leur salaire n'est donc plus considéré comme un appoint et elles accèdent à tous les postes – On voit surgir de nombreux génies féminins, tous ceux qui n'avaient pu percer l'étouffement sociologique jusqu'alors de règle. L'opinion publique les accepte – Tous ceux, hommes et femmes, qui n'ont ni passion, ni sens créateur, ni suffisante richesse intérieure, trouvent la vie trop longue et se suicident – Les gêneurs durent trop : recrudescence de la criminalité – On souhaite vraiment tuer son père (increvable). Ce n'est plus symbolique, car comment obtenir autrement l'indépendance morale ? Bouleversement de la psychiatrie – Etc.

9. SCÉNARIOS FANTAISISTES

Le même type d'exercice peut être utilisé d'une façon plus poétique et transformé en une sorte de conte de fée ou *d'histoire merveilleuse*. Cette formule sera intéressante en particulier avec les enfants. Les thèmes proposés ont été empruntés au psychologue spécialiste de la créativité, Torrance.

Exercices

1) Racontez l'histoire du petit lion qui ne pouvait pas rugir.
2) Racontez l'histoire du professeur qui ne pouvait pas parler.
3) Racontez l'histoire de la dame qui disait tout le temps des gros mots.
4) Supposez que nous puissions lire les pensées des autres sur leur front.
5) Supposez que la terre soit recouverte d'un grand brouillard et que nous ne puissions pas voir nos pieds.
6) Toute autre situation fantaisiste ou magique que vous pourriez inventer...

10. LE JEU AVEC LES PENSÉES OU « LES PROVERBES »

Lorsque nous sommes à court d'arguments, il nous arrive souvent de prendre appui sur des affirmations que nous justifions par le bon sens ou l'évidence : « On ne saurait prétendre que... Un raisonnement élémentaire permet de démontrer que... Dans tous les cas, il est évident que... On ne saurait mettre en doute que... Seuls des irresponsables pourraient affirmer que... La sagesse des anciens nous enseigne que... C'est avec raison que l'on a pu établir que... », etc., etc. C'est ce que les philosophes appellent la pétition de principe.

Les proverbes des nations constituent un admirable échantillon de ces évidences non justifiées à travers lesquelles se perpétuent une multitude d'erreurs de jugement, d'injustices ou de bévues scientifiques, psychologiques ou économiques. Essayons de rompre quelques-unes de ces barrières mentales, de sortir de quelques-unes de ces cages d'écureuils où nous tournons bêtement... Il s'agit là d'une véritable thérapeutique mentale.

(On reporte que les procès africains sont plaidés par des avocats qui ont une exceptionnelle connaissance des maximes et des proverbes du pays. À défaut de lois écrites ou orales, ce sont ces proverbes, selon qu'ils viennent adroitement soutenir l'une ou l'autre thèse, qui permettent au juge de se prononcer. Le meilleur avocat est celui qui est capable de citer le proverbe le plus pertinent. Cette coutume, qui organise le présent et le futur sur la norme du passé, a pour conséquence de stabiliser la société. C'est peut-être une excellente façon de trancher les différends, mais certainement pas de maîtriser et d'organiser le changement.)

On fera cet exercice en groupe en s'efforçant d'abord de comprendre les circonstances historiques qui ont donné naissance aux proverbes cités. On verra ensuite quelles seraient les conséquences d'une application universelle et inéluctable de tel proverbe, comme si ce proverbe devait être considéré comme une loi fondamentale de la nature. Puis on examinera s'il ne pourrait pas, ou ne devrait pas être modifié, déformé et souvent inversé dans le contexte actuel. On cherchera de nombreux exemples de ces applications fantaisistes. Enfin on s'efforcera de rédiger l'anti-proverbe, à la manière de celui que, par exemple Beaumarchais retourne comme une chaussette dans *Le mariage de Figaro* : « Tant va la cruche à l'eau qu'à la fin elle s'emplit ».

Exercices

- S'amuser avec les proverbes suivants
    1) « La parole est d'argent, mais le silence est d'or ».

2) « Douze métiers, treize misères ».
3) « Qui va à la chasse perd sa place ».
4) « Tant va la cruche à l'eau qu'à la fin elle se casse ».
5) « L'oisiveté est la mère de tous les vices ».
6) « Si vous menez un âne à La Mecque, il en reviendra tout aussi âne ».
7) « Deux capitaines sur un navire, rien de tel pour le faire couler ».
8) « Qui aime bien châtie bien ».
9) « On n'est jamais si bien servi que par soi-même ».
10) « Il n'y a pas de sot métier ».
11) « Fais ce que dois, advienne que pourra ».
12) « Charité bien ordonnée commence par soi-même ».
13) « C'est en forgeant qu'on devient forgeron ».
14) « Pierre qui roule n'amasse pas mousse ».
15) « À chacun son métier, et les vaches seront bien gardées ».
16) Tout autre proverbe (ou maxime) qui vous paraîtrait particulièrement significatif.

On pourrait s'amuser à faire les mêmes exercices en travaillant sur les principaux dogmes des idéologies en cours :

- Nationalisme,
- Laïcisme,
- Marxisme,
- Catholicisme,
- Socialisme, etc.,

dans lesquels on trouve souvent les principes premiers de nos logiques sociales.

Exemple – La parole est d'argent mais le silence est d'or

1 – Circonstances historiques :

Elles justifient la thèse : – Sociétés autoritaires : l'expression des opinions y était dangereuse – Le silence se situait à deux pôles : la peur et la résistance (clandestine) – L'autorité (de droit divin ou fondée sur la force) n'a pas à se justifier, ce qui l'affaiblirait : je n'ai pas de comptes à vous rendre, d'explications à vous donner – Ignorance de foules analphabètes : parler, c'était dire des bêtises – Silence : vertu du sage qui médite, de l'ermite – Silence, vertu d'humilité et de soumission… Donc, plus d'informations, plus de communications, plus de conversations, plus d'ambassades, plus de traités de paix, plus de vie sociale, plus de société, plus d'humanité… Heureusement que la parole est encore d'argent !

2 – Rémanences du proverbe aujourd'hui

- Le responsable : C'est le secret qui fortifie mon pouvoir et cache mes erreurs. C'est moi qui décide. Personne n'a de leçons à me donner. Pas d'histoires !
- Le citoyen : secret partout : mon compte en banque, mon salaire, le montant de mes impôts, mes secrets de fabrication, le secret de mes convictions (de crainte d'avoir à m'y conformer).
- Les institutions (du haut en bas et de bas en haut) : Je ne veux pas le savoir. Ça ne me regarde pas. Adressez-vous au responsable. Si on arrive à ignorer les problèmes, il n'y a plus de problèmes.
- Tous : De toute manière, tu es incapable de changer. J'aime ressasser mes griefs, cela me venge. Je ne t'estime pas assez pour prendre le risque de briser la barrière des conventions qui nous maintient en paix, chacun de son côté, chacun pour soi.

3 – Mais le proverbe entre en contradiction avec le contexte actuel :

Progression du niveau d'éducation des masses. Avec la conscience, s'affirme le besoin de s'exprimer, de communiquer, de tisser des relations, de s'informer, de participer à la vie de la société. Liberté d'expression, liberté de la presse, suppression du délit d'opinion.

Ceux qui n'ont pas la parole se révoltent : les jeunes, les exploités, les chômeurs, les immigrés. Les structures trop inégalitaires sont refusées. Sous une forme ou une autre, on réclame la démocratie, donc la parole.

La psychologie, et encore plus la psychanalyse, ont révélé la valeur de l'expression personnelle comme facteur d'équilibre mental et comme thérapeutique. La parole peut guérir. Le silence peut tuer. Au commencement était la parole.

4 – Anti-proverbes :

Le silence est d'argent, mais la parole est d'or (médiocre).
Tu parles d'or.
Le silence est un mur – la parole est un pont.
Etc. : trouvez-en de meilleurs.

Exégèse des lieux communs

Être fils de ses œuvres. *– C'est le pire conseil que puisse donner ce pince-sans-rire qui se nomme Le Bourgeois. Que penser d'un vidangeur qui serait sorti de son tonneau ou d'une feuilletoniste qui aurait été engendré par ses feuilletons ? Est-il possible de conjecturer seulement l'immensité de la rigolade ? Supposez maintenant Zola mis bas par Nana ou n'importe quelle autre truie de ses romans et demandez-vous ce qu'il faudrait croire d'un peuple où l'on trouverait des accoucheurs pour de tels enfants.*

Une fois n'est pas coutume. – *Formule d'absolution à l'usage des bourgeois. Tout va bien si la coutume n'est pas implantée. L'essentiel, c'est de ne tuer son père qu'une fois.*

À quelque chose malheur est bon. – *Le malheur des autres, cela la sans dire. Il n'y a même que cela de bon.*

Pauvreté n'est pas vice. – *Voudriez-vous m'apprendre, ô mon aimable propriétaire, ce qui peut être vice ou crime, si la pauvreté ne l'est pas ? Je crois l'avoir dit beaucoup ailleurs, la pauvreté est l'unique vice, le seul péché, l'exclusive noirceur, l'irrémissible et très singulière prévarication. C'est bien ainsi que vous l'entendez, précieuses crapules qui jugez le monde ?*

… Ah que l'Évangile est mal compris ! Quand on lit qu'il est plus facile à un chameau de passer par le trou d'une aiguille qu'à un riche d'entrer dans le Royaume, faut-il être aveugle pour ne pas voir que cette parole n'exclut, en réalité, que le chameau, puisque tous les riches, sans exception, sont certainement déjà assis sur des chaises d'or dans le paradis et que, par conséquent, il leur est tout à fait impossible d'entrer dans un endroit où ils sont installés déjà depuis toujours ! C'est affaire aux chameaux d'enfiler des aiguilles devant la porte et de se débrouiller comme ils pourront. Il n'y a pas lieu de s'en préoccuper autrement.

Léon BLOY – *Exégèse des lieux communs.*

(Léon BLOY fut un romancier et pamphlétaire de la fin du XIXᵉ siècle en révolte contre la société bourgeoise)

LA RECONNAISSANCE DE LA DIVERSITÉ DU MONDE

(La philosophie du « ou »)

Nous avons été fortement marqués par la pensée cartésienne : « N'y ayant qu'une vérité de chaque chose, quiconque la trouve en sait autant qu'on en peut savoir... Par exemple, un enfant instruit en arithmétique, ayant fait une addition suivant ses règles, se peut assurer d'avoir trouvé, touchant la somme qu'il examinait, tout ce que l'esprit humain saurait trouver ». Et plus encore, nous avons senti l'empreinte d'une (théo)logique aristotélicienne pour laquelle un seul vrai Dieu (déjà, de toute éternité, gros de nos ordinateurs et maître ès-algèbre de Boole) cautionnait une seule vraie réponse à chaque seule vraie question : **condamnant ainsi à être faux tout ce qui n'était pas vrai.** Sans parler de notre dressage à l'école primaire où, en vertu de ces pressions inconscientes, la meilleure méthode de formation paraissait être à nos maîtres la répétition impitoyable d'un problème-type dont la solution-type finissait par se graver dans nos jeunes esprits...

Margaret MEAD a observé, en vivant au milieu d'elles, sept populations des mers du Sud : les Samoans, les Manus, les Arapesh, les Mundugumor, les Chambulis, les Iatmul et les Balinais. **Elle a relevé que chacune de ces populations, pourtant de race identique et voisines dans l'espace, avait développé des types de comportement profondément différents.**

Les **Samoans** vivent une existence solennelle et harmonieuse, dans un monde où nul n'est pressé, où l'on plante, récolte, pêche et bâtit en dansant. Les **Manus,** pêcheurs des îles de l'Amirauté, sont soumis à une rigoureuse morale de travail (l'âme des morts punit les paresseux) et atteignent à un niveau de vie élevé qu'accompagne une sorte de puritanisme des mœurs. Les **Arapesh** des montagnes sont pauvres, serviables et sensibles ; ils passent une grande partie de leur temps à chanter et à danser. Les **Mundugumor** sont en état de perpétuelle querelle avec leurs voisins, ils chassent encore les têtes et on relève chez eux des traces de cannibalisme. Chez les **Chambulis,** les femmes, sans parures, dominatrices et travailleuses, vont à la pêche et au marché ; les hommes, décoratifs et couverts d'ornements, font de la sculpture, de la peinture et s'entraînent à la danse. Les **Iatmul** sont des guerriers à la virilité ostentatoire qui ont asservi les peuplades voisines et dont les femmes ont pour fonction première d'applaudir les exploits des hommes. Les **Balinais,** légers, gracieux et superficiels, s'adonnent à un mode de vie compliqué et ordonné qui, avec ses confréries, ses rites, ses temples, ses marchés et son art, rappelle l'Europe médiévale.

Pourquoi vouloir porter des jugements de valeur sur ces conduites ? Pourquoi même essayer de les confronter à un modèle fondamental : « agis de telle sorte que la maxime de ton action puisse être érigée en règle universelle » ? Pourquoi au contraire ne pas respecter et admirer la prodigieuse variété de solutions que la vie apporte à résoudre ses propres problèmes ?

Nous voudrions ici proposer quelques exercices à travers lesquels nous pourrions adapter nos sensibilités à l'idée de **la diversité des solutions, ou des réponses, ou des conduites que peuvent appeler un même problème, une même question ou un même point de départ.** Il y a plusieurs demeures dans la maison du Père : d'un point à un autre, on peut faire passer une multitude de droites. Notre esprit ne travaille pas sur un réel monolithique qu'il s'agit de découvrir : il prend ici et là quelques éléments de ce réel qu'il recompose selon ses lois propres. Il y a déjà longtemps pourtant que Kant nous l'a dit : nous ne découvrons pas, nous inventons. La vérité n'est pas autre chose que ce que nous la faisons. D'ailleurs, il n'y a pas de vérité, il n'y a que des hommes vrais.

Et de toute façon la science commence par l'étonnement !

1. EXERCICES DE STYLE

Cet exercice a pour but :

1) de montrer encore une fois combien les expressions d'un même fait peuvent être variées ;
2) d'entraîner les participants à une aptitude verbale de plus en plus grande.

La première série d'exercices sera simple : il s'agira d'accumuler le plus grand nombre possible de variantes d'une expression initiale. La seconde série d'exercices sera plus complexe : le stimulus, au lieu d'être verbal, sera visuel ; on décrira de toutes les façons possibles un tableau ou un dessin.

Dans l'un et l'autre cas, la diversité sera obtenue en supposant que s'expriment différents personnages, avec différents caractères, en différentes circonstances. Cette variété se traduira par la syntaxe, le vocabulaire, le pouvoir métaphorique, la dramatisation, etc.

La première série d'exercices pourra être faite, soit individuellement avec confrontation des résultats, soit collectivement. La seconde série sera plus profitable si elle est faite individuellement avec confrontation ultérieure. Dans un premier temps, on pourra laisser chacun exprimer sa personnalité profonde ; dans un second temps, on demandera à chacun de se mettre dans la peau d'un personnage donné. Nous rejoignons ici l'exercice que nous appellerons : À la place de l'autre.

La conclusion générale qui pourra être tirée de cet exercice, c'est **la validité de toutes les expressions authentiques**. Le « <u>corrigé</u> » parfois donné par le maître doit en tous cas être considéré, non comme le modèle vers lequel on doit tendre, mais comme un des possibles (le plus achevé peut-être, du moins espérons-le) qu'il est intéressant de connaître.

Exercices

Trouvez le plus grand nombre possible de variantes des phrases, pensées, ou anecdotes suivantes, en évitant d'employer les mots qu'elles contiennent déjà et en vous mettant successivement à la place de différents narrateurs :

    1) Si ce grand vent persiste, demain il pleuvra.
    2) Madame, vos beaux yeux me font mourir d'amour.

3) Vous traversez une crise morale et vous avez besoin de mon appui.
4) Il me faisait rire aux larmes en imitant la voix du président.
5) Mais ceci est la vérité : il faut que les bons crucifient celui qui invente sa propre vérité (Nietzsche).
6) Toutes les lumières de la vérité ne peuvent rien pour arrêter la violence, et ne font que l'irriter encore plus (Pascal).
7) S'il fallait permettre aux autres tout ce qu'on se permet à soi-même, la vie ne serait plus tenable (Courteline).
8) François Ier, étant chez Mme d'Etampes, sut que Brissac s'était caché sous le lit pour n'avoir pas eu le temps de se sauver. Il demanda des confitures et, en mangeant, il jeta une boîte sous le lit : « Tiens, Brissac, il faut que tout le monde vive ! » (Tallemant des Réaux).
9) Les capucins de Grasse prirent un garçon qui volait leurs fruits. Ils firent venir le père, qui lui dit : « Eh bien, si tu ne veux rien valoir, fais-toi au moins capucin » (Tallemant des Réaux).
10) En un village d'Espagne, on condamna un tailleur à être pendu. Les habitants allèrent trouver le juge et lui dirent : « Cela nous incommodera bien, car il n'y a que ce tailleur. Si vous voulez pendre quelqu'un, nous avons deux charrons ; prenez lequel il vous plaira : ce sera assez d'un de reste » (Tallemant des Réaux).
11) Tout autre texte qui vous paraîtra plus approprié.

Décrivez une gravure ou un tableau d'autant de façons qu'il vous est possible. (Faute de pouvoir proposer ici des reproductions, nous laissons à l'animateur le soin de choisir l'œuvre qui lui plaît...)

Exercice de style

> *Un jour vers midi, du côté du parc Monceau, sur la plate-forme arrière d'un autobus à peu près complet.... j'aperçus un personnage au cou fort long qui portait un feutre mou entouré d'un galon tissé au lieu de ruban. Cet individu interpella tout à coup son voisin en prétendant que celui-ci faisait exprès de lui marcher sur les pieds chaque fois qu'il montait et descendait des voyageurs. Il abandonna d'ailleurs rapidement la discussion pour se jeter sur une place devenue libre... (Récit).*

- *Il y avait aujourd'hui dans l'autobus, à côté de moi sur la plate-forme, un de ces morveux comme on n'en fait guère, heureusement sans ça je finirais par en tuer un. Celui-là, un gamin dans les vingt-six, trente ans... (Subjectivité).*
- *Dans un autobus de la ligne S, long de 10 m, large de 3, haut de 6, à 3 km de son point de départ, alors qu'il était chargé de 48 personnes... (Précision).*
- *Je plate-d'autobus-formais cofoultudinairement dans un espace-temps lutécio-méridiennal et voisinais avec un longicol tresseautourduchapeauté morveux. Lequel dit à un quelconquanonyme : « Vous me bousculapparaissez »..., etc. (Compositions de mots : un cagneux, probablement).*
- *J'ai l'honneur de vous informer des faits suivants dont j'ai pu être le témoin aussi impartial qu'horrifié... (Lettre officielle).*
- *Dans un hyperautobus plein de pétrolonautes, je fus martyre de ce microrama en une chronie de métaffluence : un hypotype plus qu'icosopige, avec un petase péricycle... (Héllénismes).*
- *Naturellement, l'autobus était à peu près complet, le receveur désagréable. L'origine de tout cela, il faut la chercher dans la journée de huit heures et les projets de nationalisation... (Réactionnaire).*
- *Un dai vers middai, je tèque le beusse et je sie un jeune manne avec un grète nèque et un hatte avec une quainnde de lesse tressée... (Anglicismes).*

- *Ung jooore vare meedee ger preelotobus pooor la port Chang-paray. Eel aytay congplay praysk... (Pour les Anglais).*
- *Il semblait que tout fut brumeux et nacré autour de moi, avec des présences multiples et indistinctes... (Rêve).*

(Raymond QUENEAU – *Exercices de style*.)

2. LA DISTANCIATION

Nous sommes la plupart du temps enfermés dans des situations que nous ressentons de la façon la plus conventionnelle : les événements tristes nous affligent, les événements gais nous réjouissent, les événements dramatiques nous impressionnent... et c'est normal. Mais essayons donc de prendre du recul et de nous placer en porte-à-faux par rapport aux conventions, d'être à l'extérieur et de n'avoir rien à faire avec les sentiments que nous devrions (selon les traditions sociales et notre bonne éducation) éprouver. Adoptons volontairement un ton inadéquat, « à distance » du fait décrit. L'humour a toujours été une des caractéristiques du créateur. Le monde demande à être vu avec des yeux neufs.

L'exercice suivant nous mettra dans la position de l'acteur qui interrompt tout à coup son jeu pour venir expliquer aux spectateurs pourquoi le personnage qu'il représente vient de lever les bras au ciel ou d'éclater de rire. Il nous permettra d'arriver à dominer progressivement une affectivité paralysante.

On pourra préparer cet exercice en groupe ; mais c'est un exercice dont le caractère est éminemment littéraire et il sera intéressant d'arriver à une expression individuelle soignée, en particulier dans le cadre scolaire. Rien n'empêche évidemment de trouver dans la littérature des exemples caractéristiques des styles proposés.

Exercice

Prendre un des événements de la liste A et en faire la narration sur un mode qui aura été tiré au hasard dans la liste B.

A
- Un accident dans lequel on a perdu la jambe,
- la perte d'un paquet de cigarettes,
- la vaisselle du dimanche,
- la mort d'une belle-mère,
- un constat d'adultère,
- le départ en vacances,
- un repas de mariage,
- le rendez-vous des fiancés,
- une rentrée des élèves au lycée, etc.

B
- Mode comique,
- mode lyrique,
- mode tragique,
- mode scandalisé,
- mode épique,
- mode enthousiaste,
- mode épouvanté,
- mode solennel,
- mode polémique,
- mode ému,
- mode administratif, etc.

Exemple – La vaisselle du dimanche sur le mode épique

Femme, ô mère, ô immense vase de tendre compétence, tu te ceignis d'un tablier vaste comme ton cœur. Et, aussi simple qu'une montagne, tu entrepris l'œuvre titanesque qui ramènerait toute chose au temps zéro, avant l'apparition d'Adam, alors que nul être spirituel ne s'était encore nourri de potage.

Car c'était toi, après tout, qui l'avait mise au monde, cette humanité souilleuse, cette animale humanité qui ne peut croître sans souiller, et souille en fait tout ce qu'on peut souiller : mais elle n'eût sali nulle vaisselle si tes flancs généreux n'en avaient accouché. C'est pourquoi il te revenait de plonger cette souillure dans l'eau baptismale d'où ressortirait une éphémère et attendrissante virginité.

En accord avec la nature, les fils te tendaient les fourchettes au dard quadruple ; les filles, au contraire, les rondes assiettes.

Au loin, dans la campagne, par trois fois, un coq chanta.

Un instant tiré de sa torpeur, le co-auteur de ces salisseurs de vaisselle, à travers ses ronds de fumée, jeta un regard olympien sur cette activité femelle...

NOTE – Si l'on veut insister sur le caractère verbal de cet exercice, on peut – à l'aide de certains textes choisis – préparer à l'avance le vocabulaire (comique, enthousiaste, tragique...) qui devra être employé.

On pourrait aussi s'amuser à transformer le caractère de telle ou telle page de la littérature : le monologue de *L'avare* par Racine ou San Antonio.

Une autre forme du même exercice consiste à prendre un texte célèbre et à en faire à haute voix la lecture sur un ton très étranger à celui qui serait normalement adopté.

La modeste proposition (Essai de résolution du problème démographique irlandais au XVIIIᵉ siècle)

> J'ai connu à Londres un Américain fort compétent, lequel m'a révélé qu'un bébé sain et bien nourri constitue, à l'âge d'un an, un plat délicieux, riche en calories et hygiénique, qu'il soit préparé à l'étouffée, à la broche, au four ou en pot-au-feu, et j'ai tout lieu de croire qu'il fournit de même d'excellents ragoûts et fricassées.
>
> L'humble plan que je propose au public est donc le suivant : sur le chiffre de cent vingt mille enfants que j'ai avancé, on en réserve-

rait vingt mille pour la reproduction, dont le quart seulement de mâles (proportion supérieure à celle de nos troupeaux d'ovins, de bovins ou de porcs, et justifiée par les très nombreuses naissances hors mariage des enfants en question : nos sauvages n'attachant que peu d'importance au fait d'être marié ou non, rien ne s'oppose à ce qu'un seul mâle serve quatre femelles). On vendrait les cent mille autres à l'âge d'un an. On les proposerait à la clientèle la plus riche et distinguée du Royaume, non sans prévenir les mères de leur donner le sein à satiété pendant le dernier mois, de manière à les rendre gras à souhait pour une bonne table. Si l'on reçoit, on pourra faire deux plats d'un enfant. Si l'on dîne en famille, on pourra se contenter d'un quartier (avant ou arrière), lequel, légèrement salé et poivré, fournira un excellent pot-au-feu, le quatrième jour, spécialement en hiver.

Selon mes calculs, le poids moyen d'un nouveau-né est de douze livres. Avec une bonne nourrice, il peut atteindre vingt-huit livres en une année solaire.

J'admets qu'il s'agit d'un comestible cher, et c'est pourquoi je le destine aux propriétaires terriens : ayant sucé la moelle des pères, ils semblent les plus qualifiés pour manger la chair des fils. Les arrivages de viande de nourrissons doivent être abondants toute l'année, mais avec une pointe de fin février à début avril ; car un auteur sérieux (un éminent médecin français) nous assure que, grâce aux heureux effets du poisson sur le pouvoir génésique, les pays catholiques romains connaissent, neuf mois environ après le carême, une forte augmentation de leur natalité. C'est donc avec un décalage d'un an, par rapport au carême, que les marchés seront le mieux fournis, vu le grand nombre de nourrissons papistes (75 % du total en Irlande). Signalons au passage cet autre avantage de mon plan : réduire chez nous le nombre des papistes...

(Jonathan Swift — *The modest proposal.*)

3. À SUIVRE OU LE RÉCIT À ÉPISODES

Cet exercice est une sorte de jeu destiné à la fois à exercer l'imagination et à donner la conscience de la diversité du cheminement intellectuel. L'animateur du groupe lance une histoire, il campe le personnage principal, décrit à grands traits l'environnement, les personnages secondaires, puis place tout à coup son héros dans une situation inattendue ou ambiguë... Il passe alors la parole à l'un des membres du groupe qui doit d'abord résoudre la situation dont il hérite, ensuite remettre le héros dans une nouvelle situation d'incertitude, et passer la parole à un troisième... et ainsi de suite jusqu'à la fin. Le dernier narrateur doit conclure en terminant l'histoire par le rétablissement de l'équilibre. Le temps de chaque intervention doit être de 2 à 3 minutes.

Il importe que chacun des intervenants soit tiré au hasard, de sorte qu'aucun ne puisse préparer son intervention et qu'elle soit ainsi plus spontanée. De cette façon, les épisodes de l'histoire seront plus fortement marqués par l'affectivité des narrateurs : les uns créeront des situations fantastiques, d'autres ramèneront le récit dans des voies raisonnables ; certains tendront à terminer l'histoire d'un seul coup, d'autres la prolongeront dans des épisodes indéfinis ; certains seront rassurants et d'autres inquiétants ; certains iront au devant de l'aventure, d'autres la refuseront ; certains tendront désespérément vers le rationnel, d'autres se laisseront puissamment attirer par l'irrationnel. Évidemment, le récit sera très hétérogène, mais cela n'a pas d'importance, au contraire.

On remarquera au passage que chaque nouveau narrateur a moins de liberté que les précédents, car il est obligé de tenir compte de toutes les contraintes déjà introduites par eux dans le récit qui rendent quasiment inéluctable la conclusion. « Je suis né mille et je suis mort un seul »...

On pourra reprendre l'exercice deux ou trois fois ou le faire en deux sous-groupes, pour observer à chaque coup comment s'articulent les épisodes. On pourra aussi demander à chacun de faire une narration complète en cinq ou six épisodes, et comparer ensuite les résultats : mais dans cette perspective, on attachera davantage d'importance à la cohésion et à l'équilibre du récit.

Les mathématiciens pourraient considérer cet exercice comme un cheminement dans une arborescence, chacun des chemins représentant les situations possibles dans lesquelles les narrateurs auraient pu mettre le héros. Ainsi apparaît une seule histoire réelle qui s'est déroulée au milieu d'une infinité d'histoires virtuelles. C'est ce dont il importe de prendre conscience. Ce processus ressemble probablement à celui des espèces végétales et animales, cherchant au hasard leur devenir parmi toutes les possibilités que leur offrait l'environnement.

En admettant qu'il y ait 5 épisodes et qu'à chaque épisode on puisse retenir 5 variantes, nous aurions un total de : $1 \times 5 \times 5 \times 5 \times 5 = 625$ histoires possibles.

Cet exercice, d'apparence très littéraire, permet d'acquérir, dans les diverses situations imprévues auxquelles on peut avoir à faire face, du sang-froid et des réactions adaptées et originales. Il est recommandé aux hommes d'affaires et aux politiques.

Exercices

Développez en groupe les trois récits amorcés ci-dessous

1. Picolette est une gentille petite fille qui habite avec ses parents dans un grand immeuble d'une ville de province. Elle a huit ans et elle est très sérieuse et très appliquée. Chaque matin, elle part pour l'école. Sa mère, qui est très

occupée à faire la vaisselle du petit déjeuner, lui crie de loin : « Picolette, c'est l'heure de partir ». Elle répond : « Oui, maman, je suis prête » – « T'es-tu lavé les mains ? » – « Oui, maman » – « As-tu boutonné ton manteau ? » – « Oui, maman » « Eh ! bien, à tout à l'heure » – « À tout à l'heure », dit Picolette. Et Picolette ouvre la porte, appelle l'ascenseur et retrouve sur le trottoir sa petite amie Dominique qui l'attend chaque matin à la même heure.

Ce matin-là, Dominique, n'était pas là. « Tiens, se dit Picolette, elle n'a pas eu la patience de m'attendre, ou bien elle est enrhumée ». Et Picolette se mit en route, toute seule, en gambadant malgré le poids de son lourd cartable. Au tournant de la rue, elle retrouva sur le trottoir le jeu de marelle sur lequel elle s'était amusée la veille ; elle sauta sur les carrés selon les règles du jeu. Mais au moment où elle allait poser le pied dans le dernier carré, quelle ne fut pas sa surprise de voir qu'à la place du morceau de trottoir, il y avait un grand trou béant...

2. Lorsque Monsieur Delpatte vit arriver l'âge de sa retraite, il avait déjà perdu sa femme depuis deux ans et s'était encore mal remis du coup que cette disparition lui avait porté. Après s'être vu séparé de ce qui était la moitié de sa vie, se trouver obligé de se séparer de son travail, qui était l'autre moitié de sa vie, l'effrayait depuis longtemps ; et malgré la fatigue qu'il commençait à sentir dans l'exercice de ses fonctions, il éprouvait une forte appréhension à la pensée de se retrouver tout seul et tout nu au-delà du terme que l'usage et la société l'invitaient à mettre à la période productrice de sa vie.

Il réfléchit deux à trois mois à cela et prit à froid quelques décisions importantes. Il fit, dans les derniers temps de sa carrière, quelques visites à des amis chers, confia à l'un d'entre eux quelques indications qu'il le pria de considérer comme confidentielles, donna des instructions à son notaire et à son assureur, négocia la vente de l'appartement qu'il occupait… et lorsque les verres du cocktail d'adieu que lui offrait la Société furent vides, et que chacun de ses anciens camarades lui eût serré la main avec une pointe d'émotion non feinte, il mit son chapeau, prit sa gabardine sur son bras et se retrouva tout seul dans la rue…

3. Du temps du roi Moabdar, il y avait à Babylone un jeune homme nommé Zadig, né avec un beau naturel fortifié par l'éducation. Quoique riche et jeune, il savait modérer ses passions ; il n'affectait rien, il ne voulait point toujours avoir raison et savait respecter la faiblesse des hommes. Il avait appris, dans le premier livre de Zoroastre, que l'amour-propre est un ballon gonflé de vent, dont il sort des tempêtes quand on lui fait une piqûre. Zadig surtout ne se vantait pas de mépriser les femmes et de les subjuguer. Il était généreux et ne craignait pas d'obliger les ingrats…

Zadig crut qu'il pouvait être heureux. Il devait se marier à Sémire que sa beauté, sa naissance et sa fortune rendaient le premier parti de Babylone. Il avait pour elle un attachement solide et vertueux et Sémire l'aimait avec passion. Ils touchaient au moment fortuné qui allait les unir, lorsque, se promenant ensemble vers une porte de Babylone, sous les palmiers qui ornaient le rivage de l'Euphrate, ils virent venir à eux des hommes armés de sabres et de flèches…

(Début de « *Zadig ou la destinée* » – VOLTAIRE.)

4. Tout autre début de récit qui viendrait à l'esprit de l'animateur et lui paraîtrait plus conforme à ses objectifs.

4. LES INTRIGUES OU LE DRAMATURGE

L'exercice précédent était un exercice d'imagination et d'impro-visation. Celui-ci va demander une grande dose de logique et de réflexion. Il s'agit aussi d'ajuster des suites d'actions : mais au lieu d'avoir la permission d'aller n'importe où, il s'agit d'attein-dre un but précis et de donner naissance à un développement parfaitement cohérent.

Voici quel pourrait être le cadre général de ces exercices : un amateur de spectacle arrive au théâtre où il assiste à la première scène d'une pièce. Il fait très chaud, il est pris d'un malaise, on l'emmène à l'infirmerie, on le soigne... Mais lorsqu'il revient dans la salle de théâtre, c'est pour voir la dernière scène de la pièce. Il rentre chez lui et, compte tenu de la liste des personna-ges qui figure sur le programme, il reconstitue l'ensemble de l'intrigue d'après la première et la dernière scène. Mais comme c'est un esprit curieux, il s'aperçoit qu'il y a de nombreuses intri-gues possibles.

Les scénarios à reconstituer devront l'être en groupe. Ils devront, non seulement être cohérents, mais intégrer adroite-ment les personnages désignés, préciser leurs caractères et leurs sentiments, et surtout soutenir l'intérêt pendant tout leur déroulement : c'est-à-dire que chaque scène doit être ajustée à l'action, apporter une situation nouvelle qui stimule l'attention, préparer la scène suivante, de sorte qu'il y ait dans le déroule-ment général de l'intrigue une sorte de nécessité.

Cet exercice est particulièrement intéressant pour les écoliers. Au lieu de leur faire analyser une pièce toute faite, on leur en fait construire une. Si on a le temps nécessaire, on peut même la leur faire écrire. **Le même exercice est fondamental pour des hommes d'action qui s'apercevront qu'entre le point de**

départ de leur action et le but qu'ils se fixent, il peut y avoir toute une série de passages qu'il suffit d'avoir l'imagination de découvrir.

Exercices

Construire de trois à sept scénarios différents sur la base des indications données dans les quatre exercices suivants.

1. Première scène. – Décor 1900. Une vive dispute conjugale. Monsieur reproche à Madame ses frivolités et ses dépenses.

   Dernière scène. – Monsieur se jette aux genoux de Madame et lui demande de lui pardonner. Ils s'embrassent.

   Personnages : Monsieur, Madame, la tante de Madame, le notaire, un adjudant-chef, le livreur, une utilité (personnage secondaire à créer pour les besoins de l'histoire).

2. Première scène. – Le roi Georges le Sombre fait arrêter en plein Conseil ses deux principaux ministres auxquels il reproche leur trahison.

   Dernière scène. – Le roi meurt en exil, après avoir fait jurer à son fils de le venger et de reconquérir le royaume.

   Personnages : Georges le Sombre, le Duc, le Comte, l'Archevêque, la Reine, un émissaire, un moine, la princesse Anne, Georges l'Impétueux (le fils).

3. Première scène. – On a trouvé la vieille demoiselle Léontine, mercière, assassinée dans son arrière-boutique. Comme elle vivait chichement et qu'on ne lui connaissait qu'une vie calme et pas de fortune, on s'interroge sur les mobiles du crime.

Dernière scène. – Le commissaire entre juste au moment où un vieux monsieur « très comme il faut » est surpris rôdant dans l'arrière-boutique du crime. Il l'arrête ; le vieux monsieur avoue.

Personnages : le commissaire, la concierge, un médecin, un neveu éloigné, la petite fille, le vieux monsieur, un réfugié espagnol, une cliente.

4. Première scène. – La guerre vient d'éclater. C'est la mobilisation générale. Le jeune premier, Arthur, fait ses adieux à sa fiancée Arabelle. Ils se jurent fidélité.

Dernière scène. – 25 ans plus tard, Arabelle et Arthur, qui se sont mariés chacun de leur côté, se préparent à célébrer le mariage de deux de leurs enfants. Ils évoquent le drame qui a séparé leurs destins.

Personnages : Arthur, Arabelle, le Pape, un général, trois capitaines, un aventurier, deux utilités (personnages à créer selon les besoins de l'histoire), la femme d'Arthur, le mari d'Arabelle.

5. *Autres exercices.* – On peut inventer encore toutes sortes de situations et les traiter de la même façon. On peut également emprunter des structures au théâtre classique et construire des variations sur ces structures. On aura évidemment soin d'écarter les pièces de caractère (*Le Bourgeois Gentilhomme*, par exemple) au profit des pièces d'intrigue (Courteline ou Labiche). Mais quelle expérience pour l'esprit que de refaire à sa manière une œuvre reconnue et de comparer sa solution à celle de l'auteur ! N'était-ce pas précisément Labiche (à moins que ce ne soit Courteline ou Alexandre Dumas) qui disait à peu près, parlant des spectacles auxquels il assistait : « J'écoute le premier acte, et puis je f... le camp dans la pièce que j'aurais faite ».

5. LA RÉACTION À L'ÉVÉNEMENT

Lorsqu'il se produit un événement inattendu ou exceptionnel, la réaction des témoins, des participants ou des responsables est déterminée :

* par leur système d'explication de l'événement,
* par leurs réactions de défense ou d'adaptation,
* par leur soumission au système social de référence (la loi, la morale traditionnelle),
* par leur capacité d'identification avec les sujets en cause.

Il en ressort une infinité d'attitudes possibles, dont aucune n'est objective. Le phénomène est identique à celui que l'on a déjà rencontré à propos d'autres exercices : la même action ne provoque pas la même réaction ; la même cause ne produit pas le même effet. **Les événements évoqués sont comme ces statues que l'on fait tourner sous les feux d'un projecteur et qui deviennent successivement austères, aimables, vides, grimaçantes, dédaigneuses...**

Pour apprendre à nous méfier du caractère subjectif de notre interprétation des faits, nous nous efforcerons, à propos de chacun des événements évoqués ci-après, de construire **un système général d'explication qui contiendra l'ensemble des causes qui auraient pu le provoquer.** Certaines de ces causes pourront se révéler fausses à l'examen attentif des faits ; d'autres pourront être exclusives des autres ou se combiner avec elles : cela n'a pas d'importance, il faut envisager toutes les hypothèses.

Lorsque nous aurons terminé le système général d'explication, nous retiendrons arbitrairement telle cause précise et nous essayerons de voir l'événement à travers les yeux de celui auquel nous en attribuerons ainsi la responsabilité. Il nous apparaîtra bien vite à quel point il est tentant pour lui de se débarrasser de cette responsabilité par un ensemble d'explications parfaitement cohérentes. (On notera au passage les deux sens du mot responsable. Avant l'événement, il est très noble : « J'en prends la responsabilité ». Après l'événement, il est accablant « C'est vous qui êtes responsable »).

Enfin, dans un troisième temps, **nous nous mettrons à la place de tel ou tel témoin** que son âge, son sexe, sa condition, son métier, son état de santé poussent à projeter sur l'événement ses propres préoccupations. Nous pourrons même essayer de trouver les proverbes ou lieux communs sur lesquels reposerait cette explication (à la manière des procès africains).

Exercices

1) Madame X, âgée de 35 ans, a tenté d'empoisonner son mari qui est resté gravement diminué. Elle est traduite en jugement.

2) Une employée des Postes a giflé un client qui se plaignait d'avoir attendu trop longtemps qu'elle procède à la pesée de ses lettres.

3) Un garçon de 8 ans a été bousculé par une automobile alors qu'il traversait la rue. Il est gravement atteint et il est probable qu'il restera paralysé.

4) Un élève de cinquième a insulté grossièrement son professeur de musique, une vieille dame très dévouée : « Je ne me suis jamais autant ennuyé que pendant vos cours. On devrait vous mener à l'abattoir ».

5) Une jeune femme a quitté le domicile conjugal et s'est enfuie avec un ancien prétendant.

6) Un fermier d'une région déshéritée a été pris d'une crise de violence. Il a chassé de chez lui sa femme et ses enfants.

7) Un père de famille ayant cinq enfants à charge s'est enfui au Brésil avec son amie.

8) Une femme de cinquante ans, mariée, sans enfants, s'est jetée par la fenêtre de son appartement situé au huitième étage.

9) Un industriel d'un gros bourg à vocation agricole s'est présenté comme candidat à la députation.

10) Tout autre événement dont vous aimeriez faire le diagnostic.

Exemple – Le garçon renversé par un automobiliste

1 – Système général d'explication

Nous allons examiner tous les cas en partant de la responsabilité totale de l'automobiliste pour arriver à la responsabilité totale de l'enfant. Entre les deux, la responsabilité passe par toute une série de tierces personnes plus ou moins définissables. Au centre du dispositif, c'est à la fois tout le monde et personne qui est responsable.

- L'automobiliste a voulu tuer... par haine, par sadisme.
- L'automobiliste était ivre et le savait parfaitement.
- L'automobiliste y voyait mal, avait de mauvais réflexes.
- L'automobiliste n'avait pas la maîtrise de son véhicule.
- L'automobiliste était énervé, ou distrait, ou préoccupé.
- L'automobiliste était pressé de se rendre à un rendez-vous.
- Sa voiture était déréglée ; il ne s'en était pas préoccupé.
- Sa voiture n'avait pas été bien révisée par le garagiste.
- Sa voiture souffrait d'un défaut de conception.
- Il a été ébloui par un reflet de soleil.
- Il y avait trop de monde dehors.
- Des voitures en stationnement masquaient la vue.
- Les villes sont mal conçues.

- C'est une aberration de mélanger piétons et voitures.
- Il n'y avait pas de feu ou de passage protégé.
- Le gardien de la paix n'était pas à son Poste.
- L'enfant a trébuché sur un pavé disjoint.
- L'enfant était aveuglé par la poussière de la rue.
- L'enfant n'avait pas assez d'expérience de la circulation.
- L'enfant jouait malgré la défense de ses parents.
- L'enfant a été poussé par un de ses camarades.
- L'enfant était dans un état anormal d'excitation.
- L'enfant était abattu et sans réflexes.
- L'enfant s'est jeté volontairement sur l'automobile.

2 – La logique du conducteur pressé

« J'étais pressé, mais je roulais très normalement. À 60 ou peut-être 70 : mais on n'a pas tout le temps les yeux sur le compteur. D'ailleurs, si on roule moins vite, on gêne la circulation et les agents eux-mêmes vous font accélérer. C'est quand même pas parce que j'étais en retard que j'aurais fait une imprudence. Je suis la prudence même, moi. Tout à coup, je vois les deux gamins qui débouchent juste sous mon nez. Je freine, c'est trop tard ; il y en a un qui se précipite sur mon capot. Ça a fait un bruit mou. Je l'entendrai toute ma vie, ce bruit mou. Et moi qui ai déjà eu un infarctus l'année dernière. Comme si j'avais encore besoin de ça... »

3 – L'interprétation d'un témoin

(Une vieille dame seule que sa famille a abandonnée et qui est souvent dérangée par les enfants de son voisin.) : « Ça leur apprendra à ces gamins. Un bon exemple de temps en temps, ça ne fait pas de mal. Tous les mêmes, dissipés et malpolis, ces morveux. Si j'étais à la place des parents, je les corrigerais drôlement. Et comme ça, ils ne recommenceront pas à tirer la queue de mon chien. Ceux qui ont des enfants, ils n'ont qu'à s'en occuper. Personne ne leur a demandé d'avoir des enfants. D'ailleurs, pour la reconnaissance qu'ils en auront... Mon avis, c'est que c'est bien fait. »

Comment nous nous projetons sur autrui

Les primitifs, dans un même ordre d'idées, considèrent que l'ambiance est vivante et qu'à peu près tout ce qui figure dans le monde environnant est doué de parole. Lorsqu'un problème les agite, ils vont le soir dans la forêt et parlent aux arbres qui leur prodiguent des réponses. Il n'y a pas lieu de s'en étonner, les éléments de l'âme du primitif n'étant pas maintenus cohérents en lui-même, mais se trouvant projetés dans les choses ou les êtres du monde qui l'entourent, d'où ils lui font écho. Nous aussi projetons encore nos données psychiques dans le monde extérieur ; notre monde est toujours un monde animiste, quoique de façon moins éclatante et moins discernable pour nous. Il est, par exemple, des personnes qui doivent faire un effort presque surhumain pour parvenir à se rendre compte qu'un autre être n'est ni mauvais, ni vulgaire – attributs qu'elles lui prêtent gratuitement, en fonction de leurs mauvais côtés personnels projetés – mais qu'il vit selon une psychologie différente de la leur propre. Ou encore il est toujours des gens pour croire que ce qu'ils jugent bon vaut pour le monde entier. Ce sont là des traits primitifs, que nous sommes bien loin d'avoir surmontés !

(C.-G. Jung – *L'homme à la découverte de son âme.*)

6. L'ÉTUDE DE MOTIVATION

Dans la plupart des cas, nous nous intéressons à la fonction utilitaire des objets. Mais il ne faut pas oublier que ces objets ont aussi pour nous une fonction affective. **Le monde qui nous environne est chargé de significations ; il compose autour de nous une sorte de cocon familier à l'intérieur duquel nous nous sentons en sécurité.** Et quand nous prenons une décision économique, c'est autant pour son utilité pratique que pour l'ensemble des significations personnelles et sociales qu'elle véhicule. Notre automobile, nos lunettes, notre journal, notre appartement, notre cravate, notre montre, sont d'une part pour nous comme des animaux familiers dont nous aimons sentir la présence ; d'autre part ils témoignent devant autrui de ce que nous sommes ou voulons être.

Les phénomènes psychologiques ainsi mis en œuvre sont très subtils et très profonds. Ils ont été mis en lumière par toute une école de psychologues qu'on appelle les motivationnistes (Lazaarsfeld, Dichter, Martineau, Joannis). Ils sont plus ou moins bien exploités par les industriels qui semblent parfois, en trop bons ingénieurs, ne prendre en compte que la dimension utilitaire de leurs produits, ou qui parfois, en trop bons commerçants, abusent du pouvoir que leur donne la science pour faire acheter à leurs clients des objets dont ils n'ont pas vraiment besoin.

Qui que nous soyons, nous sommes à la fois des deux côtés de la barrière : producteurs, puisqu'insérés d'une façon ou d'une autre dans le système de la production des produits ou services ; consommateurs d'autre part, puisque soutenant notre vie de tout ce que la société nous permet d'acquérir. Dans l'un et l'autre cas, nous devons nous pencher sur la question et essayer d'analyser un phénomène qui est fondamental.

L'exercice se fera collectivement. Les participants essaieront de faire le tour de toutes les *motivations* qui entourent l'achat d'un objet ou d'un service (même si cet objet ou ce service est gratuit, ce qui n'est qu'un cas particulier de certaines sociétés socialistes). Il s'agit de faire une exploration très profonde et très sincère de tout ce qui s'agite plus ou moins obscurément en nous. Les professionnels de la motivation emploient de nombreux tests faits sur de nombreux sujets : cela est sans doute nécessaire pour arriver à une connaissance généralisable des phénomènes étudiés ; mais l'observation que nous en ferons sur nous-mêmes suffira à nous convaincre du phénomène.

La conclusion de cet exercice pourra être présentée sous forme d'arbre.

Exercices

Définir quelles sont les motivations qui entourent :

- l'achat du journal quotidien, l'achat d'un portable, l'achat d'un vélomoteur (pour un adolescent par ses parents), l'achat d'un livre, l'achat d'une paire de lunettes, l'achat d'une caméra, l'achat d'une automobile, le choix d'un mode de vacances, la possession d'un vieux meuble, la pratique de la chasse, un voyage touristique à l'étranger, l'achat ou l'usage de tout autre objet qui vous paraîtrait riche de nombreuses significations.

Signification du vin

Le vin est senti par la nation française comme un bien qui lui est propre, au même titre que ses trois cent soixante espèces de fromages et sa culture...

Sous sa forme rouge, il a pour très vieille hypostase le sang, le liquide dense et vital. D'autre part, il est avant tout une substance de conversion, capable de retourner les situations et les états, et d'extraire des objets leur contraire : de faire, par exemple, d'un faible un fort, d'un silencieux un bavard...

Pour le travailleur, le vin sera qualification, facilité démiurgique de la tâche (« cœur à l'ouvrage »). Pour l'intellectuel, il aura la fonction inverse : le « petit vin blanc » ou le « beaujolais » de l'écrivain seront chargés de le couper du monde artificiel des cocktails ; le vin le délivrera des mythes, lui ôtera de son intellectualité, l'égalera au prolétaire ; par le vin, l'intellectuel s'approche d'une virilité naturelle, et pense ainsi échapper à la malédiction qu'un siècle et demi de romantisme continue à faire peser sur la cérébralité pure. À l'opposé, un diplôme de bonne intégration est décerné à qui pratique le vin : savoir boire est une technique nationale qui sert à qualifier le Français, à prouver à la fois son pouvoir de performance, son contrôle et sa sociabilité... Morale collective, à l'intérieur de quoi tout est racheté : les excès, les malheurs, les crimes sont sans doute possibles avec le vin, mais nullement la méchanceté, la perfidie ou la laideur !

Dès qu'on atteint un certain détail de la quotidienneté, l'absence de vin choque comme un exotisme : M. Coty, au début de son septennat, s'était laissé photographier devant une table intime où la bouteille d'eau minérale semblait remplacer par extraordinaire le litron de rouge. La nation entière entra en émoi ; c'était aussi intolérable qu'un roi célibataire. Le vin fait ici partie de la raison d'État.

Bachelard avait sans doute raison de donner l'eau comme le contraire du vin : mythiquement, c'est vrai ; sociologiquement, du moins aujourd'hui, ce l'est moins ; des circonstances économiques ou historiques ont dévolu ce rôle au lait. C'est maintenant le véritable anti-vin.

(Roland BARTHES – Mythologies.)

Une créature du désir...

Aussi haut qu'on puisse remonter, la valeur gastronomique prime la valeur alimentaire et c'est dans la joie et non dans la peine que

> *l'homme a trouvé son esprit. La conquête du superflu donne une excitation plus spirituelle que la conquête du nécessaire. L'homme est une création du désir, non pas une création du besoin.*
>
> (BACHELARD.)

7. L'ANTI-TEXTE OU UN LANGAGE POLITIQUE

Le choix du langage est déjà la projection sur les événements d'un jugement moral, par lequel nous tentons d'impressionner notre interlocuteur et de lui imposer une certaine vue des choses. Nous savons cela et nous en avons souvent fait l'expérience, soit que nous ayons subi les violences d'un autre, soit que nous ayons contraint les autres à subir les nôtres : mais nous n'avons jamais peut-être démonté le mécanisme du processus. Nous vous proposons ici d'en faire l'expérience.

On divisera le groupe en sous-groupes de deux ou trois personnes auxquelles on demandera de rédiger les grandes lignes de deux textes contradictoires, soit en puisant dans des exemples proposés par des participants, soit en choisissant un des thèmes suggérés ci-après.

Une fois que ces rédactions auront été faites, les sous-groupes se communiqueront leurs résultats et on commentera l'exercice. Ce sera un complément intéressant que de s'apercevoir que les textes neutres qui ont été proposés comme sujets, contiennent déjà des jugements implicites.

Exercice

1. Rédigez un article pour *Le Figaro* et un article pour *Libération*, sur la nouvelle ci-dessous : « À trois heures du

matin, les brigades de police ont fait évacuer les locaux occupés par les ouvriers de La Poste en grève. L'opération a eu lieu simultanément sur tout le territoire. On ne signale pas d'incident notable. Quelques personnes qui ont tenté de s'opposer à l'action des policiers ont été interpellées et relâchées immédiatement. On compte que le travail reprendra à partir de demain. »

2. Rédigez le plaidoyer de l'avocat et le réquisitoire du procureur dans le procès suivant : « Monsieur Jérôme X, PDG des laboratoires X, comparaît devant le tribunal pour majoration illicite du prix de produits pharmaceutiques. Le préjudice subi par la Sécurité Sociale est de l'ordre de 17 millions, compte tenu des remboursements faits aux assurés. Les laboratoires X se trouvent dans une situation difficile, ils emploient 830 personnes. »

3. Rédigez le discours du député intégriste et le discours du député progressiste en présence de la proposition de loi suivante : « Le Ministre de la Santé a présenté le projet d'allongement des délais de l'interruption de grossesse. Jusqu'à la douzième semaine, l'intervention médicale serait autorisée sous réserve d'une information contraceptive appropriée. Entre la douzième et la quinzième semaine, elle serait subordonnée à l'appréciation du médecin. En aucun cas, elle ne serait remboursée par la Sécurité Sociale. »

4. Reconstituez la déclaration de l'évêque Type et celle du gauchiste invétéré sur l'incident suivant : « Samedi après-midi, un cortège d'homosexuels a défilé dans les rues de la ville. Il a réclamé que les couples homosexuels régulièrement constitués puissent librement adopter des enfants. »

5. Définissez d'autres thèmes qui vous paraîtraient plus favorables à l'exercice proposé, en particulier des thèmes qui vous concernent directement.

Autres exercices

- On peut aussi faire cet exercice en partant d'un texte donné dont l'orientation est évidente (un article de journal, une déclaration d'homme politique) et **composer une sorte d'antitexte** dans lequel on en prendrait le contrepied systématique.

- On peut également faire l'expérience de la création d'un **langage politique** (selon la description de Barthes) en imaginant une société quelconque (soit fictive, soit réelle : telle école, telle entreprise, telle administration, tel club, telle église ou simplement telle famille), dans laquelle on définirait la valeur particulière d'un certain nombre de mots qu'on serait tenu d'employer dans le sens défini... On verra très vite que cela revient à définir une morale en donnant à des attitudes, à des pensées, à des objets, une dimension affective qu'ils n'ont pas à l'origine. À forger un tel langage et à définir les contraintes qu'il doit faire peser sur ceux qui l'emploieront, les participants prendront conscience des contraintes qu'ils subissent eux-mêmes du fait de leur propre langage.

Exemple

À titre d'exemple, nous proposons les deux textes suivants : Le premier, extrait du livre de SAINT-GEOURS « Vive la société de consommation », parle de la **croissance** sur un mode hyperbolique. Et, en effet, le mot croissance, emprunté au domaine biologique, est un mot chaleureux, rassurant, indiscutable : il donne à la vie économique une coloration très positive.

Mais on peut faire un anti-texte, qui désignera aussi bien les mêmes phénomènes, mais en les faisant percevoir à travers des mots dont le porte-étendard est **prolifération** (cancer) sous un jour inquiétant, désordonné et fatal.

La croissance (texte rassurant)

La fonction de consommation joue un rôle *considérable* pour deux raisons essentielles : la première réside dans la *multiplication* et la *diversification prodigieuse des produits et des services* dans une économie *développée et en développement continu.* La seconde relève des *mécanismes économiques.* À cause de *l'énormité* des équipements constitués, des risques pris, du *volume* des productions *lancées,* du rythme *des progrès scientifiques et techniques, la machine économique* ne peut tourner que si la consommation réalise le bouclage qui permet *de récompenser les initiatives prises* et *les efforts faits* et ainsi de *susciter un continuel dépassement.*

La prolifération (texte inquiétant)

La fonction de consommation joue un rôle *redoutable* pour deux raisons essentielles : la première réside dans la *prolifération et l'envahissement illusoire des gadgets* et de *l'activisme* dans une économie *hypertrophiée et en état de perpétuel gavage.* La seconde relève *des forces aveugles* de l'économie. À cause de la *monstruosité* de la *machinerie entassée, de l'accumulation des incertitudes, de l'irréversibilité des* fabrications *lancées au hasard, de la précipitation des technocrates, la bête économique* ne peut se nourrir que si la consommation réalise le bouclage qui permet de montrer l'ombre de la *carotte à un esclave* condamné à *un perpétuel épuisement.*

Écritures politiques

Liée à une action, l'écriture marxiste est rapidement devenue, en fait, un langage de la valeur. Ce caractère a envahi complètement l'écriture stalinienne triomphante. Certaines notions formellement identiques et que le vocabulaire neutre ne désignerait pas deux fois, sont scindées par la valeur et chaque versant rejoint un nom différent : par exemple cosmopolitisme est le nom négatif d'internationalisme. Dans l'univers stalinien, la séparation du bien et du mal occupe tout le langage, il n'y a plus de mots sans valeur, et l'écriture a finalement pour fonction de faire l'économie d'un procès : par exemple, on dira que tel criminel a déployé une activité nuisible aux intérêt de l'État ; ce qui revient à dire qu'un criminel est celui qui commet un crime. On le voit, il s'agit d'une véritable tautologie, procédé constant de l'écriture stalinienne. Celle-ci, en effet ne vise plus à donner une explication marxiste des faits, ou une rationalité révolutionnaire des actes, mais à donner le réel sous sa forme jugée, imposant une lecture immédiate des condamnations. Si deux « déviationnistes » se réunissent, ils deviennent des « fractionnistes », ce qui ne correspond pas à une faute objectivement différente, mais à une aggravation de la pénalité.

... La Restauration a élaboré une écriture de classe, grâce à quoi la répression était immédiatement donnée comme une condamnation surgie de la « Nature » classique : les ouvriers revendicatifs étaient tous des « individus », les briseurs de grèves des « ouvriers tranquilles » et la sévérité des juges y devenait la « vigilance paternelle des magistrats »... Le fait d'écriture est d'ailleurs propre à tous les régimes d'autorité ; c'est ce qu'on pourrait appeler l'écriture policière ; on sait par exemple le contenu éternellement répressif du mot « Ordre ».

(Roland Barthes — *Le degré zéro de l'écriture.*)

8. LES ÉCHELLES DE VALEUR

Nous sommes à la fois profondément semblables et profondément différents les uns des autres : semblables, parce que nous avons un patrimoine génétique et culturel commun ; différents, parce que les circonstances particulières de nos vies nous ont marqués d'une façon tout à fait spécifique.

Nous reconnaissons dans l'abstrait ces différences et ces ressemblances ; **mais nous avons bien du mal à effacer de nos esprits un certain « concept d'homme », selon lequel il existerait un modèle standard, contrôlé, normalisé, reconnu,** qui, sans que nous osions nous l'avouer, serait très semblable à ce que nous pensons être nous-mêmes. Et ainsi projetons-nous nos particularités, après les avoir rebaptisées du nom de « générales », sur tous ceux qui nous entourent.

L'exercice proposé ici nous donne la possibilité de nous prendre en flagrant délit. Dans un premier temps, nous élaborerons en commun une liste aussi exhaustive que possible des qualités que l'on peut, d'une façon « générale », demander à tel ou tel objet, ou personnage, ou institution. On prendra soin pendant cette opération de ne privilégier aucun des concepts apportés et de ne pas hiérarchiser la liste.

Puis, dans un second temps, chacun des membres du groupe établira une évaluation personnelle des qualités de cet objet en leur mettant une note qui pourra aller par exemple de 0 à 10 (ou, en répartissant une somme de 100 entre les différentes qualités selon l'importance qu'il attribue à chacune).

Dans un troisième temps, les résultats seront mis en commun et discutés : chacun exprimant les raisons profondes pour lesquelles il a fait ses choix et s'efforçant de comprendre la diversité des points de vue qui s'exprimeront dans le groupe.

Exercice

Quelles sont les qualités que vous attendez :

- de votre mari ou de votre femme, de l'entreprise dans laquelle vous travaillez ou voudriez travailler, de l'école où vous envoyez vos enfants, de vos amis, d'un médecin, d'une machine à laver, de la ville où vous voudriez habiter, de votre prochain type de vacances, de tout autre objet auquel vous vous intéresseriez.

Exemples

Qu'attendez-vous d'un emploi ?

		A	B	C
Qu'il	soit bien payé	9	4	8
Qu'il	soit intéressant	3	7	1
Qu'il	soit formateur	2	9	5
Qu'il	soit socialement utile	0	8	3
Qu'il	vous donne du pouvoir	0	1	9
Qu'il	soit sûr (sécurité)	8	1	2
Qu'il	soit agréable humainement	7	2	0
Qu'il	soit peu absorbant	6	4	1
Qu'il	soit très indépendant	3	5	7

Qu'attendez-vous d'un mari ?

		A	B	C
Qu'il	soit affectueux	5	5	9
Qu'il	soit beau	7	1	3
Qu'il	soit intelligent	4	3	3
Qu'il	soit énergique	5	2	1
Qu'il	soit sexuellement vigoureux	9	3	5
Qu'il	ait une belle situation	3	7	5
Qu'il	soit attentif à ses enfants	6	2	8

9. DANS LA PEAU DE L'AUTRE

La grande difficulté de la découverte et du progrès de l'humanité, c'est que nous sommes installés en nous-mêmes et que **nous ne sommes pas motivés pour entreprendre des opérations qui ne nous concernent pas directement,** ou qui nous concernent à trop long terme, ou dont nous ne sentons pas qu'elles nous concernent.

Nous avons déjà de la peine à résoudre les problèmes qui sont les nôtres, dont nous éprouvons les effets dans notre équilibre, dans notre santé, dans notre bonheur. Ceux de nos voisins nous concernent à peine. Et nous nous sentons tellement impuissants devant ceux de nos concitoyens ! Quant aux problèmes mondiaux, ils nous donnent une impression d'invincible lointain... Il y a d'ailleurs une part de santé mentale dans ce refus d'être concerné par des problèmes qui nous sont étrangers. On ne peut porter sur ses épaules la souffrance du monde entier.

Et cependant ! **Ne faut-il pas essayer d'acquérir ce don profond de sympathie sans lequel personne ne peut rien pour personne ?** Sans aller jusqu'à envoyer les intellectuels aux champs, comme l'a voulu la Révolution culturelle chinoise, pour les amener à voir le monde avec d'autres yeux, **il n'est peut-être pas mauvais qu'une fois par hasard, nous essayions d'être un de ces « autres » qui ne nous concernent habituellement pas,** et de vivre aussi complètement que possible la situation dans laquelle il se trouve. C'est le seul moyen de se préparer à résoudre les problèmes fondamentaux dont le caractère collectif nous découragerait facilement.

Chaque membre du groupe se livrera à haute voix devant les autres à une improvisation libre d'une dizaine de minutes sur ce qu'il ressent en adoptant la personnalité empruntée et en essayant de revivre par l'intérieur toutes les circonstances de sa nouvelle vie. **Cet exercice peut être extrêmement éprouvant ; il ne faut s'y livrer qu'à la condition de jouir d'un parfait équilibre émotionnel et au sein d'un groupe qui a déjà trouvé sa cohérence.**

Exercices

1) Imaginez que vous êtes votre « client ». (Chaque citoyen a une activité qui le met en position de vendre un service ou un produit. Qu'il soit donc celui auquel il s'adresse : un élève pour un professeur, un malade pour un médecin, une acheteuse ou un acheteur pour un marchand, un voleur pour un policier, etc.)
2) Imaginez que vous êtes un travailleur d'une minorité raciale.
3) Imaginez que vous êtes un grand patron très dur en affaires.
4) Imaginez que vous avez un autre âge que le vôtre, par exemple que vous allez prendre votre retraite.
5) Imaginez que vous êtes un prisonnier politique aux mains d'un parti fasciste.
6) Imaginez que vous êtes un paysan indien.
7) Imaginez que vous êtes un enfant de trois ans.
8) Imaginez que vous venez d'être condamné à mort.
9) Imaginez que vous n'avez plus que deux ans à vivre.
10) Imaginez que vous êtes du sexe opposé.
11) Imaginez que vous êtes votre fils (ou votre fille) et que vous vous voyez par ses yeux.
12) Imaginez toute autre situation plus pertinente.

Devant la mitailleuse

> *Un chien qui passe sous une auto bouleverse notre équilibre émotionnel et notre digestion : trois millions de Juifs tués en Pologne*

ne nous donnent qu'un malaise modéré... Je connais quelqu'un qui a essayé d'attirer là-dessus l'attention du monde : avant chaque meeting, il s'isolait dans une chambre, fermait les yeux et s'imaginait avec précision qu'il allait être asphyxié par des vapeurs d'acide chlorhydrique dans un train d'extermination, ou qu'il lui fallait creuser sa tombe et faire face à une mitrailleuse au tir imprécis et capricieux... Je crois qu'il faudrait imiter son exemple. Deux minutes par jour à ce genre d'exercice, les yeux fermés après avoir lu le journal, sont en ce moment plus nécessaires que la gymnastique et que les exercices respiratoires du yogi. Cela pourrait même remplacer la présence à l'église.

(Arthur KOESTLER – *Le yogi et le commissaire*.)

Troisième série d'exercices

LES MÉTHODES ANTITHÉTIQUES
(La philosophie du non)

Ce qui s'oppose à l'invention, c'est ce qui existe déjà. Et ce qui existe déjà n'est pas tellement le réel extérieur à nous-mêmes, mais le réel perçu selon un certain modèle, construit selon une certaine image, le réel gravé dans nos esprits. **Inventer, c'est commencer par évacuer la « figure de ce monde ».** Bachelard a parlé pour cette opération de philosophie du NON.

Les exercices qui suivent sont consacrés à des essais de libération mentale, dont le résultat doit être de relativiser nos conduites et nos modèles, de nous permettre de prendre de la distance par rapport à nous-mêmes, de nous détacher des règles acquises de notre comportement et de notre raisonnement et, progressivement d'introduire dans notre vie des révolutions pratiques. En d'autres termes, **nous allons donc essayer de**

donner naissance aux outils à venir (outils au sens large : instruments, machines, comportements, réglementations, consti-
tutions, règles morales, habitudes…) **en nous opposant
fortement à ceux qui existent déjà,** en prenant appui sur eux
pour, les repoussant du pied, nous obliger à faire appel à des
solutions différentes. L'analogie, que nous travaillerons dans la
prochaine série d'exercices, sera une méthode douce qui, par
glissements successifs nous amènera à modifier progressivement la figure de ce monde. L'antithèse, elle, est une méthode
intellectuellement violente.

Ceci demande un effort profond, une sorte d'ascèse à laquelle
nous sommes souvent mal préparés : il faut consentir à se
remettre en question totalement et complètement, nous-mêmes
et nos outils. **Mais c'est la condition de l'acceptation d'un
monde nouveau, celui dans lequel nous voudrions vivre,
étape essentielle, portail obligé du processus de la découverte.**

Ces exercices ne doivent pas être considérés seulement sous
leur aspect négatif, ils ne sont pas une simple évacuation du
donné actuel, mais déjà le commencement d'autre chose : car le
donné actuel ne peut être évacué que par la construction d'un
autre donné. Et très souvent, **ces exercices de destruction
sont des exercices de construction** qui permettent d'entrevoir, dans le désordre de l'esprit qui cherche à tâtons, des solutions meilleures que celles qui existent.

Les exercices proposés devront être faits avec prudence. Car, si
les premiers de la liste ne portent que sur des objets innocents
ou sur des situations peu compromettantes, les derniers invitent
au contraire à remettre en cause des valeurs très profondes et
très chères, dont il faut apprendre aussi à mesurer le degré de
contingence.

1. LE CONCASSAGE

Quel que soit le but dans lequel ils ont été conçus, les objets de la civilisation représentent pour nous « une » solution à un problème : mais, par un mécanisme naturel de l'esprit, ils deviennent bien souvent « la seule » solution ; c'est-à-dire que non seulement l'objet existe, mais qu'il s'impose à l'esprit comme une entité définitive et finit par y occuper une place si importante qu'il ne laisse aucune chance à tous les perfectionnements que les progrès de la technique ou les changements de mode de vie permettraient qu'on y introduise.

Il faut donc se libérer l'esprit de l'objet tel qu'il existe, en le maltraitant de toutes les façons, en le ridiculisant, en le relativisant, en le dissociant, en le cassant, en l'assommant, en l'augmentant, en le diminuant, en le combinant, en l'inversant...

Cette démarche est une sorte d'ascèse purificatrice. Elle est d'apparence toute négative, mais elle a essentiellement des conséquences positives : du monde présent soigneusement concassé, surgit souvent un monde nouveau auquel on se prend à rêver comme parfaitement séduisant. Et la découverte n'est jamais qu'un rêve qui se réalise !

L'exercice est d'autant plus facile à faire que l'on s'est auparavant livré à une description précise de l'objet à concasser, en distinguant soigneusement **son univers technique,** c'est-à-dire les matières et les structures selon lesquelles il est organisé, **son univers fonctionnel,** c'est-à-dire l'usage qui en est fait par l'homme et **son univers sociologique,** c'est-à-dire les circonstances générales dans lesquelles l'homme en fait usage. On trouve déjà ici les préoccupations qui seront abordées dans notre méthodologie de résolution de problèmes.

L'exercice peut être fait, soit par chaque membre du groupe isolément, sous forme de test personnel : après quoi on compare les résultats de chacun ; soit collectivement, en se laissant aller à tous ses mouvements de fantaisie imaginative. À la fin de l'exercice, il convient de revenir sur les idées spontanées et désordonnées qui ont été fournies, afin de comprendre ce qui s'est passé dans l'esprit des participants et d'en faire un classement.

Dans un premier temps, il sera bon de faire des exercices en travaillant sur un seul des verbes proposés, par exemple : augmenter ou inverser, selon les exemples donnés à la fin de cet exercice ; puis, lorsqu'on aura bien saisi le mécanisme à mettre en œuvre, on pourra travailler globalement sur tous les verbes en laissant l'imagination vagabonder librement de l'un à l'autre. La grille proposée ne doit jamais être une contrainte, mais seulement un stimulant de l'imagination.

Exercices

Concasser, c'est-à-dire appliquer l'un ou l'autre, ou tous les verbes suivants : augmenter, diminuer, inverser, modifier, aux objets ci-dessous :

un parapluie, une table, une fenêtre, un cendrier, un ordinateur, une valise, un stylo, un ouvre-boîtes, une poubelle, un porte-documents, un pantalon, un miroir, un lavabo, un sac de dame, une poupée, les repas familiaux, les courses alimentaires, les relations avec le médecin, le métier de professeur, l'école traditionnelle,... tout autre objet ou institution par lesquels le groupe serait plus intéressé.

Exemple – Inversion d'un parapluie (à la recherche de l'anti-parapluie)

* une ombrelle (on se protège du soleil au lieu de la pluie, on ralentit l'évaporation de l'eau dans le ciel)

- un entonnoir (au lieu d'évacuer la pluie par les côtés, on l'évacue par le centre)
- une ancre flottante (la pression de l'eau est à l'intérieur du parapluie et non à l'extérieur)
- une épuisette (au lieu d'être imperméable à l'eau, le parapluie la laisse passer, et au lieu de la recevoir par l'extérieur, il la reçoit par l'intérieur)
- une pomme de douche (au lieu de protéger de la pluie, le parapluie vous l'inflige)
- un soufflet de forge (il s'agit d'air, et non d'eau ; on le recueille au lieu de le disperser)
- un parachute (au lieu de tenir le parapluie, on s'y accroche, le fluide considéré n'est pas l'eau, mais l'air)
- un toit en béton (car, à l'inverse du parapluie, on ne peut pas le porter)
- une voile (on ne tire pas le parapluie, mais c'est lui qui vous tire)
- la lance des pompiers (car on projette l'eau vers le ciel sous forme de jet filiforme)
- un pluviomètre (car au lieu d'écarter l'eau, on la recueille)
- un pot de chambre (car on le tient par le côté et non par le centre, au-dessous et non au-dessus de soi, il recueille un jet filiforme au lieu d'écarter une averse)
- un régiment aéroporté (une pluie de paras), etc.

Table de concassage

AUGMENTER
Augmenter le poids, le volume, les dimensions.
Augmenter le prix, la durée d'usage.
Rendre l'emploi plus fréquent.
Élargir l'usage, généraliser.
Augmenter la signification, la portée sociale.
Ajouter des fonctions, des accessoires.
Perfectionner, habiller, décorer.
Donner un nom, une histoire.
Augmenter les qualités, la fiabilité, la beauté, la commodité, la sécurité.

DIMINUER
(Prendre l'inverse).

COMBINER
Avec un objet remplissant une fonction amont.
Avec un objet remplissant une fonction aval.
Avec un objet d'un voisinage habituel.
Avec un objet qui n'a aucune relation.

INVERSER
Renverser, mettre le bas en haut.
Inverser la structure.
Inverser la hiérarchie des fonctions.
Inverser l'usage. Inverser les fonctions.
Prendre la chronologie à rebours.
Réaliser l'anti-objet.

MODIFIER
Changer les temps et les lieux de l'usage.
Changer l'usage, l'usager.
Trouver un autre principe de solution.
Changer les matières, les formes, les couleurs.
Le faire ressembler à autre chose.
Se servir d'autre chose pour le même usage.
Employer une autre énergie.
Le rendre mobile ou immobile.
Modifier chacun des constituants ou
des éléments.

SENSUALISER	Rendre plus excitant Pour l'œil (la vue).
	Rendre plus excitant pour l'oreille (l'ouïe)
	Rendre plus excitant pour le nez (l'odorat).
	Rendre plus excitant pour la main (le toucher).
	(ou l'inverse).

BACON et la recherche

Que faut-il pour trouver de nouveaux phénomènes à partir de ceux qu'on connaît ? Ouvrons le « de argumentis scientiarum »...
Il faut :

1. *Varier l'expérience quant à la matière, quant à la cause, quant à la qualité.*
2. *Prolonger l'expérience par la répétition et par l'extension.*
3. *Transférer l'expérience, de la nature à l'art ou d'un art à un autre.*
4. *Invertir l'expérience ou la renverser : c'est-à-dire chercher à réaliser le contraire de ce qu'une expérience atteste.*
5. *Violenter l'expérience : c'est-à-dire détruire une propriété observée.*
6. *Appliquer l'expérience à quelque chose d'utile.*
7. *Associer des expériences (c'est la « copulation » de l'expérience).*
8. *Tenter des expériences « pour voir », « au hasard ».*

(D'après René BOIREL – L'Art d'inventer.)
(Francis BACON (fin XVIᵉ), chancelier d'Elizabeth d'Angleterre,
est l'un des pères de la méthode expérimentale)

2. QUE PEUT-ON FAIRE AVEC ...

Les objets de la vie quotidienne ont été généralement fabriqués pour un usage bien précis auquel ils sont le plus souvent réduits.

Mais cette raideur d'usage n'est pas dans les objets eux-mêmes : elle est dans nos esprits. **Un premier exercice d'assouplissement va consister en l'énumération de tout ce qu'on pourrait, si le besoin s'en faisait sentir, « faire avec » quelques-uns de ces innocents objets.**

Cet exercice peut paraître simpliste et gratuit. Mais il faut réfléchir au fait que toutes les inventions sont nées d'une démarche de ce type. **Le pétrole n'a pas été mis en terre pour faire marcher les autos, ni la pierre pour construire les maisons, ni les peaux de bêtes pour faire des souliers ; c'est l'homme qui, fouinant dans le monde, s'est tout-à-coup dit un jour : « Mais, pourquoi pas, avec ça, je vais faire bâtir ma maison, me nourrir, me chauffer… ».**

Des exercices de ce type sont fréquemment employés comme tests de créativité. Mais ils sont très difficiles à étalonner, car les réponses données dépendent beaucoup de la culture du sujet, de ses connaissances techniques, du contexte social dans lequel il vit. On peut cependant retenir quelques critères fondamentaux d'appréciation :

Le critère de *fluidité,* permettant de mesurer le nombre de réponses données.

Le critère de *flexibilité,* permettant de mesurer la variété des catégories dans lesquelles se situent les réponses.

Le critère d'*originalité,* qui souligne la rareté de la réponse dans un contexte donné.

Le critère de *pertinence,* à travers lequel on évalue la justesse et la cohérence de la réponse.

Ces critères peuvent d'ailleurs être appliqués à toutes les démarches créatives.

Cet exercice, comme tous les autres, doit être fait en groupe. Cependant, on pourra commencer l'exercice individuellement, sous forme de petit test personnel, avec confrontation dans le groupe des résultats de chacun. On peut aussi attaquer l'exercice directement en groupe, en jouant sur l'effet de stimulation collective.

Mais il importe autant de faire l'exercice que de prendre conscience de ce qui se passe dans l'esprit lorsqu'il est en cours. **Aussi, lorsqu'on en aura terminé avec l'énumération de tous les usages possibles, il faudra essayer de mettre de l'ordre dans les réponses.** Suivant les cas, on trouvera par exemple : d'autres usages globaux, des perfectionnements, des transactions, des combinaisons, des simplifications, des dissociations, des adjonctions, des modifications de forme, d'autres utilisations de la forme, d'autres utilisations de la matière, l'utilisation d'autres propriétés de la matière... certaines rubriques pouvant d'ailleurs se combiner avec d'autres.

Nous insistons sur l'importance de ce travail de classement par lequel l'esprit s'efforce de prendre possession de sa propre complexité. On s'apercevra d'ailleurs, en le faisant (et c'est peut-être le point principal) qu'il n'y a pas qu'une seule façon de classer un ensemble ; qu'il faut toujours, dans un même classement, se référer à un même critère ; que de toute façon il y aura des objets qui pourront être rattachables à un sous-ensemble ou à un autre ; qu'enfin il y aura toujours des objets inclassables, qu'on devra considérer comme une espèce de résidu du système de classement adopté.

Exercices

Que peut-on faire avec les objets élémentaires suivants :

* une gomme, une brique, une feuille de papier, un tournevis, un clou, une boîte de conserve, une boite en carton, un tube en plastique, une allumette, un journal,... tout autre objet

par lequel le groupe se sentirait plus intéressé. (… Quant à la brique, il faut faire l'exercice qui la concerne en ayant dans un coin de l'esprit l'idée que l'atome est la brique élémentaire avec laquelle tout a été fait. En ce qui concerne la boîte de conserve, on peut corser l'exercice en imaginant que l'on est un naufragé perdu une île.)

Que peut-on faire avec les objets complexes suivants :

- un piano, une cathédrale, un vieux château,… tout autre objet par lequel le groupe se sentirait plus intéressé.

Exemple – Que peut-on faire avec une gomme ?

a) Avec une gomme on peut faire (en vrac) :

- un joint de robinet, la mâcher, la triturer, jouer avec, un butoir de porte, un isolant, un fil à plomb, un support publicitaire, une cale, un cadeau, la découper, la percer, sculpter un tampon encreur, la réduire en poudre, en faire de la poudre à sécher, y découper une figurine, absorber les taches, la crayonner, faire des dominos, la peindre, faire un jeu de dames, la sucer, en faire un projectile, en faire une mosaïque, en faire des balles, en faire des roues, en faire un motif décoratif, un hochet, un jeu de construction, des boules Quiès, un collier de gommes, un frein de vélo, un ressort, un amortisseur, un défouloir, un appareil à muscler, un bouchon, un talon de chaussure, une fausse boule de gomme, l'analyser, la brûler pour faire sentir mauvais, un fétiche, un bijou, une bague, un pendentif, de la colle caoutchouc, une unité de mesure, un presse-papier, la vendre, la donner, la combiner avec un crayon, en faire une pelote d'épingles, en faire des éléments de jeu de construction, la fondre, des silencieux pour les pieds de chaises, lui mettre un manche, lui mettre un moteur, lui mettre un vibrateur, l'échanger contre une auto-miniature, l'affûter, etc.

b) Essai de classement

Même usage
- Perfectionnement (la sculpter, l'attacher, l'affûter...)
- Combinaison (avec un crayon ...)
- Adjonction (lui mettre un manche, un moteur...)
- Simplification (... ?)
- Dissociation (la couper en deux...)
- Transaction (l'échanger, la vendre...)

Autre usage :
- Sans modification (un projectile, la triturer...)
- En utilisant la forme (des dominos, un jeu de construction...)
- En modifiant la forme (en faire des roues, une bague...)
- En utilisant les propriétés de la matière :
  la plasticité (un butoir)
  la pénétrabilité (une pelote d'épingles)
  le poids (un fil à plomb)
  la non-conductibilité (un isolant électrique, des boules quiès...)

Une matière taillable à volonté

Maintenant, fabriquer consiste à tailler dans une matière la forme d'un objet. Ce qui importe avant tout, c'est la forme à obtenir. Quant à la matière, on choisit celle qui convient le mieux ; mais, pour la choisir, c'est-à-dire pour aller la chercher parmi beaucoup d'autres, il faut s'être essayé, au moins en imagination, à doter toute espèce de matière de la forme de l'objet conçu. En d'autres termes, une intelligence qui vise à fabriquer est une intelligence qui ne s'arrête jamais à la forme actuelle des choses, qui ne la considère pas comme définitive, qui tient toute matière, au contraire, pour taillable à volonté. Platon compare le bon dialecticien au cuisinier habile, qui découpe la bête sans lui briser les os, en suivant les articulations dessinées par la nature. Une intelligence qui procéderait toujours ainsi serait bien, en effet, une intelligence tournée vers la spéculation. Mais l'action, et en particulier la fabrication, exige la tendance d'esprit inverse. Elle veut que nous considérions toute forme actuelle des choses, mêmes naturelles, comme artificielle et provisoire, que notre pensée efface de l'objet aperçu, fût-il organisé et vivant, les lignes qui en marquent au dehors la structure interne, enfin que nous tenions sa matière pour indifférente à sa forme. L'ensemble de la matière devra donc apparaître à notre pensée comme une immense étoffe où nous pouvons tailler ce que nous voudrons, pour le recoudre comme il nous plaira. L'intelligence est caractérisée par la puissance indéfinie de décomposer selon n'importe quelle loi et de recomposer en n'importe quel système.

(BERGSON – *L'évolution créatrice*.)

3. AILLEURS ET PAS MAINTENANT

La prise de distance, la reformulation du problème, peuvent aussi être obtenus **en transplantant ce problème dans un autre temps et dans un autre lieu,** aussi lointains que possible et en découvrant les solutions qu'un peuple particulièrement imaginatif aurait pu trouver. Cette formule a l'avantage d'une part de libérer de toutes les contraintes inhérentes à la société dans laquelle on se trouve : que peuvent bien nous faire (et d'ailleurs pouvons-nous imaginer) les tabous ou les inhibitions des Martiens ou des Gaulois ou des Chinois de Mao ; d'autre part, le changement de circonstances permet de voir le problème sous un jour différent, et, peut-être, de revenir à l'essentiel.

On peut soit créer une peuplade tout à fait imaginaire dont on décrira à grands traits les mœurs et le génie avant de lui demander quelles sont ses solutions ; soit, par une lecture rapide d'un document historique, définir un milieu donné : puis examiner comment les traits et les caractères de la civilisation décrite l'auraient conduite à résoudre la difficulté. **La science fiction** peut offrir des milieux intéressants.

Exercices

Prendre l'un des problèmes suivants et les transplanter au hasard dans l'une ou l'autre des civilisations proposées :

1. Comment traite-t-on les criminels ?	1. Chez les martiens après leur débarquement ?
2. Comment soigne-t-on les malades ?	2. Chez les Chinois de l'an 2300 ?
3. Comment circule l'information ?	3. Chez les indigènes des îles du soleil ?
4. Comment se passent les mariages ?	4. Chez les Espagnols du bas-empire romain ?
5. Comment s'organise le commerce des aliments ?	5. Dans une population imaginaire ?
6. Tout autre problème...	6. Dans toute autre population...?

4. L'OPTIMISATION D'UNE FONCTION

Il faut d'abord établir la liste des différentes fonctions auxquelles l'outil doit répondre (Ex : la chaise de jardin ne doit pas s'enfoncer dans la terre, doit résister aux intempéries, ne pas mouiller le derrière des occupants, même après la pluie, doit être légère et stockable facilement, doit être confortable... *cf.* Arbre fonctionnel). Puis, au lieu d'essayer de réaliser un outil qui satisfasse plus ou moins bien toutes les fonctions (toute réalisation concrète est un compromis où l'on dose le plus habilement les qualités), on cherche à optimiser une fonction : l'auto qui ne serait faite que pour la vitesse (en oubliant le confort, la sécurité, l'économie, etc.) ou l'école qui ne serait faite que pour employer les professeurs (en oubliant les préoccupation des élèves, des parents, de l'État). On *donne ainsi naissance à une solution fantastique qui permet de prendre de la distance par rapport à la réalité,* de la voir d'un oeil neuf, et souvent de découvrir des idées de solution intéressantes. On peut aussi imaginer l'outil qui satisferait, en priorité, non pas une fonction, mais deux ou trois tirées au hasard. La méthode devient alors un exercice mental de prise en compte globale, difficile mais extrêmement riche.

Cette méthode se rapproche du concassage. Par le biais de la fonction, l'objet étudié est déstructuré et remis en question.

5. LES SEPT CHEMINS

Cette méthode met en cause le postulat qu'il n'y a jamais qu'une seule solution à un problème.

Le premier temps de la démarche proposée consiste à repérer **quelles sont les grandes voies de solution qui sont possibles pour résoudre un problème donné.** On peut y parvenir, soit en utilisant une méthode de concassage ou d'analogie, soit simplement en spéculant sur la diversité du groupe et en demandant à chaque participant de trouver de son côté la voie **la plus originale** qu'il pourrait inventer. Le nombre sept est symbolique et représente simplement une **totalité ;** peu importe que les voies soient au nombre de trois, de cinq ou de douze...

Dans un deuxième temps, **on isole chacune de ces solutions, et le groupe les examine à fond,** les unes après les autres, avec l'intensité et l'imagination que l'on mettrait si, prisonnier, on cherchait à s'évader et que ce soit la seule voie possible.

Ce travail qui consiste à « **forcer une solution à être bonne** » se fait en adoptant vis-à-vis de cette solution et de son auteur un préjugé forcené de sympathie, en tâchant de rentrer dans l'idée proposée pour la revivre et l'adapter, en lui proposant de l'extérieur tous les aménagements et les perfectionnements qui la rendraient encore plus efficace : « C'est une excellente idée, disent chacun des membres du groupe ; **et ce serait encore mieux si**... ». De perfectionnement en perfectionnement, on peut d'ailleurs aboutir fort loin de l'idée initialement proposée.

On explore ainsi successivement toutes les voies qui ont été ouvertes, en notant au passage toutes les idées positives découvertes. Après quoi, reprenant son esprit critique, il ne reste plus qu'à choisir celles qui s'adaptent le mieux aux circonstances. C'est de cette attitude que s'inspirait Edison, dont les inventions ne se comptent pas. « **Dès qu'il avait accepté une tâche, il commençait par inventorier toutes les routes qui pouvaient conduire au résultat ; puis il se mettait en devoir de les explorer une à une, en lançant un chercheur sur chacune d'elles** », dit un de ses biographes.

En dehors de l'efficacité objective de cette méthode qui oblige à ne laisser aucun recoin inexploré, nous sommes en présence d'un excellent exercice **d'attention aux autres**. Pendant tout le temps de l'opération, nous oublions totalement nos idées personnelles pour rentrer dans celles des autres... Ce préjugé favorable peut d'ailleurs engendrer, chez ceux qui en font l'objet, un sentiment pénible : ils se sentent en effet frustrés des critiques qui leur seraient adressées dans des circonstances normales, ils sont comme supprimés par l'admiration dont ils sont l'objet. C'est une expérience qui peut être intéressante ; mais si l'on veut la reléguer au second plan, il faudra, non pas louer inconditionnellement, mais « **construire à partir de…** ».

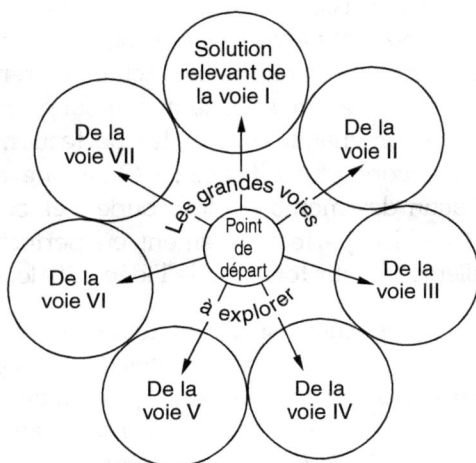

Figure 3.1 : Les sept chemins

Exercices

Explorer toutes les voies possibles pour :
1) Occuper les enfants d'un quartier.
2) Assurer la circulation urbaine.
3) Faire part à la famille et aux amis d'un mariage ou d'une naissance.
4) Assurer de bonnes communications entre les enfants et les parents.
5) Assurer un bon contrôle des gouvernements par les gouvernés.
6) Assurer la distribution du courrier.

7) Accélérer les reclassements professionnels (diminuer le volant de chômage).
8) Organiser une distribution efficace des soins médicaux.
9) Régler tout autre problème qui vous paraîtrait urgent et intéressant.

Exemple – Comment occuper les adolescents d'un quartier ?

Première voie :

> Ils construisent *un local* pour eux sur un terrain vague... Ils vont faire des stages dans les différents corps de métier ; on aménage les horaires scolaires pour que ce soit possible ; ils apprennent à gérer un budget ; ils se constituent en entreprise hiérarchisée..., etc.

Deuxième voie :

> Ils récupèrent et revendent *les déchets.* Ils apprennent à se répartir les tâches. Ils traitent avec la municipalité pour s'occuper de la propreté des quartiers. Ils sont chargés d'enquêter pour l'aménagement des lieux publics.... etc.

Troisième voie : Le club sportif...

Quatrième voie : Les personnes âgées ou la garde de jeunes enfants.

Cinquième voie : Un service public...

Sixième voie : L'audio-visuel...

Septième voie : Un service informatique...

Les sept moyens de Cyrano pour aller sur la Lune

> **Cyrano** – *Non, je n'imitais rien de ce qu'on lit avant !*
> *J'inventais six moyens de violer l'azur vierge*
> **De Guiche** – *Six ?*

Cyrano — *Je pouvais, mettant mon corps nu comme un cierge,*
Le caparaçonner de fioles de cristal
Toutes pleines des pleurs d'un ciel matutinal,
Et ma personne, alors, au soleil exposée,
L'astre l'aurait humée en humant la rosée.
De Guiche — *Tiens ! Oui, cela fait un !*
Cyrano —   *Et je pouvais encor*
Faire engouffrer le vent, pour prendre mon essor,
En raréfiant l'air dans un coffre de cèdre
Par des miroirs ardents, mis en icosaèdre
De Guiche — *Deux !*
Cyrano —   *Ou bien, machiniste autant qu'artificier,*
Sur une sauterelle aux détentes d'acier,
Me faire, par des feux successifs de salpêtre,
Lancer dans les prés bleus où les astres vont paître
De Guiche — *Trois !*
Cyrano —   *Puisque la fumée a tendance à monter,*
En souffler dans un globe assez pour m'emporter
De Guiche — *Quatre !*
Cyrano —   *Puisque Phoebé, quand son arc est le moindre,*
Aime sucer, ô bœufs, votre moelle, m'en oindre.
De Guiche — *Cinq !*
Cyrano —   *Enfin, me plaçant sur un plateau de fer,*
Prendre un morceau d'aimant et le lancer en l'air !
Ça, c'est un bon moyen : le fer se précipite,
Aussitôt que l'aimant s'envole, à sa poursuite
On relance l'aimant bien vite, et cadédis
On peut monter ainsi indéfiniment.
De Guiche —   *Six*
Mais voilà six moyens excellents ! Quel système
Choisîtes-vous des six, Monsieur ?
Cyrano —   *Un septième !*
De Guiche — *Par exemple ! Et lequel ?*

Cyrano –   *Je vous le donne en cent*
De Guiche – *C'est que ce mâtin-là devient intéressant*
Cyrano – *Houüh ! Houüh !*
De Guiche –   *Eh ! bien ?*
Cyrano –   *Vous devinez ?*
De Guiche –   *Non !*
Cyrano –   *La marée*
À l'heure où l'onde par la lune est attirée,
Je me mis sur le sable – après un bain de mer –
Et la tête partant la première, mon cher,
– Car les cheveux, surtout, gardent l'eau dans leur frange –
Je m'enlevais dans l'air, droit, tout droit comme un ange.
Je montais, je montais doucement, sans efforts,
Quand je sentis un choc !... Alors...
                    (Edmond Rostand – *Cyrano de Bergerac.*)

6. LE SYSTÈME IDÉAL OU LA BAGUETTE MAGIQUE

Lorsqu'on étudie un problème, **on est souvent tenté d'apporter à une solution en vigueur un certain nombre d'aménagements ou d'améliorations,** dans lesquels on tient compte au maximum des contraintes de la situation. Mais en procédant de cette façon, c'est souvent un pis-aller que l'on adopte (les béquilles !), simplement parce qu'il n'a pas été possible, psychologiquement ou matériellement, de sortir du cadre contraignant du passé et de faire appel à une solution plus audacieuse. On veut rester « réaliste », et les améliorations proposées sont peu satisfaisantes.

La méthode du *système idéal* consiste au contraire à refuser toutes les contraintes financières, techniques, et surtout mentales (du type « nous n'avons qu'un budget limité, nous ne savons pas faire, Monsieur Untel n'admettra pas cela » ...), et de **se projeter audacieusement dans une solution totalement nouvelle** qui donnerait au problème la meilleure solution possible. C'est une sorte « **d'Utopie** ».

Mais ce n'est pas une utopie pour le seul plaisir intellectuel. Comme le système idéal n'est jamais réalisable totalement, il faut savoir le ramener sur terre : c'est-à-dire, compte tenu des contingences, l'aménager pour le rendre opérationnel en sacrifiant quelques-unes de ses exigences. **Mais la grande différence avec le système des béquilles, c'est que cet aménagement ne se fait pas à partir de ce qui existe, mais à partir de ce qui aurait dû exister.** L'écart pratique est considérable : dans le premier cas, on bouche vaguement les trous de la vieille route ; dans le second cas, on trace audacieusement une autoroute qu'on adapte ensuite aux contraintes du territoire et de la circulation. Les solutions proposées sont complètement « dégagées » de celles qui sont en vigueur actuellement et font apparaître le plus souvent, grâce à cette rupture, des progrès importants. **Le système idéal sert de guide. C'est l'étoile polaire sur laquelle on s'aligne.**

La méthode du système idéal peut être représentée par le graphique ci-après.

Le vieux proverbe arabe est suggestif : « C'est le mirage qui met en marche la caravane ». Ou, comme le dit Martin Buber : « **L'utopie est comme une image-désir qui se lève des profondeurs de l'inconscient** et, qui, sous la forme d'un songe, d'une rêverie, d'une « possession », domine l'âme sans défense et peut même, à un stade ultérieur, être invoquée, produite à la conscience, mise au point par l'âme elle-même. »

Naturellement, selon la conception pluraliste que nous avons adoptée, il peut paradoxalement y avoir plusieurs « Système

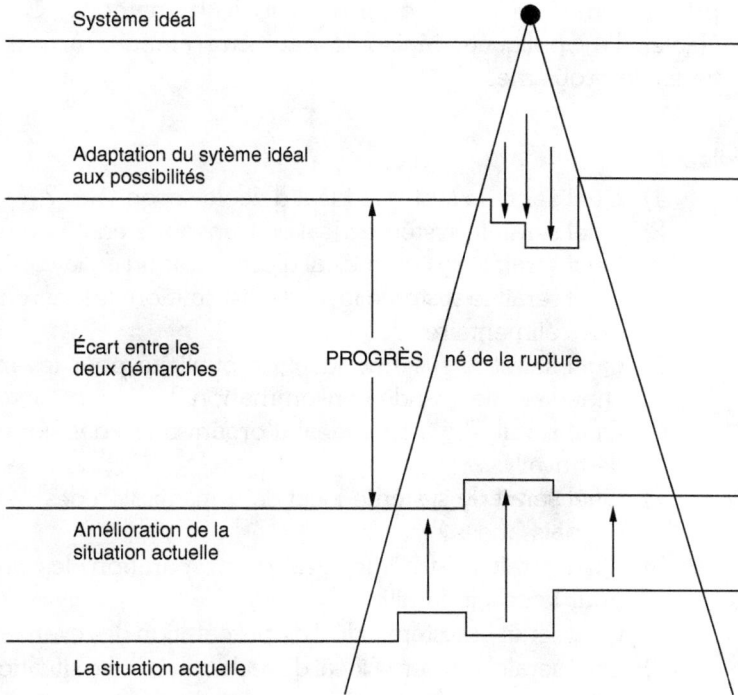

Figure 3.2 : Le système idéal

Idéal »... Cela dépendra, soit de la qualité ou fonction sur laquelle on veut insister (le système idéal du lit vite fait est différent du système idéal du lit confortable), soit de la technique de base que l'on choisit d'employer... Cependant, il sera habituellement possible de définir une solution qui, toutes choses bien pesées, ralliera tous les suffrages.

La technique du système idéal est particulièrement bien adaptée à la recherche des processus industriels de production. C'est principalement à eux que l'inventeur de la méthode, Gérard Nadler, l'a appliquée. Mais elle peut être étendue à tous les types de problèmes.

Exercice

1) Quel serait le système idéal d'école secondaire ?
2) Quel serait le système idéal de transports en commun ?
3) Quel serait le système idéal d'organisation de la cuisine?
4) Quel serait le système idéal de distribution des marchandises alimentaires ?
5) Quel serait le système idéal de publicité pour les marchandises de grande consommation ?
6) Quel serait le système idéal d'organisation des horaires de travail ?
7) Quel serait le système idéal de transmission des connaissances ?
8) Quel serait le système idéal de préparation des repas pour la cellule familiale ?
9) Quel serait le système idéal de préparation des examens ?
10) Quel serait le système idéal de recherche d'une situation ?

L'utopie ou l'image anticipatrice

Point de création sans image anticipatrice, c'est-à-dire sans l'idée même vague d'un but. Celle-ci va jouer le rôle de feed-before avec effet non plus rétroactif, mais antéroactif. À cela s'ajoutent des régulations de type négatif qui empêchent l'imagination de sortir des limites de l'épure et de type positif qui libèrent à la demande l'imaginaire lorsqu'un surplus d'imagination est requis. Il s'ensuit ainsi un état oscillatoire continu entre le pôle des problèmes qui se posent (la situation initiale) et le pôle des images anticipatrices en rapport avec les objectifs poursuivis (la situation finale).

C'est cette image anticipatrice qui va faire cheminer les pulsions de l'imaginaire dans des cadres divers destinés à leur conférer « forme » et « structure ». Ces cadres sont constitués par les différents archétypes et les différents mythes et aussi par les ergotypes, sortes de modèles dynamiques préconscients, donnant matière aux tableaux à double entrée. Le raisonnement analogique, ou plus exactement l'inférence analogique, est largement utilisé. On ne saurait nier la valeur heuristique de ces procédés.

(R. BIZE – *Créativité et guérison.*)

7. LA DIALECTIQUE OU « LE FACE À FACE »

Nous sommes persuadés que nos opinions, politiques, morales, culturelles, économiques, sont fondamentalement justes parce qu'elles sont nôtres, et fondamentalement nôtres parce qu'elles sont justes. **Et nous vivons dans cette sorte de contradiction que nous nous déclarons prêts à céder à toute démonstration qui se voudrait raisonnable mais qu'aucune raison ne pourrait en réalité nous faire changer d'avis :** telle est l'énorme puissance de notre affectivité, de notre histoire personnelle, des influences que nous avons subies profondément, de notre conditionnement social, de nos expériences intransmissibles, qui bloquent nos esprits, empêchent son ouverture véritable sur la réalité. Ces blocages affectifs sont les grands ennemis de l'intelligence et de la découverte.

L'exercice que nous proposons a pour but de nous faire prendre une certaine distance par rapport à nous-mêmes. Nous viserons à dominer ces blocages affectifs qui nous mettent des œillères, en abordant de front des sujets passionnels et en nous entraînant, en cours de débat, **à changer de position en virant par**

180 degrés. Le groupe sera partagé en deux sous-groupes A et B. L'un des sous-groupes sera, dans un premier temps, chargé de préparer, puis de défendre la thèse. L'autre groupe, symétriquement, se vouera à l'antithèse. Dans un deuxième temps, les sous-groupes A et B changeront de rôle, chacun brûlant ce qu'il avait adoré avec autant de fougue et d'adresse que s'il n'avait jamais varié dans ses opinions.

Par commodité, l'un des membres de chacun des groupes pourra être délégué par le groupe pour le représenter, sans que cela empêche ses coéquipiers de le soutenir dans la discussion. Une variante consiste à faire préparer par les sous-groupes A et B simultanément la thèse et l'antithèse, de manière à faire se succéder les phases offensive et défensive, sans prise de contact entre les membres des sous-groupes, et à préparer ainsi les esprits à voir le pour et le contre de toute opinion. Comme une même position sera défendue par des groupes différents, les points de vue pourront être extrêmement variés et beaucoup plus riches que s'ils n'étaient abordés que dans une seule optique. Beaucoup d'idées neuves et originales surgiront vraisemblablement de la discussion.

Comme cet exercice force à prendre en compte l'existence et l'opinion de l'autre, il est excellent pour l'apprentissage du travail en groupe et la pratique des techniques de communication ; chacun devant avoir à défendre par la suite la thèse que soutient l'autre, devra au moins s'obliger à l'écouter attentivement, ce qui n'est pas un résultat négligeable. Mais surtout, à un moment ou à un autre, chacun des participants sera bien forcé d'exprimer des idées qui sont contraires à ses convictions profondes. *Ce concassage de la sensibilité* ne lui sera possible que grâce à un sens de l'humour libérateur : l'humour n'est-il pas, en fin de compte, tout simplement la prise de distance de soi-même par rapport à ce qu'on croit ou fait ou dit ?

Enfin, cet exercice permettra de s'initier à un type de logique souvent négligé en nos temps d'informatique : celle pour qui l'être et la connaissance résultent d'une contradiction surmontée. Selon J.-Y. Calvez, commentateur de Karl Marx (ayons l'audace de prendre notre bien partout où nous le trouvons !) : « **Le savoir est dialectique. Il est un mouvement d'enrichissement qui procède d'un progrès à travers des contradictions : la contradiction engage les deux partenaires à se placer a un niveau supérieur pour trouver une adéquation de leurs vérités partielles. Cette méthode est féconde, à la différence de la simple abstraction, car elle permet un progrès indéfini de la connaissance** ». Une illustration intéressante des phénomènes dialectiques de l'être et de la connaissance sera donnée au chapitre de l'analogie, lors de la construction du « circept » analogique qui montre que chacun des objets du monde (et nous-mêmes) est sous-tendu par ses contradictions.

Il n'est malheureusement pas possible de transcrire un exemple de cet exercice : il ne se laisserait pas enfermer dans le papier.

Exercices

Se livrer, en deux sous-groupes, à une discussion contradictoire sur :

1) L'opportunité de la circulation automobile.
2) La réglementation de l'entrée des travailleurs étrangers.
3) L'intérêt d'une éducation libérale.
4) La nécessité de l'aide au tiers-monde.
5) La préférence pour un régime démocratique ou un régime totalitaire.
6) L'opportunité de la formation professionnelle.
7) La nécessité de l'éclatement de la famille.
8) Le rehaussement de la situation de la femme dans l'entreprise.

9) La persistance du nationalisme devant le supranationalisme.
10) La nécessité du retour à la nature.
11) L'exaltation de la société de consommation.
12) La justification de l'aventure interplanétaire.
13) Les fondements du droit d'héritage.
14) La dissociation du pouvoir et de la propriété dans l'entreprise.
15) La liberté sexuelle.
16) La censure artistique.
17) L'opportunité de la prostitution.
18) La peine de mort.
19) Tout autre sujet qui soit assez brûlant pour donner naissance à des débats passionnés.

Le matérialisme dialectique

La Métaphysique ou l'évolutionnisme vulgaire considèrent toutes les choses du monde comme isolées, en état de repos, éternellement immuables. Si elle reconnaît les changements, c'est seulement comme augmentation ou diminution quantitative ou comme simple déplacement. Et les causes de ces changements résident en dehors des phénomènes, dans l'action de forces extérieures. Un phénomène ne peut que se reproduire indéfiniment et jamais se transformer en quelque chose d'autre. Le matérialisme dialectique veut que l'on parte, dans l'étude du développement d'un phénomène, de son contenu interne ; c'est-à-dire que l'on considère le développement des phénomènes comme issus de leur mouvement propre, en liaison avec l'environnement. La cause du développement se trouve dans les contradictions internes des phénomènes eux-mêmes. Les changements même de nature sont dus au développement des contradictions internes.

> Comprendre chaque aspect de la contradiction, c'est comprendre quelle situation particulière le phénomène occupe, sous quelles formes concrètes il établit ses relations avec son contraire, quelles sont les méthodes concrètes qu'il utilise dans sa lutte contre l'autre... C'est ce qu'avait en vue Lénine lorsqu'il disait que la substance même, l'âme vivante du Marxisme, **c'est l'analyse concrète d'une situation concrète.**
>
> (MAO TSÉ TUNG — *Petit Livre Rouge.*)

8. CONCASSAGE FONDAMENTAL

Nous avons jusqu'ici demandé à l'étudiant en créativité de se livrer à un certain nombre d'exercices qui ont assoupli son esprit, mais qui ne l'ont pas toujours amené à s'engager profondément sur le plan moral et intellectuel. Le legs éthique et logique de ses ancêtres a pu rester intact. **Nous allons lui demander de faire un pas de plus et de renoncer à considérer cette éthique et cette logique comme des absolus.** Non que nous voulions en faire des pervers ou des fous : ils retrouveront toujours les vraies valeurs au-delà des formes contingentes qu'elles ont prises d'un siècle à l'autre ; mais, pour être tout à fait libre, il faut se détacher même de ce qui paraît le plus précieux, le plus valable et le plus fondamental...

Les vieux maîtres spirituels disent que, même si un oiseau n'est attaché que par un fil très fin et très précieux, il n'en est pas moins attaché que s'il était retenu par une lourde et vulgaire chaîne. C'est ce fil fin et précieux qu'il nous faut essayer de rompre.

Les exercices suivants se feront en groupe, comme beaucoup de ceux qui les ont précédés. On s'efforcera d'abord de bien définir le problème ; puis on laissera l'imagination vagabonder.

Et enfin on mettra en ordre les données ainsi livrées, en acceptant d'envisager calmement, comme des situations techniquement possibles et moralement neutres, les solutions proposées.

Exercices

Concasser (en reprenant et en généralisant la table de concassage mentionnée en début de ce chapitre) :

La famille, l'amitié, la religion (Dieu – ses Églises), l'amour, le succès, la nation, la patrie, la langue, la race, le rôle de la femme (et de l'homme), le système de la rémunération du travail, la morale traditionnelle, le respect dû aux vieillards, le respect de la vie, la hiérarchie, les diplômes... tout thème concernant l'une ou l'autre de vos croyances fondamentales.

Exemple – Le concassage de la famille

(brain-storming) Plus de famille stable – D'un côté des familles qui ont la vocation d'élever des enfants, de l'autre des individus indépendants – Des parents professionnels (l'école prenant les dimensions de la famille) – Renouvellement obligatoire des conjoints par période de 3 ou 5 ans – Les retraités élèvent les enfants (c'est une bonne occupation) – Des familles nouvelles à la disposition des cadres mutés, en même temps que la voiture et l'appartement – Des familles collectives – Une famille rendue hyperstable et heureuse par la connaissance et l'explication de toutes les lois de la psychologie – Le refus de mettre au monde des enfants pour ne pas les exposer à un monde trop dangereux – L'égalité totale de l'homme et de la femme – L'homme au foyer – La disparition de la notion de foyer – Une famille non fondée sur les rapports sexuels – Etc.

Rétro concassage dans le « meilleur des mondes »

Et « parent » ? questionna le D.I.C.

... Plusieurs des jeunes gens rougirent... L'un d'eux, enfin, eut le courage de lever la main – Les êtres humains étaient, autrefois... (le sang -lui affluait aux joues) enfin, ils étaient... vivipares.

En un mot, résuma le Directeur, les parents étaient le père et la mère. Essayez de vous rendre compte de ce que c'était que d'avoir une mère vivipare. Essayez de vous imaginer ce que signifiait : vivre dans sa famille. Et savez-vous ce que c'était qu'un « foyer » ?

Ils secouèrent la tête.

Le foyer, la maison, quelques pièces exiguës dans lesquelles habitaient, tassés à s'y étouffer, un homme, une femme périodiquement grosse, une marmaille, garçons et filles, de tous âges. Pas d'air, pas d'espace, une prison insuffisamment stérilisée ; l'obscurité, la maladie, les odeurs. Et le foyer était aussi malpropre psychiquement que physiquement. Psychiquement, c'était un terrier à lapins, une fosse à purin, échauffés par les frottements de la vie qui s'y entassait, et tout fumants des émotions qui s'y exhalaient. Quelles intimités suffocantes, quelles relations dangereuses, insensées, obscènes, entre les membres du groupe familial !

(Aldous HUXLEY – Le meilleur des mondes.)

Quatrième série d'exercices

LES MÉTHODES ANALOGIQUES
(La philosophie du comme si)

Dans le chapitre précedent, nous avons disloqué la « figure de ce monde » par les méthodes violentes du concassage. Nous allons dans celui-ci procéder d'une façon plus subtile, plus insinuante, peut-être plus constructive aussi : par l'analogie.

L'analogie est le processus fondamental de la connaissance. Lorsque le petit enfant aperçoit pour la première fois un avion dans le ciel, on lui dit : « c'est une auto qui vole » ou « c'est un oiseau qui a un moteur ». **L'inconnu est ainsi appréhendé à travers le connu.** Bien sûr, l'explication n'est pas complète et l'enfant veut un jour s'approcher d'un avion et s'en faire expliquer les particularités. Il se forme alors un concept propre de l'avion. Jusqu'au jour où, voyant à la télévision l'envol d'une fusée spatiale, on lui dit : « c'est un avion qui n'a pas d'ailes… » et le processus recommence.

Nous citerons tout au long de ce chapitre quelques textes illustrant comment s'est fait, dans certains cas historiques, ce passage du connu à l'inconnu. On pourrait en conclure que le trouveur est caractérisé par l'aptitude à rapporter au problème qui le préoccupe toutes les rencontres qu'il fait, et à **découvrir des ressemblances dissimulées jusque là aux yeux du commun des mortels.**

Il y a des esprits lourds et stricts qui pensent qu'un problème est un problème et que ce qui paraît ne pas concerner ce problème n'a effectivement rien à voir avec lui. Une recherche est pour eux enfermée dans une sorte de cellule étanche... où elle reste. Il y a, au contraire, des esprits qui ont senti que **tous les problèmes du monde sont en relation analogique et qui confrontent instinctivement la question qu'ils se posent avec tout ce qui leur paraît lui ressembler.** Sans doute découvre-t-on lorsqu'on est capable d'essayer toutes les réponses possibles à la question posée.

Supposons que je cherche, par exemple, à résoudre un problème de réorganisation administrative. Dans un premier temps, je me concentre et me bloque ; puis, dans un second temps, je me relâche, je sors, je vois le mouvement de la foule dans la rue, je prends l'ascenseur, je vais au restaurant, je rentre chez moi, je lis un livre d'ethnologie ou les contes de Voltaire, je signe le carnet de notes d'un de mes enfants... et tout à coup, je viens de « vivre » la solution du problème qui m'occupe. **La valeur du chercheur réside dans son aptitude à découvrir les ressemblances entre les choses et à opérer les transitions.** S'il n'en est pas capable, il ne peut pas trouver de solution à son problème.

Le mécanisme de la formation des analogies ressemble beaucoup à celui de l'abstraction. Négligeant les différences accidentelles qui existent entre deux phénomènes (et qui parfois dissimulent tout ce qu'ils ont de comparable), le chercheur est capable de trouver tel fait, tel modèle, tel schéma, qui sont applicables à l'un et à l'autre. Par exemple, il découvre que les lois de la pesanteur qui régissent les rapports des masses célestes sont aussi applicables à l'attraction que les grandes villes exercent sur les populations avoisinantes. Dans la mesure où l'on connaît mieux les lois qui régissent les corps célestes que celles qui régissent les populations, il est peut-être intéressant d'essayer de leur appliquer les mêmes règles... sauf à les modifier ensuite quand cela apparaîtra nécessaire, c'est-à-dire quand l'analogie ou le modèle auront cessé de coller exactement à la réalité qu'ils veulent décrire. Mais c'est par l'intermédiaire parfois inconscient de l'abstraction : « tout ce qui attire » que le rapprochement s'est fait. Le schéma de cette opération pourrait être celui de la figure suivante.

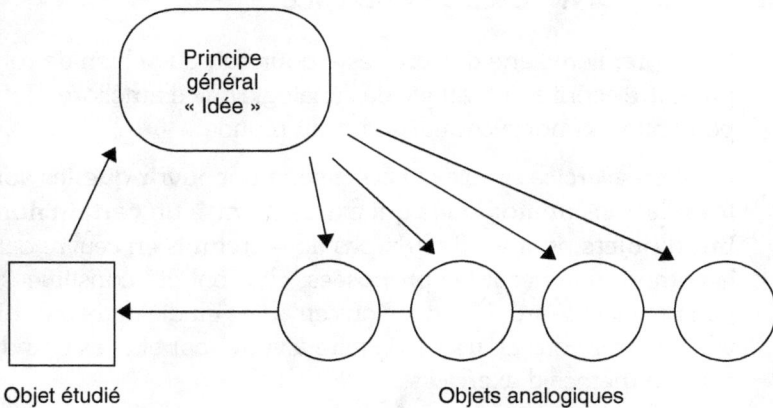

Figure 4.1 : Mécanisme de l'analogie

Nous terminerons en soulignant que les analogies empruntées au monde biologique sont d'une richesse exceptionnelle. **En effet, la nature est au travail depuis des milliers et des milliers d'années pour résoudre, après de nombreux tâtonnements le problème extrêmement délicat de l'adaptation des espèces vivantes à l'univers environnant. Notre problème n'est-il pas de même nature ?** La diversité et la souplesse des techniques modernes nous permettent de plus en plus de copier ou d'adapter les suggestions qui peuvent nous être faites par l'étude des dispositifs biologiques. On s'attachera donc avec une particulière attention, au cours de tous les exercices qui vont suivre, à la recherche et à la découverte d'analogies de type biologique. La présence d'un biologiste, d'un médecin ou d'un animalier sera particulièrement précieuse pour le groupe.

1. LES RELATIONS DE RESSEMBLANCE

Cette première série d'exercices a pour but, aussi bien de rompre notre esprit à la pratique de l'analogie que d'améliorer notre perception et notre connaissance du monde.

C'est un exercice simple qui **consiste à découvrir quelles sont les relations analogiques qui existent entre un certain nombre d'objets** donnés. Il n'y a pas de secret mis en œuvre dans la composition des listes proposées, elles ont été constituées à peu près au hasard. Lorsque vous en aurez étudié deux ou trois, vous pouvez vous amuser à en faire à votre tour et à les prendre comme thèmes d'exercices.

Un bon prolongement de l'exercice consiste dans l'énumération d'autres objets appartenant aux catégories qui se manifestent les unes après les autres. Dès le premier exercice, selon la tentative qui a été faite dans l'exemple donné, vous devrez également trouver un système de présentation claire du résultat de l'analyse faite sur chaque liste.

Points communs	Hamac	Coquetier	Petits pois	Charbon	Tondeuse	Chat	Trolleybus	Piédestal	Autre objet relevant du même principe
On monte dessus	●					●	●		Préjugé
Il y a des queues						●	●		Cheval
Commence par cha				●		●			Chasseur
Accumulation d'éléments			●	●					Sable
Supporte quelque chose	●	●						●	Colonne
Contient quelque chose	●	●				●			Réservoir
Sont mobiles						●	●		Puce
Instrument mécanique					●		●		Compresseur
Minéraux				●				●	Mica
Vivants			●			●			Peuplier

Figure 4.2 : Tableau des points commune des objets

Exercice

Trouvez quelles sont les analogies qui existent entre :

1) un ballon de foot, un cube de glace, un tabouret, un CD-Rom, une cigarette américaine, une feuille de papier, une pompe à bicyclette, une ampoule électrique
2) une moquette en laine, une guitare, un coffre, une chasse d'eau, un gigot, un morceau de bois, une hélice, un livre de classe
3) un hamac, un coquetier, des petits pois en conserve, du charbon, une tondeuse à cheveux, un chat, un trolleybus, un piédestal

4) un revolver, un pinceau, une méduse, du cristal de roche, un nénuphar, un pyjama, un ventilateur, du gros rouge
5) une lampe de poche, un kangourou, la télévision, du vernis à ongles, un radar, un citron, du fumier, un matelas à ressorts
6) un bambou, une armoire, une brique, un bureau de poste, une fermeture-éclair, une scène de théâtre, un talon de chaussure, une carcasse de poulet
7) des mots croisés, une armure, une huître, un soutien-gorge, une serpillière, une bague de fiançailles, des skis, un furoncle

Quand vous aurez fait quelques-uns de ces exercices, et d'autres que vous aurez composés vous-mêmes, essayez de faire une liste de huit objets qui ne présentent aucun caractère analogique. C'est une espèce de défi que nous vous lançons. Vous pouvez partir, par exemple, d'un cube de glace, d'un ballon de football, d'un CD-Rom…

2. LA COMPARAISON

Si l'orateur, ou l'écrivain, était condamné à n'exprimer que des choses abstraites, il ne serait jamais écouté ni lu. **Aussi recherche-t-il tout naturellement à rendre sensible sa pensée en l'incarnant à chaque détour de page dans une comparaison, une image, un parallèle, qui sont des formes particulières d'analogie.** Ces figures littéraires ne décrivent pas la totalité du phénomène évoqué : mais elles le rendent accessible à tous les esprits et y laissent parfois des traces durables. C'est souvent grâce à elles que la pensée s'est communiquée de siècle en siècle.

La comparaison peut être considérée comme une brève parabole. Nous proposons ici au groupe de se livrer à quelques exercices, au cours desquels une phrase abstraite sera illustrée d'une comparaison. Ce travail est à faire, soit individuellement, soit sous forme de concours, soit encore collectivement. Il faudra d'abord trouver la comparaison, puis essayer de l'exprimer dans une phrase, dans un paragraphe achevé, en s'inspirant si nécessaire des illustrations qui sont données ci-après. Éventuellement, l'animateur pourra donner comme sujet de travail le thème de telle ou telle de ces illustrations, et comparer ensuite les travaux réalisés aux textes proposés.

Quelques utilisateurs se demanderont peut-être si cet exercice a quelque chose à voir avec la création : sans aucun doute. **L'invention n'étant pas autre chose que la proposition d'un modèle d'explication communicable et mémorisable (alors que le réel est incommunicable et non mémorisable), la comparaison, à la pratique de laquelle nous sommes malheureusement souvent sous-entraînés, est bien à ce titre une invention.**

Exercices

Trouver et exprimer dans un texte achevé une comparaison :

1) pour décrire les enfants sortant de l'école après la classe
2) pour décrire l'inconscience du fumeur de cigarettes et les risques qu'il court
3) pour décrire un fleuve large et rapide
4) pour décrire la pluie sur un paysage montagneux
5) pour illustrer la crainte et l'angoisse de la vieillesse
6) pour illustrer la difficulté de communiquer et la solitude
7) pour illustrer la force d'un amour-passion
8) pour illustrer le mouvement de l'ambition

9) pour rendre sensibles les différences qui existent entre les hommes du fait de leurs diplômes.
10) Tout autre thème qui paraîtrait plus approprié.

Quelques comparaisons réussies

> La phrase de Bossuet : *Il part puissamment du silence, anime peu à peu, enfle, élève, organise sa phrase, qui parfois s'édifie en voûte, se soutient des Propositions latérales distribuées à merveille autour de l'instant, se déclare et repousse ses incidentes qu'elle surmonte pour toucher enfin à sa clé, et redescendre après des prodiges de subordination et d'équilibre jusqu'au terme certain et à la résolution complète de ses forces.*
>
> (Paul VALÉRY – Sur Bossuet.)

> La route : *La route monte, accompagnée par les deux files de platanes. Les maisons ne vont pas plus loin que le détour. Là, elles disent « au revoir » et elles restent assises au bord des prés ; elles regardent la route qui part vers le large des terres. Les platanes vont encore un peu jusqu'au milieu de la côte, mais là, ils s'arrêtent aussi. Alors la petite route s'en va toute seule. D'un bon coup de reins, elle saute le mamelon et, adieu, elle est partie.*
>
> (Jean GIONO – Regain.)

3. LA PARABOLE

Une forme particulière de comparaison, et par conséquent d'analogie, se trouve être la parabole que, par référence aux exercices qui suivront, nous désignerons ici comme une sorte de schéma verbal, ou d'image parlée. L'auteur de la parabole renonce à aborder directement le problème en cause : pour des motifs intellectuels, en raison de sa difficulté, de sa complexité ou de son caractère abstrait, ou pour des motifs affectifs, parce que le sujet est usé ou parce que les auditeurs n'accepteraient pas d'être impliqués directement. **La parabole permet une sorte de sublimation, de distanciation, qui désarme les oppositions et détruit les blocages.**

La parabole est une analogie qui doit être assez explicite pour que la structure mentale sur laquelle elle repose puisse être immédiatement appliquée au phénomène qu'à travers elle on cherche à atteindre. **La parabole est une sorte de transposition globale complète, elle évite la dissection par l'analyse, elle permet de conserver l'élément vital, elle s'oppose à la conceptualisation ; c'est une sorte de « particulier exemplaire ».**

On peut d'ailleurs considérer deux degrés dans la parabole : la simple transposition du phénomène (Le loup et l'agneau, de La Fontaine) ou le passage à un symbolisme plus lointain et plus caché (la parabole du Semeur). La parabole, d'autre part, est proche d'un certain nombre d'autres genres littéraires : la fable (La Fontaine, Florian, Phèdre), le conte (Perrault, Voltaire), la pièce de mœurs (Molière), l'aventure extraordinaire (Swift, Edgar Poe), le mythe (Platon, légendes populaires), l'exemple vécu (c'est le « cas » des méthodes scolaires). Mais ce qui la distingue de ces autres genres littéraires, c'est sa volonté d'influence. **La valeur pédagogique de la parabole est en effet immense ;** c'est à travers la parabole évangélique en particulier que s'est modelé l'Occident. On devrait entraîner les professeurs à la pratique intense de la parabole : leur enseignement en deviendrait mille fois plus efficace. Le seul risque que peut faire courir la parabole, c'est que l'histoire fictive qui est mise en avant soit prise progressivement pour une réalité et devienne comme une sorte de dogme ; l'histoire des religions nous en montre mille exemples.

La recherche des thèmes de paraboles pourra se faire en groupe. Mais il sera ensuite plus profitable de procéder à la mise au point littéraire individuellement ou par sous-groupes de deux ou trois. La préoccupation principale qui devra dominer ces exercices sera celle **d'avoir à se faire comprendre** d'un auditoire. L'objet de la parabole est la transmission d'un message.

Exercices

Illustrez par une histoire vécue, un exemple concret, une allégorie, une fable, une parabole, les principes abstraits suivants :

1) On ne peut donner qu'à quelqu'un qui a envie de recevoir.
2) L'exercice du pouvoir est dangereux pour la personnalité.
3) Les institutions ne se réforment jamais : elles disparaissent.
4) On ne peut se conserver en bonne forme mentale qu'en se remettant souvent en cause.
5) Il y a autant de vérités que de personnes.
6) Une organisation trop poussée finit par paralyser.
7) Il ne faut pas confondre les buts et les moyens.
8) La liberté est semblable à...
9) Un bon mariage est semblable à...
10) Tout autre thème qui paraîtrait plus approprié.

*Les produits perd-temps et les produits gagne-temps**

(En hommage aux Shadocks : les Chadoïls sont une population voisine séparée d'eux par une ligne imaginaire.)

La vie économique sur la planète Chadoïl était organisée selon des principes extrêmement simples : certaines usines avaient reçu la mission de fabriquer des produits qui permettaient aux citoyens d'économiser du temps, et les autres usines avaient reçu pour mission de fabriquer des produits grâce auxquels ces mêmes citoyens pourraient dépenser le temps qu'ils avaient économisé.

C'était un système très ingénieux, dont les principes de base étaient dus au Professeur Chadoïlo. Dans la première catégorie de produits, on trouvait, par exemple, des balais mécaniques qui permettaient à la ménagère de gagner 7 à 8 minutes sur le nettoyage d'un appartement moyen ; dans la seconde catégorie se trouvait, par exemple, un ouvre-boîtes perfectionné dont le maniement amenait largement à perdre les minutes économisées avec le balai mécanique ; ou encore, si l'on ne mangeait pas de conserves, un balai d'entraînement grâce auquel on pouvait faire, sous forme de gymnastique, l'exercice que l'on n'avait pas eu l'occasion de faire en balayant...

Mais ce système très ingénieux devait être géré avec beaucoup de rigueur. Il arrivait en effet parfois que les usines gagne-temps travaillent avec trop d'enthousiasme : et l'on voyait alors les Chadoïls traîner, les bras ballants, dans les rues, ne sachant comment perdre le temps qu'ils avaient gagné... Ou, au contraire, c'étaient les usines perd-temps qui prenaient de l'avance : et les Chadoïls ne savaient pas alors comment gagner le temps qu'ils avaient à perdre.

Avec les progrès de la productivité, ce problème du temps était devenu crucial. Les produits gagne-temps avaient beau faire tous leurs efforts, ils n'arrivaient jamais à procurer aux consommateurs tout le temps qui aurait été nécessaire pour qu'ils utilisent tous les produits perd-temps qui s'offraient à eux. La crise était d'ailleurs rendue plus aiguë par un certain nombre de mauvais citoyens qui s'étaient mis à considérer que le temps économisé par les produits gagne-temps n'était pas forcément à utiliser pour consommer les produits perd-temps, et qu'il fallait profiter des avantages offerts par la civilisation industrielle pour s'étendre et dormir sur le gazon, ou pour regarder le soleil *se coucher, ou pour se raconter des histoires du temps où il n'y avait ni temps gagné, ni temps perdu, ou pour se livrer à des occupations plus intimes mais aussi a-économiques.*

Aussi le gouvernement fut-il obligé, toujours sous l'impulsion du Professeur Chadoïlo, de prendre des mesures pour qu'aucun temps ne soit ainsi gaspillé, et une grande campagne de persuasion fut entreprise auprès de tous les citoyens. Ce fut d'ailleurs l'occasion d'une nouvelle simplification géniale. Auparavant, il y avait dix commandements de Dieu et douze de l'Église : ce qui était tout de même un peu beaucoup, et il arrivait que certains citoyens en oublient quelques-uns. Désormais, il n'y en eut plus qu'un seul :

« Tout temps gagné consommeras »

« Et le dimanche pareillement. »

Cette simplification théologique fut à l'origine d'un véritable miracle économique...

4. LE SCHÉMA

La pénurie de moyens visuels dans les civilisations anciennes a contribué au développement d'un langage grammatical d'une rare perfection (ex : la grammaire grecque). C'est à travers ce langage que nous tentons encore habituellement d'expliquer nos pensées ; et il est des causeurs, des conférenciers ou des professeurs qui peuvent admirablement développer les leurs pendant des heures. L'inconvénient de ce langage réside dans son caractère de séquentialité. Les informations ne parviennent que les unes après les autres, de telle façon que les premières peuvent avoir été oubliées lorsque les dernières arrivent. **Le schéma, au contraire, permet la prise en compte globale de l'information :** l'œil voit à la fois le détail et la totalité de ce qui

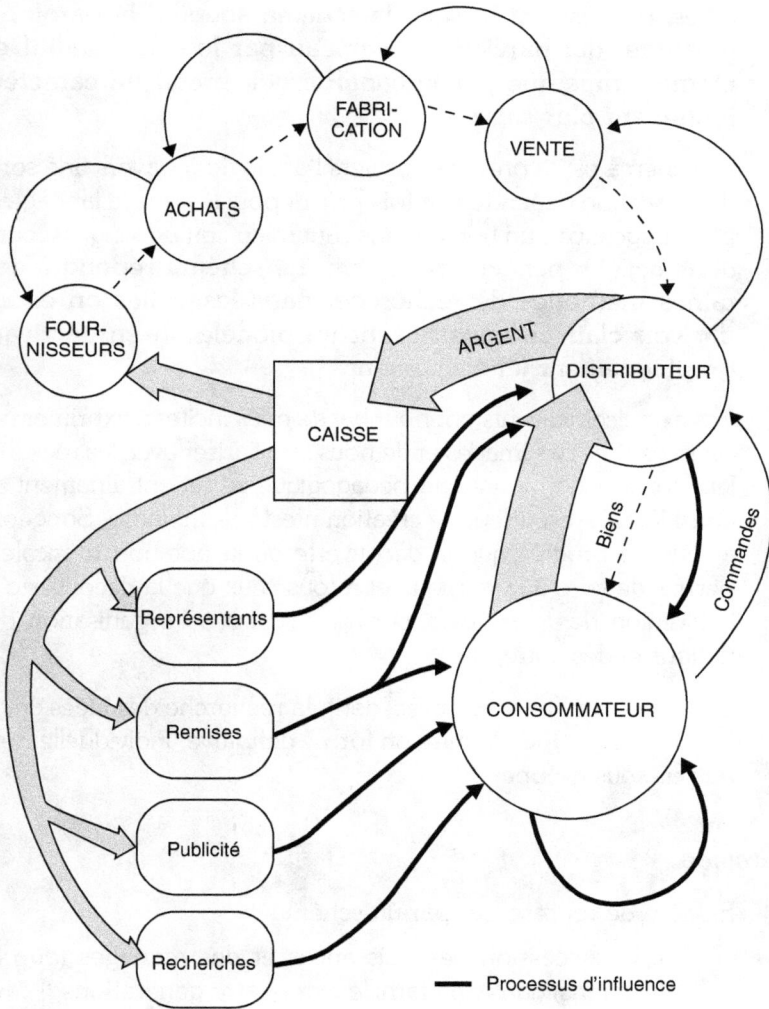

Figure 4.3 : Schéma cybernétique de l'entreprise

lui est proposé. **Et lorsque le schéma soutient la parole, le message, qui parvient au cerveau par le canal auditif en même temps que par le canal visuel, prend un caractère infiniment plus saisissant.**

Le schéma est le premier pas vers l'analogie à travers une sorte d'abstraction concrète à la fois plus dépouillée que le langage et plus suggestive : un bon croquis vaut mieux qu'un long discours, disait déjà un personnage célèbre. **Le schéma répond à certaines méthodes de recherche, dans lesquelles on essaie d'y voir clair en construisant un modèle ou en décrivant graphiquement un événement.**

Les exercices suivants ont pour but de nous inciter à exprimer nos pensées avec des images et de nous familiariser avec les règles de leur construction. La valeur pédagogique de cet entraînement est considérable. Sa valeur de création n'est pas moindre. Songeons à tous les progrès que la découverte de la notation musicale a permis de faire à la musique et à tous ceux que la découverte et l'utilisation des graphes a permis de faire à l'organisation des nations et des entreprises.

Comme pour l'exercice précédent, la recherche des idées devra se faire en groupe ; la mise en forme définitive, individuellement ou par sous-groupes.

Exercices

Essayez de représenter par un schéma :

1) la succession des naissances et des mariages (ou des unions) dans une famille, sur quatre générations
2) une fugue de Bach, ou un allegro d'une sonate de Mozart, ou une valse de Chopin (ou tout autre morceau que vous préféreriez)

3) la circulation de l'argent, des matières, des hommes et des informations dans une entreprise

4) le mécanisme de la formation continue, considérée comme une perpétuelle mise à jour

5) le fonctionnement professionnel d'un conférencier, ou d'un ingénieur, ou d'un médecin

6) le mécanisme de la recherche et de la découverte

7) le vol d'un oiseau, la marche, le mouvement de la marée

8) la transformation de l'essence dans un moteur à explosion

9) les relations des individus dans un groupe

10) le processus du gouvernement démocratique, selon lequel le chef est élu et contrôlé par le groupe

11) les différents niveaux d'existence de l'individu : personnalité profonde, personnalité apparente, fonction, statut, rôle...

12) le fonctionnement d'un téléphone, d'un robinet, d'un cric d'automobile

13) le cycle de l'alimentation dans un ménage, du départ pour le marché jusqu'à la porte du vide-ordures

14) le cycle du linge dans un ménage, depuis l'armoire à linge, jusqu'au retour à l'armoire à linge

15) la construction grammaticale d'une phrase complexe, avec principale, complétives et subordonnées

16) la succession des actions nécessaires à la construction d'une maison

17) les notes et les rythmes d'un morceau de musique (c'est-à-dire trouver une nouvelle notation musicale).

Pour chacun de ces schémas, vous essaierez de trouver d'autres applications. Ce second travail constituera une recherche analogique de haute qualité.

5. L'IDENTIFICATION CORPORELLE

Notre propre organisme est un admirable instrument, doué non seulement d'une extrême mobilité des membres, mais encore cérébralement riche d'un très grand nombre de schémas moteurs, accumulés depuis le début des siècles par le mouvement même de la vie.

Lorsque le chercheur se pose un problème, apparemment extérieur à lui-même, il est presque naturel qu'il se laisse aller jusqu'à intérioriser ce problème en cherchant inconsciemment quelles solutions directes son organisme pourra imaginer. **Ce qu'il ne découvre pas par un effort logique et volontaire d'intelligence, il se peut que son corps l'esquisse et le suggère.** Il suffit qu'il soit assez attentif pour comprendre ce qu'il lui dit et qu'il s'efforce de le traduire.

Si Archimède découvrit, en prenant son bain, le principe qui porte son nom, c'est parce qu'il avait éprouvé avec son corps les phénomènes théoriques auxquels il s'intéressait. Einstein raconte qu'enfant, il s'imaginait être un rayon lumineux se promenant dans l'espace ; et plus tard (enquête d'Hadamard, 1945), il soulignera que les mots et les formules sont pour peu de chose dans sa découverte, qui se situe plutôt au niveau de sensations musculaires. Flaubert, en écrivant la scène du suicide de Madame Bovary, avait dans la bouche le goût de l'arsenic.

Les exercices suivants proposent de solliciter notre corps pour trouver la solution d'un certain nombre de problèmes très variés. Chaque membre du groupe doit se livrer à une sorte de jeu de rôle, parlé et mimé, en s'identifiant aux phénomènes étudiés. Cela peut se faire en se représentant que, pour trouver une solution, les sujets sont enfermés dans une sorte de « boîte noire » qu'ils sont libres d'aménager à leur guise, comme s'ils étaient dans un atelier où ils trouveraient tous les outils nécessaires à leur invention.

Exercices

Essayez de trouver, par le moyen de l'identification corporelle**

1) un moyen original d'étendage à linge
2) un nouveau type de robinet
3) un nouveau modèle de pupitre à musique
4) un nouveau type de tringle à rideau
5) un nouveau type de sécateur
6) un nouveau type d'étagère à livres
7) un nouveau type d'interrupteur électrique
8) un nouveau type de bureau
9) un nouveau système de porte inviolable
10) un nouveau type de poubelle
11) un nouveau type d'essuie-glace.

Nous avons pris nos exemples parmi des objets simples et connus de tous. Rien n'empêche de faire des exercices avec des éléments d'un objet complexe, ou sur des fonctions de haute technicité : au contraire. D'autre part, peu importe si le nouveau découvert n'est pas un nouveau absolu. Ce qu'il faut, c'est extraire de son corps la réponse à la question posée. « J'ai une branche à couper et j'incarne la fonction sécateur : comment vais-je me débrouiller avec mon corps pour couper ma branche ? »

Exemple-illustration – Je suis un altimètre

(Gordon cite l'exemple d'un groupe de chercheurs ayant à résoudre un problème d'altimètre permettant d'éliminer les erreurs de lecture dues à la présence d'un double cadran et si possible de simplifier le système de transmission par roues et pignons reliant le ressort aux cadrans...)

« *Voyons un peu cet altimètre. Ma parole, il doit y avoir là plus de cent petits rouages ... Je note que des ressorts sont indispensables. On pourrait supprimer autre chose, mais pas ce ressort-là, il est fondamental. Aucun organe isolé mesurant l'altitude par la pression ne peut se passer d'un ressort au minimum ... À l'instant je me sens comme coupé de cet instrument que je tripote, très loin de lui quoiqu'il soit devant moi ... Il parait vouloir se désintégrer ... voici les pièces. Quelle est celle que je ne peux absolument pas éliminer ? Ce ressort ... mais qu'est-ce qu'un ressort ? Qu'est-ce que ça veut dire au juste de parler d'un ressort ? Comment me sentirais-je si j'étais un ressort ? Me voilà possédé par ce ressort ... Je ne peux m'empêcher d'éprouver en moi-même son élasticité ... D'ailleurs je ne le veux pas ... Je me sens tiré par les mains et les pieds, on m'écartèle, on me torture ... Qu'adviendrait-il si l'altimètre était réduit à un simple ressort ? Mais non ... Assez tourné autour des altimètres et des ressorts aussi bien. Allons il faut vite trouver une réponse, bien repenser ça, en prenant du champ ... sinon je vais refaire exactement le déjà fait ...*

Évidemment la solution idéale serait un cadran et pas de rouages Je parierais qu'il y en a deux cents dans ce modèle-là. S'en passer, il ne faut pas y songer, ce ressort ne peut quand même pas suffire à tout. Somme toute de quoi ai-je vraiment besoin ? D'un ressort. Il me le faut pour faire mouvoir l'aiguille autour du cadran, sur l'échelle circulaire, et le vrai problème est de tirer de ce mouvement un déplacement linéaire, sur une bande ... Que je regarde encore ce mouvement. Comment faire pour le matérialiser ? Si je ... si j'avais un ressort énorme, grand comme une maison, et que je m'y accroche, allant et venant avec lui, que m'arriverait-il? Tiens, si je mettais une goutte d'encre sur le ressort, et que je le fasse jouer : s'il est assez gros, quand il se ten-

dra, la goutte se déplacera vers l'intérieur ... et vers l'extérieur quand il se détendra ... »

(D'où la mise au point d'une fenêtre derrière laquelle on pouvait voir se déplacer un index placé sur le ressort. Tous les rouages avaient disparus.)

(GORDON – *Stimulation des facultés créatrices.*)

6. LA RECHERCHE ANALOGIQUE

Nous en arrivons maintenant à **la méthode de découverte la plus importante et la plus universelle :** L'ANALOGIE. Nous en avons décomposé le processus en trois temps :

1. la recherche des analogies
2. le tri et le classement des analogies
3. l'exploitation des analogies

que nous allons successivement décrire.

1 – La recherche des analogies

Pour chaque objet étudié, il s'agit de découvrir dans le monde d'autres objets qui auront avec lui une relation de structure ou de fonction. Dans la pratique, cela se fera par une sorte d'appel formulé de la façon suivante : **Qu'est-ce qui est comme, ou à quoi me fait penser ... l'entreprise ou le robinet.** Réponse : L'entreprise me fait penser à un bateau de guerre ; le robinet me fait penser à une porte... Etc.

Attention : au cours de cet exercice, **il faut éviter de tomber dans l'erreur de confondre analogies et associations d'idées** et de dire, par exemple : l'entreprise me fait penser au travail, le robinet me fait penser à l'eau. Le travail et l'eau sont de simples associations d'idées : il n'y a ni structures, ni fonctions comparables. Tandis que Club Méditerranée (où il n'est pas question de travail) ou feux de circulation (où il n'est pas question d'eau) sont des analogies, car ces deux objets ont vraiment des structures ou des fonctions comparables à celles de l'entreprise ou du robinet.

Les analogies sont obtenues par une sollicitation intense de l'inconscient du groupe. Il faut d'une part que chacun des membres du groupe se détende et laisse monter en lui de libres images ; il faut d'autre part que s'établisse entre tous les participants une sorte de connexion spontanée, telle que la première analogie proposée en appelle de voisines ou d'opposées qui viendront s'inscrire en vrac et aussi rapidement que possible sur le tableau de papier.

La recherche des analogies est une exploration des représentations mentales du groupe, au cours de laquelle on s'aperçoit que des objets qui, à première vue, semblent pauvres ou très bien circonscrits déclenchent un intense processus de mise en relation, (ou de résonance) qui leur donne presque la dimension de l'univers. Cette exploration mentale peut être utilisée à trois fins principales : d'abord, comme **la description émotionnelle de l'objet étudié** ; et à ce titre, elle peut intéresser le psychologue ou le motivationiste. Ensuite comme un *procédé cathartique* **(ou de purification de l'esprit) :** à travers le medium de l'analogie, le sujet peut se délivrer de représentations refoulées et obsédantes qu'il objective et maîtrise (le professeur – sadique, l'entreprise – cirque, l'appartement – station-service). Enfin, et c'est là ce qui nous intéresse, **comme matériel devant permettre de découvrir** dans l'objet étudié une quantité de fonctions qui, sans l'analogie, n'auraient pas été perçues.

Sur un objet complexe et émotionnellement riche, on peut attendre d'un groupe un minimum de cinquante analogies ; et il est souvent facile de monter à cent ou cent cinquante en quinze ou vingt minutes. Sur un objet plus simple ou plus technique, on devra parfois se contenter de dix ou vingt analogies et parfois même de moins. Dans le cas où l'exploration mentale instantanée du groupe ne serait pas assez féconde, on pourra se livrer à une recherche documentaire externe (catalogues, traités scientifiques ou techniques de toute nature ...). Dans certains cas difficiles, la recherche analogique pourra faire l'objet d'une démarche explicite entreprise en dehors des séances de groupe.

2 – Le choix et le classement des analogies

Au terme de la première phase, on se trouve en présence d'un donné brut très inorganisé. C'est le moment de faire succéder à l'étape imaginative l'étape critique qui permet :

1) d'éliminer ce qui n'est qu'associations d'idées ou analogies faibles,
2) de regrouper les analogies en catégories,
3) **d'essayer de dégager les grands concepts par lesquels on définit l'objet.**

Dans les cas les plus favorables, lorsque les analogies seront nombreuses et riches, il sera possible de les organiser autour d'un cercle, selon le principe du « circept » ou concept circulaire. Le circept est né de la constatation que la démarche analogique se développe par proximité (il y a des analogies très voisines les unes des autres) ou par opposition (chaque affirmation appelant sa négation). Le circept constitue une définition très riche de l'objet étudié. (voir plus loin : Note technique)

Lorsque les analogies seront moins abondantes, comme cela peut être le cas lorsqu'il est question d'objets physiques ou d'outils, on devra parfois se contenter de faire un regroupement par grandes caractéristiques, si possible sous une forme arborescente.

Dans l'un et l'autre cas, **cette démarche permet de maîtriser le « système analogique ».** Il faut cependant savoir que ces classements demandent beaucoup de temps : le temps qu'il faut pour que l'esprit se structure lui-même. Mais ce sont des exercices fondamentaux pour le développement de la capacité intellectuelle d'analyse et de synthèse. Au reste, ces phases logiques relèvent plutôt du travail individuel que du travail collectif. On ne les entreprendra donc en groupe qu'à titre d'exercice ou d'information.

3 – Exploitation des analogies

Lorsque les analogies les plus caractéristiques ont été découvertes et classées, il faut procéder à un examen minutieux de chacune d'entre elles pour essayer d'appliquer à l'objet de la recherche les suggestions qu'elles font naître.

Il ne faut pas faire preuve, dans cette démarche, de trop de rigueur, mais laisser naître doucement les idées les unes après les autres. L'approche analogique est intéressante autant par les ressemblances que l'on découvre que par les dissemblances ; les premières amenant à dire : et si j'utilisais ce trait ; les autres : surtout, évitons celui-là. Et si une bonne idée naît d'une réflexion de caractère secondaire ou d'une distraction, pourquoi ne pas la prendre ? L'emploi des analogies est aussi une manière de dé-structurer l'esprit et de l'enrichir d'oppositions surmontées. **Il faut considérer la méthode analogique comme une sorte de bombardement de concepts : on projette sur l'objet des quantités d'idées en provenance de tous les coins de l'horizon ; et on regarde s'il ne se forme pas ici ou là, de nouveaux concepts nés de ces rapprochements inattendus.**

Cette phase est une phase de groupe. Chacun des participants développera librement le thème de chaque analogie, exprimant au passage quelles idées lui viennent pour la réalisation de l'objet de la recherche. Les idées seront soigneusement notées sur le tableau. Lorsque toutes les idées auront été notées, on reviendra d'une façon critique sur le problème pour trouver des principes de solutions immédiatement applicables.

Exercice

Nous vous proposons trois listes d'objets sur lesquels vous pourrez faire porter vos travaux. Les premiers sont des instruments simples et bien connus de tous. Les seconds, des profils d'hommes, des métiers, des comportements. Les troisièmes, des institutions ou objets sociaux complexes. Vous choisirez l'un ou l'autre de ces sujets (ou tel autre par lequel vous vous sentiriez plus attiré), et vous tenterez de le renouveler, de le réinventer, en le faisant passer par les trois phases dont nous venons d'expliquer le mécanisme.

> *Objets physiques* : un robinet, un rasoir électrique, un sac à provisions, une armoire, un fauteuil, tout autre outil ou instrument...

> *Personnages en situation* : le chercheur, le professeur, la mère de famille, le juge, le « vacancier », tout autre personnage...

> *Ensembles sociaux* : la ville, l'entreprise, l'école, le supermarché, l'appartement, l'hôtel.... tout autre ensemble...

NOTE – La méthode analogique étant extrêmement souple peut s'adapter à tous les types de recherche. N'hésitez donc pas à vous lancer sur ce qui vous intéresse.

Le circept

Un son est accompagné de toute une série d'harmoniques dont la fréquence est un multiple entier du son fondamental et dont le dosage caractérise le timbre.

De la même façon, **chaque concept est accompagné dans notre esprit d'une collection de résonances qui l'accompagnent avec plus ou moins d'intensité.** Ce sont les analogies qui s'organisent autour du concept initial, selon des lois de proximité ou d'opposition, et qui peuvent ainsi revêtir **une forme circulaire.**

Mais chacune de ces analogies du premier degré, lorsqu'elle est étudiée pour elle-même, donne aussi naissance à une nouvelle série de résonances qui sont par conséquent des analogies du deuxième degré par rapport au concept initial.

... Et on peut concevoir qu'il y ait un troisième et un quatrième degré. Si l'on admet que, pour passer d'un degré à un autre, on obtient facilement une vingtaine d'analogies, on réalise très rapidement que le troisième ou le quatrième degré sont caractérisés par un nombre imposant d'analogies :

$20 \times 20 = 400$ au deuxième degré
$20 \times 20 \times 20 = 8\ 000$ au troisième degré.

Même en tenant compte de nombreuses répétitions qui sont inévitables, on recouvre très rapidement de cette façon la totalité du champ de la conscience.

On saisit, grâce à ce procédé simple, que **tous les objets de l'univers sont, par l'intermédiaire de notre connaissance et de notre action, en étroite relation les uns avec les autres, que le contenu de nos esprits ne peut pas être cloisonné, que tout y vibre à l'unisson,** et qu'il faut, pour accéder à la connaissance, faire tomber les préjugés et les raideurs qui nous empêchent de saisir les relations entre les choses.

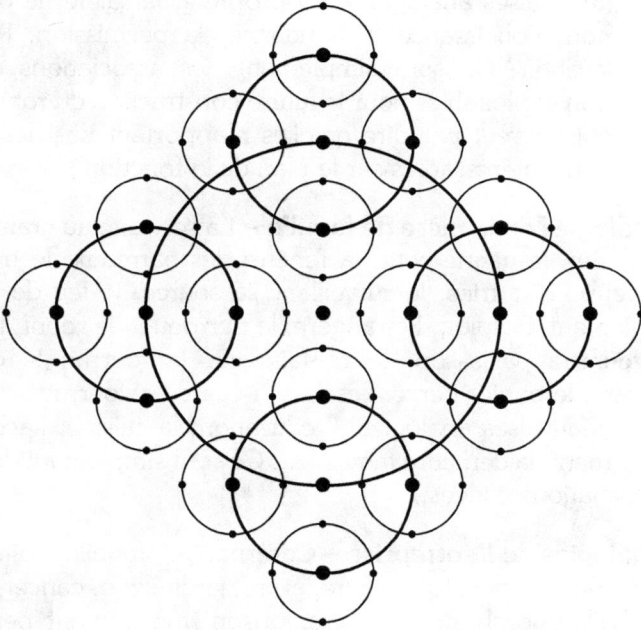

Figure 4.4 : Le circept, cercle des harmoniques, des concepts

Exemple – Processus analogique

1 – Recherche des analogies

Analogies du robinet – Le fleuve, le cor de chasse, le torrent, la bourse, le flux et le reflux, la cataracte, la source, l'oeil, la bouche, le clapet, la porte, le pénis, l'écluse, l'interrupteur, la soupape, l'agent de la circulation, les feux de carrefour, la serrure, le frein, le volet, la valve cardiaque, l'obturateur.

(Mauvaises analogies – La propreté, la saleté, le oui et le non, l'obéissance, l'abondance, la permission, l'eau, le lavabo. – Ce sont simplement des associations d'idées, non exploitables pour la future construction du robinet ; ce qui ne veut pas dire qu'elles n'apportent pas des indications intéressantes sur le plan de la fonction.)

Analogies de la mère de famille – La servante au grand cœur, le tuteur, le gagne-petit, la fenêtre, les barreaux, le trésorier-payeur, l'instutrice, le surveillant, la source, le feu de bois, le règlement, l'espion, l'étrangère, le perroquet, le robot, le distributeur, le paillasson, le roi-fainéant, la fourmi, le gouffre, l'avare, le panier percé, l'esclave, le garde-chiourme...
(Mauvaises analogies. L'éducation, la cuisine, l'accouchement, la demeure familiale... Ce sont simplement des associations d'idées.)

Analogies de l'entreprise – Caserne, automobile, boîte noire, boîte de sardines, fourmilière, arbre, jardin, zoo, cancer, troupe de ballets, orchestre, pieuvre, prison, mouvement perpétuel, bombardier, maison de fous, pouponnière, bateau de guerre, panier de crabes, organisme vivant, maison de redressement, kibboutz, mouvement brownien, cathédrale, huit avec barreur, huit sans barreur, maison de passe, cuisine, marché aux puces, machine à sous, gare, etc.
(Mauvaises analogies – Exploitation, entente mutuelle, chose qui n'est plus à entreprendre, service, catastrophe, travail, etc.).

2 – Choix et classement des analogies

A – Classement des analogies du robinet : l'arbre des solutions tehniques
(On s'aperçoit qu'en construisant l'arbre, il est facile de l'enrichir...)

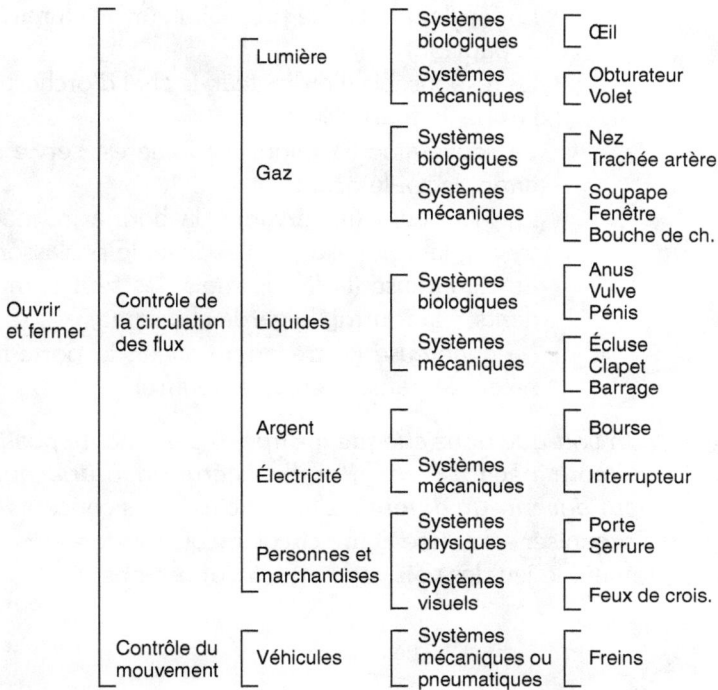

Figure 4.5 : Arbre de classement des analogies du robinet

B – Classement des analogies de le mère de famille : circept de la mère de famille

Les analogies peuvent se regrouper en huit ensembles principaux exprimant :

- L'éducatrice (la source, l'arc, la fenêtre ouverte… le hérisson, l'indifférente, le chasse mouche)
- La protectrice (le feu de bois, le tuteur, l'avocat… la tentacule, le vampire, le garde-chiourme)

- La fée (le miracle, le prestigitateur... le funanbule, le papillon)
- La responsable (l'ordinateur, le chef d'orchestre,... l'usine, la fourmillière)
- La souveraine (la reine, madame est servie... Le tyran, le roi-fainéant)
- La laborieuse (la servante, la bonne journée de travail, le poids lourd... l'esclave, le paillasson)
- La rigoureuse (la fin de mois, les sept commandents... la fourmi, le garde-chiourme)
- La généreuse (le trésorier-payeur, le porte-monnaie... le panier percé, le gouffre)

(On voit que dans chaque groupe, il y a un côté positif et un côté négatif : en effet l'exagération d'une qualité peut devenir un défaut). L'ensemble de ces concepts peut s'organiser selon une figure circulaire qui révèlera très exactement le jeu des voisinage et des oppositions.

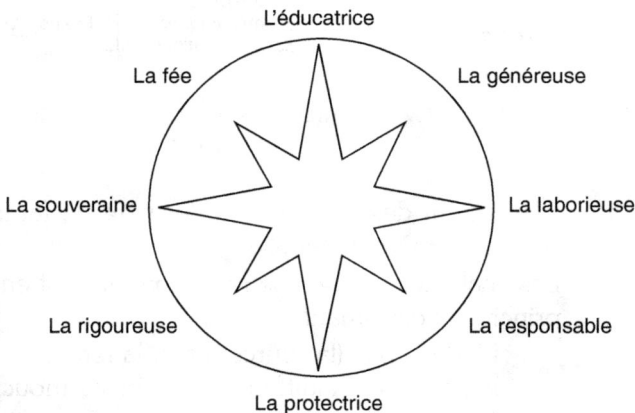

Figure 4.6 : Le circept de la mère de famille

3 – Exploitation des analogies

LE ROBINET. L'idée d'un robinet-sphincter pourrait suggérer l'usage de plastiques souples pour réaliser l'ouverture ou la fermeture. La commande serait actionnée par des bras de levier ; ou un système d'étranglement mécanique ; ou encore par la pression (une petite pompe actionnée à la main provoquerait l'ouverture du robinet). Ou bien encore, comme lorsque la vessie se vide, on pourrait obtenir du robinet une dose précise d'eau... et il y a mille autres idées que les robinets naturels permettraient de trouver. Mais on peut aussi exploiter l'analogie du clapet qui se ferme tout seul : l'effort à faire serait pour ouvrir le robinet et non pour le fermer, ce qui augmenterait la durée des joints. Ou l'analogie de la porte, qui amènerait à définir une autre architecture, etc.

LA MÈRE DE FAMILLE. Chaque analogie peut être exploitée pour elle-même. Mais surtout ce portrait d'ensemble peut permettre de faire une évaluation globale des comportements d'une personne soit qu'ils soient ressentis comme positifs (Plutôt du côté de la généreuse ou plutôt du côté de la fée...) soit qu'il soient ressentis comme négatifs (plutôt du côté du tyran ou du côté du paillasson...) En tout cas, il ressort de cette figure qu'il y a mille façon d'être une mère de famille et qu'on ne saurait fixer de standard.

7. L'HEURIDRAME

Il y a un autre moyen d'approfondir les analogies et de solliciter encore plus profondément le subconscient des participants : c'est de **demander à chacun des membres du groupe « d'être »** à son tour un des objets analogiques retenus en se

livrant à une sorte de petit jeu de rôle que nous avons appelé l'heuridrame (de *eurein* : trouver, et de *drama* : action).

Cet exercice ressemble un peu à celui que nous avons proposé sous la forme de l'identification corporelle. Il est cependant d'un autre ordre, car d'une part il n'est pas exclusivement physique et il porte, non sur l'objet de la recherche, mais sur une des analogies de cet objet. De plus, il spécule sur l'échange qui se produit entre le sujet qui se livre à l'heuridrame et les membres du groupe.

Dans l'heuridrame, il faut que le sujet se concentre très fortement et s'isole en lui-même pour devenir et animer le personnage ou l'entité qu'il revêt : un chasseur matinal, une clé, un hôpital de fous, une prison… Il parle cinq à dix minutes en expliquant comment il vit sa nouvelle condition, sans se préoccuper davantage du sujet de la recherche, mais seulement de son analogie. Si le sujet hésite, se tarit ou se bloque, l'animateur doit essayer de le relancer adroitement. Dans certains cas, l'heuridrame peut devenir collectif (plusieurs personnes participent à l'action).

Pendant qu'un membre du groupe se livre à son improvisation, les autres – gardant en mémoire ce qui fait l'objet de la recherche – écoutent attentivement et notent toutes les idées qui leur paraissent intéressantes. **Par exemple, si le sujet de la recherche est l'entreprise, ils essayent d'appliquer à l'entreprise tout ce qui est dit du bateau de guerre ou de l'hôpital de fous ou de la prison.** Ce travail de **décodage** de l'analogie est très important et demande une grande puissance d'attention.

Nous insistons sur ce point qui déborde largement le cadre de l'exercice dont nous venons de parler. **Le trouveur semble caractérisé par sa faculté de décoder les messages dont il est inondé et à les transformer en réponses aux questions**

qu'il se pose. Il y a des hommes qui ne « transforment » jamais les informations qu'ils reçoivent : un chat est un chat, une pomme est une pomme, un nuage est un nuage... et puisque chaque chose est bien à sa place, pourquoi vouloir y changer quoi que ce soit ? Au contraire, il y a des hommes qui découvrent dans le monde des choses que personne n'avait vues avant eux : tout leur parle, tout leur est discours, information, suggestion ; **ils sont perpétuellement en train d'élaborer dans leur esprit des objets nouveaux à partir du donné brut qui leur est fourni.** Bien que leurs sensations ne soient pas différentes de celles du commun des mortels, leurs perceptions sont infiniment plus riches. C'est en particulier cette capacité de décodage du réel que l'exercice en question se propose de développer.

Comme dans le cas précédent, une fois que la phase d'exploration est terminée, on se livre à la critique des idées retenues et on ne conserve que celles qui apparaissent utilisables d'une façon ou d'une autre.

Exemple – L'entreprise comparée à une prison

1) Fragment d'heuridrame – Je suis une prison... les prisonniers qui sont enfermés dans mes murs ne résistent pas très longtemps sur le plan moral : au bout de deux ou trois ans, ils s'effondrent, ils perdent leur dignité, leur sens de la vie, leur liberté intérieure. Les seuls qui tiennent le coup sont ceux qui cherchent à s'évader, car l'évasion leur est une raison de vivre ; ils gardent leur forme intellectuelle et physique. Les années peuvent passer : tant qu'ils ont l'espoir de s'évader, ils restent des hommes...

2) Décodage – Dans l'entreprise, il y a des cadres, des employés, des ouvriers qui sont comme enfermés. Ils croient qu'ils ne pourront jamais aller ailleurs, qu'ils ne

trouveront aucun autre travail. Et à force de s'en persuader et de faire toujours la même chose, ils finissent par s'atrophier, par se scléroser. Ils perdent vraiment leur liberté et leur sens de la responsabilité. Comme dans la prison, les seuls qui restent vivants sont ceux qui se sentent toujours capables de trouver une autre situation, de s'évader.

3) Concrétisation – On propose de rédiger un nouvel article du règlement intérieur qui stipulerait que tous les trois ans (par exemple), chaque membre du personnel devrait trouver une situation ailleurs. Lorsqu'il l'aurait trouvée, et sur présentation de sa lettre d'embauche, il serait promu, augmenté et félicité. Sinon il serait congédié.

L'analogie, moyen universel de connaissance

L'analogie a ceci d'admirable qu'elle est à la portée de tous. L'habitant primitif de la brousse et l'enfant le plus innocent peuvent y recourir aussi bien que le plus intelligent des savants. Au sens physique le plus pur, nous ne comprenons rien à rien et l'analogie est notre planche de salut : « si un objet ressemble à un autre, il se comportera vraisemblablement de la même façon ». Voilà le principe qui nous guide depuis la plus tendre enfance.

Lorsque l'inventeur a recours à l'analogie, il projette l'aspect connu d'un objet dans un domaine entièrement inexploré. Supposons qu'il soit en train d'étudier les caractéristiques d'un moteur à explosion, il entreverra un jeu de graphiques lui rappelant les caractéristiques d'une valve électronique. Connaissant les diverses manières dont on peut utiliser cette dernière, il transposera ses fonctions aux conditions de fonctionnement du moteur à explosion et découvrira peut-être ainsi une nouvelle méthode de commande dudit moteur ou un nouveau modèle de carburateur.

(LAITHWAITE.)

Quand les concepts manquent...

Maxwell se fit le champion d'une méthode de recherche promise à un grand avenir, celle des « analogies véritables ». Selon lui, dans l'exploration d'un nouveau champ de phénomènes pour la description duquel les concepts et même les mots manquent, on ne peut raisonner autrement que par analogie...

(MAXWELL.)

L'analogie cartésienne

Il faut se servir de tous les secours qu'on peut tirer de l'entendement, de l'imagination, des sens et de la mémoire... soit pour bien comparer les choses qu'on cherche avec celles qu'on connaît, afin de les découvrir, soit pour trouver les choses qui doivent être comparées entre elles, de telle sorte qu'on n'oublie aucun des moyens qui sont au pouvoir de l'homme.

(DESCARTES – Règle XII.)

Mécanisme de l'analogie

Le cybernéticien, pris ici comme un fabricateur de modèles, trouve d'abord une image et cherche en quoi cette image est fondée, c'est-à-dire est un quelconque reflet d'une quelconque réalité. Il tire alors des déductions et vérifie si au moins certaines d'entre elles se retrouvent dans la réalité phénoménale des faits objectifs tels qu'ils ont été collectés par le spécialiste de la science particulière qu'il examine.

Puis il cherche par contraste en quoi cette analogie qu'il s'est proposée s'éloigne du réel, soit qu'il n'existe pas de correspondance profonde, soit que celle-ci soit fausse, qu'elle ne soit qu'une simple image poétique plutôt qu'une analogie fondamentale ; en toutes circonstances, il recherchera pourquoi elle est fausse, exerçant ainsi une discipline mentale sur le jeu fertile des images.

En admettant que l'image soit valable, elle passe au rang d'analogie. L'observateur recherchera si les phénomènes qu'il a laissés de côté sont qualitativement assez gros pour altérer subtilement l'image du phénomène principal. Il se rend compte de la valeur heuristique de l'analogie.

(Abraham MOLES – *Cybernétique et Information.*)

Claude Bernard et le foie

Claude Bernard découvre que « le sang de tous les animaux contient du sucre, même quand ils n'en mangent pas » et que le taux de sucre dans le sang est relativement constant. D'où l'hypothèse d'un organe capable de stocker le sucre sous une forme particulière et de le restituer quand il le faut. Cette hypothèse semble avoir été suggérée à Claude Bernard, comme c'est souvent le cas, par une analogie avec ce qui se passe dans le monde végétal. On savait déjà, à l'époque de Claude Bernard, que la plante transforme le glucose en amidon qui est mis en réserve (par exemple le tubercule de la pomme de terre stocke le glucose sous forme d'amidon insoluble). Claude Bernard suppose donc que « chez les animaux, le sucre se forme par un mécanisme en tout point semblable à celui qui se rencontre dans les végétaux »... C'est en dosant le taux de glucose tout au long du parcours du sang à partir de l'intestin que Claude Bernard découvre l'organe régulateur dont il a supposé l'existence : le foie...

(VERGÈS – *Logique.*)

La peau du dauphin

Le dauphin peut se déplacer dans l'eau à très grande vitesse, apparemment sans faire des efforts musculaires exagérés ; on a trouvé que ceci s'expliquait de la façon suivante : l'écoulement de l'eau autour du corps du dauphin en mouvement reste parfaitement régulier, les filets liquides glissent parallèlement à eux-mêmes. À l'inverse, lorsqu'un bateau va très vite, il apparaît des tourbillons le long de sa coque ; l'écoulement normal de l'eau est perturbé ; il cesse d'être régulier, devient turbulent. Tout ceci se traduit finalement par une augmentation de la résistance opposée à l'avancement du bateau. Le secret du dauphin, c'est sa peau constituée de deux couches : une extérieure, mince, très élastique, et une intérieure, épaisse, formée de sortes de tubes remplis d'une substance spongieuse. Un tourbillon engendre toujours autour de lui une augmentation de pression. Si, par hasard, un tourbillon commençait à naître au contact du dauphin nageant à pleine vitesse, la peau élastique externe transmettrait la surpression correspondante à la couche interne. La constitution molle de cette dernière fait qu'elle joue le rôle d'amortisseur et que le tourbillon naissant s'évanouirait avant d'avoir eu le temps de s'amplifier. On sait maintenant réaliser une peau artificielle copiée sur celle du dauphin ; un tel revêtement, installé sur une torpille sous-marine, diminue notablement la turbulence et permet à l'engin d'atteindre de plus grandes vitesses.

(Lucien GÉRARDIN – *La Bionique*.)

8. L'ANALOGIE DE RELATION

À une époque aussi fortement marquée que la nôtre par le structuralisme, nous ne pouvons pas ne pas avoir senti que **les êtres ont moins d'importance que les relations qui les unissent.** Dans cette perspective, il est très intéressant de pratiquer, non pas une analogie simple comme nous venons de faire, mais aussi une analogie de relation ; c'est-à-dire de rapprocher, non pas des êtres analogues, mais des structures analogues. Cet exercice est un merveilleux stimulant de l'intelligence, car il oblige à pratiquer une analogie au second degré, plus abstraite et plus rigoureuse que la précédente.

Des exercices comparables ont été fréquemment utilisés en guise de tests. Par exemple sous forme mathématique (lois de séries) :

26 21 ? ?
4 3 2 ?

ou sous forme graphique : un zig-zag est, par rapport à une droite, ce qu'une étoile est à un cercle… etc.

Les groupes intéressés pourront s'amuser à fabriquer et à résoudre des problèmes de ce genre. Mais ce que nous leur demandons va beaucoup plus loin. Il ne s'agit pas, en effet, de trouver une identité exacte de relation (1 est, par rapport à 2, exactement ce que 2 est par rapport à 4), mais **d'étudier à la loupe des analogies entre des objets sociaux complexes** qui ne peuvent par conséquent pas être superposables en tous leurs points. En cherchant à définir les ressemblances et les dissemblances de ces analogies, on va très loin dans la définition de la relation initiale.

Pour réaliser correctement cet exercice, il faut d'abord définir la relation que l'on veut étudier ; puis il faut énumérer le plus grand nombre de relations analogues, sans critique et très spontanément ; ensuite revenir sur la liste donnée en vérifiant que les analogies sont réelles et significatives ; enfin approfondir, soit collectivement, soit par le moyen de l'heuridrame, les relations retenues et en tirer les suggestions qui s'imposent.

Exercices

1) Je cherche une école pour mon fils. Pour mieux définir cette école, je cherche tout ce qui a, dans la nature, une relation comparable à la relation : école/fils.

Par exemple :
- mère/enfant,
- eau/poisson,
- repas/convive,
- écrin/bijou, etc.

2) Une entreprise industrielle d'importance veut s'illustrer par une fondation scientifico-pédagogique (par exemple, créer un institut du cancer, ou une université d'été, ou un prix scientifique). Pour définir cette fondation, elle cherche des relations analogiques à la relation fondation/entreprise. Par exemple :
- Racine/Louis XIV,
- Parthénon/Grèce, etc.

3) On veut former des gérants pour tenir des magasins d'une entreprise à succursales multiples, de façon à ce que leurs rapports avec leurs clients soient les meilleurs possible. On cherche des relations qui soient analogues à la relation gérant/client. Par exemple :
- médecin/malade,
- hôtelier/voyageur,
- prédicateur/fidèle, etc.

4) On veut perfectionner la publicité d'un produit, par exemple d'une machine à écrire. On cherche des relations analogues à celles qui existent entre la publicité et la machine à écrire. Par exemple :
- bateau/vague,
- corps/habit
- joue/fard… etc.

5) Un médecin se demande ce que représente la relation : ordonnance/malade.

6) Un juge s'interroge sur la relation : coupable/prison.

7) Un professeur se demande quelle est la signification pour ses élèves des devoirs qu'il leur donne.

8) Un écrivain analyse la relation qui doit exister entre son livre et le lecteur.

9) Un couple se penche sur la relation fondamentale de l'homme et de la femme.

10) Toute autre relation dont vous aimeriez faire l'étude.

Exemple – Généralisation de la rélativité

La découverte de la Relativité a été décrite par Einstein de la façon suivante : avant la Relativité, l'espace dit cartésien était défini de telle façon qu'il contenait les objets et qu'il n'aurait pas été modifié par la disparition de ces objets ; après la relativité, on considère que l'objet définit son espace et que, s'il n'y a plus d'objet, il n'y a plus d'espace. L'espace devient une propriété de l'objet.

Transposons : Quelle sont les relations analogues à la relation objet/espace ?

Dans le domaine de la **connaissance** – D'un système dans lequel il existe des vérités cachées qu'il faut découvrir et auxquelles il faut s'attacher quand on les a découvertes, on passe à une conception selon laquelle il y a des hommes qui vivent et qui engendrent autour d'eux un champ de vérité.

Dans le domaine de **l'éducation** – D'une éducation comportant l'apprentissage d'un certain nombre de disciplines fondamentales inculquées par principe pour le cas où on aurait besoin de s'en servir, on passe à une éducation dans laquelle ce qui est premier, c'est la conduite de l'action : et autour de cette action s'organisent les connaissances nécessaires.

Dans le domaine **moral** – D'une morale contenant un certain nombre de règles immuables inspirées par un bien qui ne varie pas, on passe à l'idée d'une morale dans laquelle nos actions vitales sont premières. La morale est alors l'espace dans lequel se développent ces actions.

Dans le domaine **religieux** – De la conception d'un dieu immobile, préexistant à toute création et n'étant pas modifié par elle, on en vient à l'idée d'un dieu qui est l'espace de ce qui existe.

Cinquième série d'exercices

LES MÉTHODES ALÉATOIRES
(La philosophie du et)

Il semble que la découverte puisse toujours se ramener à un phénomène de composition ou de combinaison. **Deux objets, deux concepts, deux phénomènes, que nul n'avait jusqu'ici songé à rapprocher, se superposent tout à coup l'un à l'autre pour donner naissance à un nouvel objet, un nouveau concept, un nouveau phénomène...**

C'est ce que Koestler appelle **la bisociation.** C'est ce qu'Edward de Bono développe sous le terme de **lateral thinking :** « Au lieu de garder chaque ligne de pensée rigidement séparée de toutes les autres, au lieu de se concentrer sur un sujet en évitant délibérément tous ceux qui pourraient en distraire, tout doit être accepté concurremment et les changements d'une ligne à une autre recherchés aussi souvent que possible » ... (Lateral thinking p. 113). Quant à Leclerc, il précise : « **Toute idée peut être considérée comme une combinaison de concepts et de**

liaisons » (Le raisonnement scientifique et sa mécanisation). Pour Moles : « La créativité est une aptitude particulière de l'esprit de **réarranger les éléments du champ de conscience d'une façon originale** » (Méthodologie : vers une science de l'action, p. 248). Jung disait déjà : « Le nouveau dans l'âme individuelle est **une recombinaison variée à l'infini de composantes extrêmement anciennes** ». Einstein enfin : « Le jeu combinatoire paraît être la caractéristique essentielle de la pensée créatrice ». Et Descartes : « Toute science humaine ne consiste qu'à voir distinctement comment les natures simples concourent à la composition des autres choses ».

Si toutes ces affirmations sont vraies, il ne faut pas se contenter d'espérer que les rapprochements se fassent, sans qu'on les attende, au détour du chemin : **il faut les provoquer en mettant en relation systématique des listes d'objets dont la rencontre aura des chances de susciter une découverte.** Bien plus : il faut développer dans l'esprit du chercheur l'aptitude à la combinaison en lui apprenant systématiquement à penser à plus d'une chose à la fois, à faire dans son esprit la synthèse de données apparemment sans relations les unes avec les autres.

L'entraînement est-il possible ? Certainement. Il suffit de penser par exemple à la capacité combinatoire de certains musiciens, en particulier des organistes et des chefs d'orchestre, qui deviennent petit à petit capables de prendre en compte et de se représenter simultanément des multitudes de parties instrumentales, de sonorités, de rythmes, tous superposés les uns aux autres. Mais l'on sait que la formation musicale est l'une des plus longues et des plus difficiles à acquérir. **Il ne serait pas inutile de former le futur chercheur par des exercices systématiques de prise en compte globale.** Ce serait une synthèse (faire tenir ensemble) d'un nouveau genre.

Tous les exercices que nous avons faits jusqu'ici étaient d'ailleurs, sans que nous nous en soyons explicitement aperçus, **des exercices de combinatoire.** Tous avaient pour but de provoquer dans l'esprit des rencontres inattendues. Dans les exercices qui suivent, nous allons essayer d'élever la combinatoire à la hauteur d'un système, en allant même jusqu'à nous servir de supports mathématiques (matrices). Mais, de même que la combinatoire était discrètement présente dans les chapitres précédents de ce livre, nous retrouverons fréquemment dans celui-ci des procédés dont ils nous ont déjà permis de faire l'expérience : c'est le point de vue qui sera différent.

1. LES FORMES INDUCTRICES

Nous commençons notre apprentissage de la combinatoire par un exercice graphique. Cet exercice proposé a pour but de montrer qu'**à partir d'incitations graphiques communes** (les mêmes formes de base sur une feuille de papier), **chacun des membres du groupe va composer un dessin différent.** Il combine ainsi ses propres représentations avec un élément extérieur qui les stimule.

L'exercice doit être fait en même temps par tous les membres du groupe. Il suppose un certain état à la fois de détente et de concentration, de façon à laisser progressivement les formes données coïncider avec quelque image inconsciente qui, petit à petit, se précisera et pourra être transcrite sur le papier : pour l'un, ce sera un paysage, pour l'autre une scène marine, pour le troisième une nature morte... Les formes abstraites sont évidemment exclues (trop facile !).

On trouvera dans cet exercice un exemple étonnant de la façon dont **les mêmes messages n'ont pas la même signification**

pour chacun de ceux qui les reçoivent ; car chacun se projette sur le message envoyé et en transforme la nature. On y verra également combien sont variées les solutions qu'on peut apporter à un même problème. Et surtout, on y découvrira combien **les formes inachevées sont plus stimulantes pour l'imagination que des formes achevées.** L'exercice pourra être fait une seconde et une troisième fois, mais en demandant à chacun de faire quelque chose de différent de tout ce qui aura déjà été fait. La répétition de cet exercice a une valeur particulière, puisqu'elle oblige à refuser les formes qui se sont déjà imposées une fois. On pourrait aussi transformer cet exercice en une sorte de concours dans lequel le gagnant serait celui qui aurait fait le plus de dessins différents et significatifs.

Exercices

A – Construire un dessin figuratif global incluant toutes les lignes proposées dans l'un des rectangles de la figure 5.1 : Exemples de formes inductrices.

On peut se donner comme règle du jeu : soit de conserver les éléments donnés comme éléments de base en les réunissant avec la plus grande économie de moyens ; soit au contraire de noyer ces éléments donnés dans un ensemble complexe où ils n'auront plus qu'un rôle secondaire ou insignifiant. De toute façon, les traits proposés n'ont aucune signification particulière ; ils ont été dessinés sans aucune intention. On aurait pu emprunter des traits à quelques tableaux célèbres, mais cela n'aurait rien apporté de plus. Sur le plan pratique, l'animateur remettra à chaque membre du groupe une photocopie ou une copie de la forme inductrice proposée.

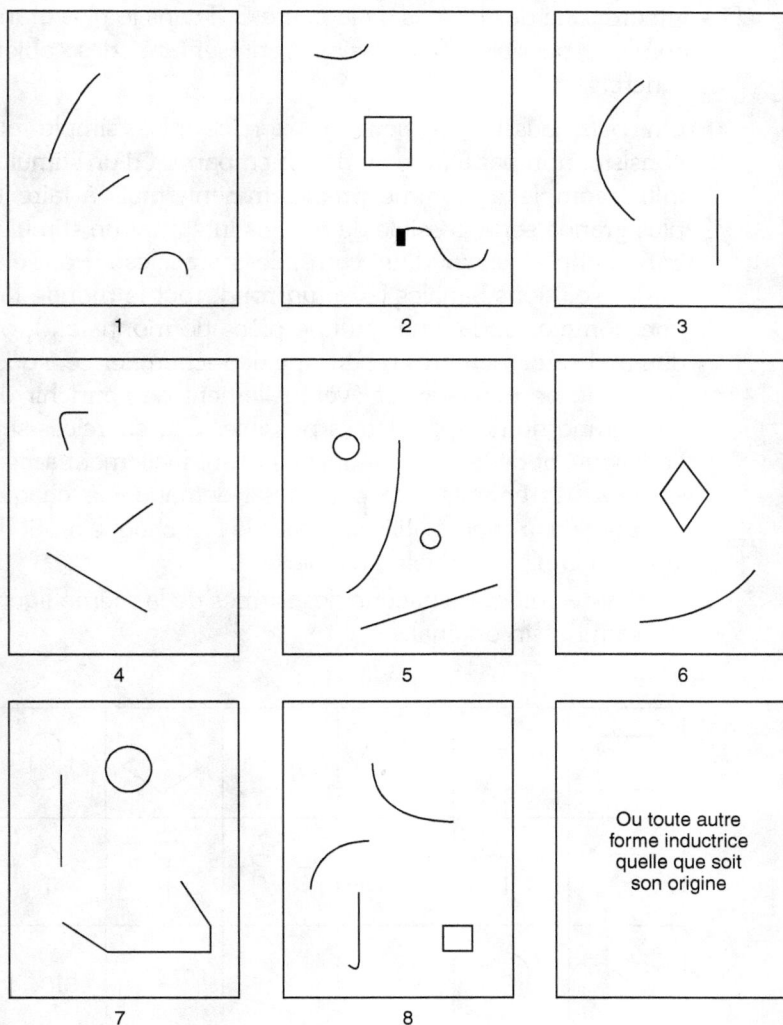

Figure 5.1 : Exemples de formes inductrices

B – Intégrer une des formes de la figure 5.2 dans le plus grand nombre possible de dessins représentant des objets concrets.

On peut aussi imaginer un exercice plus simple qui consiste, non pas à faire un dessin en partant d'un stimulus initial complexe, comme précédemment, mais à faire la plus grande série possible de dessins intégrant un stimulus initial simple : un rond, un carré, des parallèles... Pour éviter les solutions banales (avec un rond, tout le monde fait une pomme, ou la lune, ou une pièce de monnaie...), on demande aux membres du groupe de rechercher ce à quoi personne ne penserait et éventuellement de l'enrichir du plus grand nombre de détails possible. Ces exercices servent souvent de tests de créativité et sont facilement accessibles à des enfants. On peut aussi demander à chaque membre du groupe d'utiliser une seule fois chaque motif de la façon la plus originale possible.

Variante – Intégrer chacune des formes de la même figure dans un dessin original.

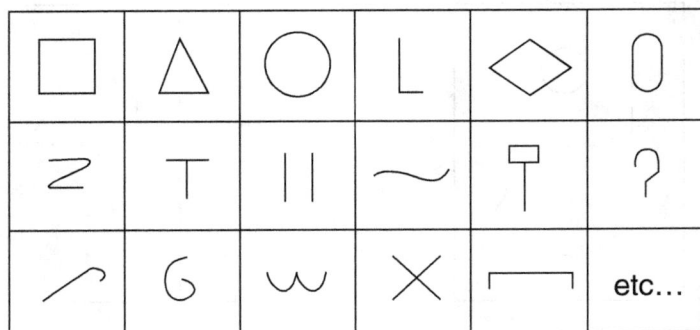

Figure 5.2 : Formes diverses

Exemples

1) Exercice A.

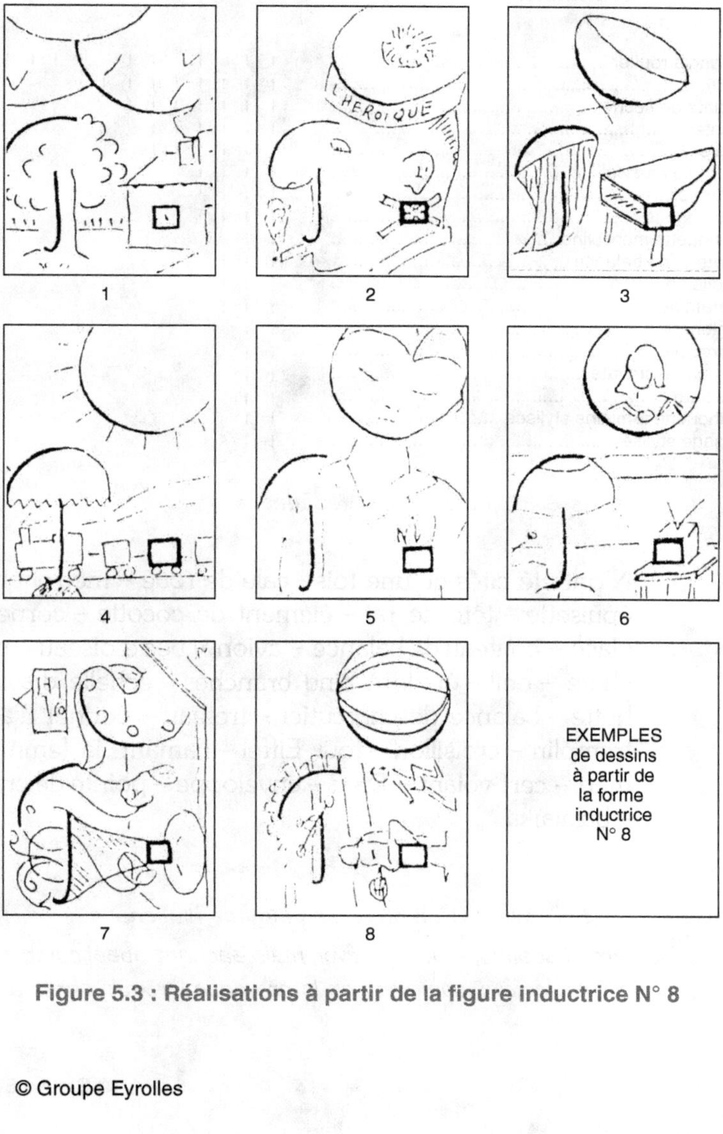

Figure 5.3 : Réalisations à partir de la figure inductrice N° 8

2) Relevé statistique de l'exercice B : dessinez le plus grand nombre d'objets ayant une structure triangulaire. (Classement par ordre de fréquence décroissante et d'originalité croissante).

Objet	Fréquence
Triangle routier	I I I I I I I I I I I I I
Toit	I I I I I I I I I
Pointe de flèche	I I I I I I I
Tente	I I I I I I
Voile	I I I I I I
Triangle musical	I I I I
Arbre stylisé	I I I I
Montagnes	I I I I
Silhouette masculine	I I I
Plateau de balance	I I I
Étoile de David	I I I
Pyramide	I I I
Entonnoir	I I
Parapluie plié	I I
Nœud de cravate	I I
Nez	I I
Silhouette féminine stylisée	I I
Visage stylisé	I I

Figure 5.4 : Fréquences

N'ont été cités qu'une fois : cale de roue – métronome – épuisette – tête de rat – élément de cocotte – cornet de glace – couteau de balance – avion – bec d'oiseau – parachute – oeil – étoile à cinq branches – échelle d'avion – hutte – balance de charcutier – tréteau – bonnet d'âne – tremplin – croisillon – tour Eiffel – l'amant, la femme, le mari – cerf-volant – Dieu – enveloppe – pointe de crayon – balalaïka.

La stimulation de l'imagination chez les peintres Italiens

Piero di Cosimo, ardent à rêver, mais sachant aussi comment on sollicite le rêve, comment on le provoque lorsqu'il tarde à venir,

Piero di Cosimo conseillait aux peintres d'observer les taches d'humidité qui se forment sur les vieux murs, afin d'y surprendre une ressemblance avec quelque autre chose, un visage, un paysage, un objet quelconque. On songe à Hamlet invitant ses courtisans à découvrir dans les nuages qui se font et se défont, une baleine, un chameau, n'importe quel animal. Piero di Cosimo, lui, pousse la singularité jusqu'à étudier particulièrement sur les murs les crachats de malades, le mucus sanguinolent des poitri-naires, pour ce que l'on peut voir surgir d'étonnant et de terri-fiant. Cette manière d'aider l'imagination était familière aux peintres chinois qui, dans la représentation des montagnes, combinaient l'observation expérimentale et les facultés oni-riques ; ils étudiaient attentivement les vraies montagnes mais ils inventaient aussi des montagnes imaginaires...

Un curieux passage du Traité de la peinture décrivant ces techniques hallucinatoires, familières à l'ensemble des peintres fantastiques jusqu'à nos surréalistes, atteste chez Léonard de Vinci cette curieuse aptitude à imaginer des paysages réels, possibles, vraisemblables, en partant d'un choc de surprise qui, ensuite, travaille la sensation et l'émotion, les élabore, les déve-loppe, les transforme, construit la somme des variations cons-cientes, volontaires, en partant de ce thème fortuit, en se laissant guider par la fantaisie et le hasard. « Tu pourras voir sur ce mur la similitude des divers pays, avec leurs montagnes, leurs fleuves, leurs rochers, les arbres, les landes, les grandes vallées, les collines en divers aspects : tu pourras y voir des batailles et des mouvements vifs de figure, et d'étranges airs de visage, des costumes et mille autres choses que tu réduiras en bonne et intègre forme. »

(Marcel BRION — *Léonard de* VINCI.)

2. LES MOTS INDUCTEURS

Le même type d'exercice pourra être fait en partant de quelques mots considérés comme des éléments destinés à susciter des phrases complexes, à découvrir, ou plutôt à inventer, par les membres du groupe.

Les mots de la liste proposée ont été choisis parmi les plus riches et les plus significatifs de la langue française, de façon à rendre plus variées les interprétations qui en seront faites. On tirera au hasard trois ou quatre de ces mots et on demandera aux participants, pris individuellement, de les introduire dans une phrase ou dans un paragraphe parfaitement cohérents. On pourra, comme dans l'exercice précédent, donner deux règles de jeu : soit faire la phrase ou le paragraphe la plus courte possible, en ajoutant un moindre nombre de mots de liaison, et par conséquent en mettant en valeur les mots imposés ; soit au contraire, en noyant les mots imposés dans un ensemble plus complexe où ils disparaîtront presque derrière d'autres qui deviendront les mots-clés de la pensée.

Mais dans l'un et l'autre cas, il faudra obtenir une parfaite correction grammaticale et une signification évidente.

Comme pour le travail graphique précédent, il faudra, non pas procéder d'une façon volontariste et avec précipitation, **mais contempler les mots inducteurs et attendre que, petit à petit, un sens particulier s'impose et vienne organiser spontanément la phrase demandée.** Ce qui est important, c'est que les membres du groupe ne travaillent pas à l'extérieur d'eux-mêmes en manipulant les mots comme avec des pinces pour ne pas être contaminés, mais qu'ils se laissent pénétrer par eux et qu'ils attendent que les images suggérées par les mots viennent rencontrer et réveiller en eux leurs propres représentations, avec lesquelles ils se combineront. C'est une sorte de fécondation qui doit se produire ou, pour parler par allégorie, **c'est comme un Prince Charmant qui viendrait réveiller la Belle au Bois Dormant.** La richesse et la perfection de la phrase fournie témoigneront de la réussite de cette union (ils se marièrent et eurent beaucoup d'enfants... !).

Une variante de l'exercice consiste à utiliser un matériel verbal extrait d'une phrase déjà composée et à voir ce que chacun des participants en tire (Exercice bis).

Exercices

A – Tirez au sort trois ou quatre des mots suivants et intégrez-les dans une phrase parfaitement cohérente (pour tirer au sort, vous n'avez qu'à demander à certains membres du groupe de penser un nombre entre 1 et 43) :

1) Retour – 2) Maître – 3) Portée – 4) Revers – 5) Note –
6) Revenir – 7) Lit – 8) Jeu – 9) Force – 10) Flèche –
11) Exposition – 12) Filet – 13) Milieu – 14) Allure –
15) Condition – 16) Conseil – 17) Démarche – 18) Couple –
19) Disposition – 20) Ligne – 21) Assurer – 22) Canon –
23) Espèce – 24) Fils – 25) Gagner – 26) Pouvoir –
27) Revue – 28) Rompre – 29) Retenir – 30) Mine –
31) Écart – 32) Charge – 33) Civil – 34) Coup –
35) Déposition – 36) Révolution – 37) Manœuvre –
38) Confiance – 39) Délicatesse – 40) Faillir –
41) Liberté – 42) Honneur – 43) Rapport.

(On pourrait utiliser les mots inducteurs de JUNG, mais on aurait un exercice de nature beaucoup plus affective qu'intellectuelle.)

B – Composez une phrase en extrayant des citations suivantes quelques-uns (de trois à sept) des mots en caractères italiques. Comparez ensuite les résultats obtenus avec les phrases originales.

a) « *Je m'avisai* d'un autre *expédient* qui, dans ma *simplicité,* me parut admirable : c'était *d'adoucir leur haine* réciproque en *détruisant* leurs *préjugés,* et de montrer à chaque parti *le mérite* et la vertu dans l'autre, dignes de *l'estime* publique et du *respect* de tous les mortels. »
(J.-J. ROUSSEAU – *Les Confessions.*)

b) « Mais à quoi pourrait bien *servir un instrument de précision* capable d'apprécier une *forme, d'estimer une distance, de préciser la direction d'un* mouvement, si ce n'est pour repérer la présence d'un *prédateur* ou d'une proie, *pour accorder sa réponse à* la situation ? »
(François JACOB – *La logique du vivant.*)

c) « On *plante une* canne dans la *terre rouge, aussi* crue que de *la chair de nègre,* et le lendemain de bonne heure, *munissez-vous* d'un peu de *kirsch pour égayer* l'eau de ces *cocos* tout prêts *à cueillir* qui *s'offrent* à vous sur la chose que vous trouverez à la place. »
(Paul CLAUDEL – *L'ours et la lune.*)

d) « Leurs rapports de stricte *équivalence* avec autrui, leur *garde* constante contre la *spontanéité,* contre la *surprise,* contre l'énigme, contre *l'aventure,* contre le geste fou qui ferait *éclater* leur univers de *calculeux,* font d'eux plus que des *malingres :* le plus odieux produit, peut-être, de la complication des *puissances* de mort dans une civilisation qui les a *multipliées* sous de faux noms à l'égal des puissances de vie. »
(Emmanuel MOUNIER – *Traité du Caractère.*)

Exemple

1) On a tiré au sort : 1 – 12 – 30 – 42 (retour – filet – mine – honneur). Voici quelques résultats :

   a) De *retour* de ma première pêche, c'est un honneur pour moi que de ramener dans mon *filet* un poisson de si bonne mine.

   b) Les cheveux sagement emprisonnés dans un *filet,* la mine austère, un honneur que tout proclamait inviolable, la jeune fille attendait le *retour* du soldat.

2) On a tiré au sort : 5 – 18 – 20 – 38 (note – couple –ligne confiance).

   a) La vie d'un *couple* est semblable à un duo difficile, où la *note* dissonante déborde souvent les *lignes* de la portée, mais finalement, l'accord se résout dans la *confiance.*

   b) « Les *lignes* parallèles, qui vont le plus souvent par *couples,* se poursuivent avec *confiance* bien qu'elles sachent à l'évidence ne pouvoir se rencontrer qu'à l'infini », *note* le géomètre, poète à ses heures.

Les mots et leurs référentiels

C'est l'imprécision et la richesse des mots, à travers l'analogie ou le symbolisme, qui en étendent constamment le sens et l'usage et qui permettent à la pensée de progresser : d'abord parce qu'il faut perpétuellement s'expliquer sur le sens que l'on donne au mot, et que ces échanges sont infiniment instructifs ; ensuite parce que **les mêmes mots permettent de mettre en rapport, de comparer et de féconder mutuellement des sciences, des techniques, des méthodes qui resteraient totalement isolées les unes des autres si elles pouvaient employer un langage qui leur soit spécifique.**

Lorsque les musiciens, par exemple, ont, au cours des siècles, créé une méthode de notation musicale, ils n'ont pas utilisé, pour désigner les structures particulières à cette notation, des mots nouveaux qui n'auraient été employés que pour elle. Le mot **portée** est aussi employé par les architectes, les artilleurs, les éleveurs. Le mot **note** par les éducateurs, les journalistes, les diplomates. Le mot **mesure** par les géomètres, les psychologues, les gouvernants. Chaque fois qu'un de ces mots est employé pour parler de musique, il est précédé d'un référentiel implicite qui restreint pour un instant son sens et rend intelligible une phrase telle que la suivante : « **Les notes de la première mesure sont au-dessus de la portée** ».

Parfois même, le jeu des référentiels est si subtil que plusieurs référentiels peuvent être simultanément employés dans la même phrase pour les mêmes mots : « La note de l'ambassadeur suggère des mesures dont la portée n'est pas appréciable ». Mais ce ou ces référentiels ne peuvent supprimer totalement le fait que les mêmes mots évoquent par association d'autres idées ou d'autres objets qui enrichissent d'autant celles ou ceux pour lesquels on a eu dessein de les employer. **Lorsque le musicien prononce le mot mesure, il ne peut empêcher qu'il soit en même temps géomètre, psychologue, législateur ; le mot portée, qu'il ne soit architecte, artilleur, éleveur ; le mot note, qu'il ne soit éducateur, diplomate, écrivain ;** et le monde étroit de la musique prend tout à coup la dimension de l'univers. « Écoute l'ordre du Monde, disait la « Cécile parmi nous » de Duhamel avant de se mettre à jouer une Partita de Bach.

Les référentiels de la concierge

C'est normal qu'après Napoléon, la France ait connu la Restauration. Avec ses bagarres continuelles, il ne laissait même pas à ses soldats le temps de bouffer. Vu qu'ils brûlaient tout sur leur passage, je ne vois pas comment ils auraient fait pour se remplir la bedaine. Qu'ils aient pensé à la restauration une fois débarrassés de Napoléon, je les comprends pas qu'un peu...

Depardieu est peut-être un brasseur d'affaires. Mais c'est pas gentil de dire ça. Il doit quand même y avoir des portemanteaux chez lui. Des affaires, ça ne se brasse pas, ça se range correctement dans un placard. C'est pas pour le temps que ça prend...

Si Jean Lacouture s'appuie beaucoup sur ses dossiers pour écrire ses romans, c'est sûrement parce qu'il a mal aux reins...

Si les cachets de M. Patrick Sébastien n'ont pas cessé d'augmenter, ils ne lui feront bientôt plus rien, sinon lui détraquer l'estomac.

Vous dites qu'elle est débordante de chaleur humaine, Céline Dion. Pourtant c'est une femme qui a l'air très, très soignée et qui doit certainement faire quelque chose contre la transpiration.

(Adaptation d'un texte de Gérard PABIOT – *Opinions sur rue*.)

3. LES OBJETS INDUCTEURS OU LES SUPERPOSITIONS

Lorsqu'un problème est posé, le chercheur ouvre le bric-à-brac de son esprit pour y farfouiller et y trouver des modèles de solutions qui pourraient s'adapter à ce problème. Ce processus est semblable à celui du bricoleur auquel sa femme demande de réparer une chaise, ou une porte, ou un robinet, et qui va retourner de fond en comble son armoire à outils pour y trouver la colle, le bout de bois, le morceau de caoutchouc, la pièce en laiton qui pourraient, après remaniement, le tirer d'affaire. Car la recherche ne se fait pas avec ce qu'on devrait avoir (les solutions logiques) mais avec ce qu'on a (les modèles acquis), tant bien que mal rapporté au problème posé :

« Chacun de nous dispose d'un immense magasin de structures dans lequel, écartant la « censure logique » qui veille aux portes de ce magasin, il va puiser », dit Florence Vidal.

Pour l'exercice suivant, nous avons constitué une liste d'objets inducteurs destinés à réveiller nos modèles endormis. Ces objets inducteurs sont très riches et suffisamment complexes pour pouvoir exciter en nous des représentations très diverses. Nous nous sommes cependant tenus à des objets domestiques, dont le fonctionnement et le principe sont connus de tout le monde. Naturellement, on pourrait, pour un groupe de techniciens ou d'ingénieurs, étendre considérablement la liste de ces modèles, en intégrant en particulier des exemples pris à l'électronique, à la mécanique des fluides, etc.

Le schéma intellectuel de cette démarche est le suivant : **d'une part l'objet de la recherche est présent à l'esprit ; d'autre part on le confronte avec chacun des modèles suggérés par la liste des objets inducteurs.** Telle ou telle rencontre sera sans intérêt, telle autre, au contraire, constituera une approche d'autant plus originale qu'elle n'aura pas été préméditée.

Il va sans dire que chaque objet peut, selon sa complexité, susciter des modèles de fonctionnement plus ou moins nombreux. Mais la complexité de l'objet n'est pas seule en cause, le degré de compréhension du sujet n'a pas moins d'importance. Une simple brouette, sans grand mystère pour le profane, peut faire rêver longtemps un spécialiste de la dynamique. Une machine à laver n'est, pour la ménagère, qu'un cylindre qui tourne dans une armoire ; pour l'ingénieur, elle contient mille fonctions de détail évocatrices d'une multitude de modèles d'action.

Dans un premier temps, le groupe définira un objet de recherche, pour lequel il se sentira motivé, dans le domaine des outils ou des instruments simples (ou très techniques si le groupe en a la compétence) ; ensuite il passera en revue la liste donnée, soit en tirant au hasard un lot d'articles, soit en explorant telle partie de la liste. Il notera ensuite et tâchera d'exploiter les principes de solutions retenus.

Ce qui est proposé au groupe n'est autre que la mise en application du mécanisme de la *participation* platonicienne. Pour Platon, les objets du monde, passagers et contingents, participent à un certain nombre d'idées, fondamentales et éternelles, dont ils ne sont que le reflet. Ces idées sont, par exemple, le beau, le vrai, le bien ; et aussi : le circulaire, l'humide, le profond, le froid, le chaud, etc. On voit que les sciences de la découverte sont bien proches de la philosophie.

On peut, pour cet exercice, partager le groupe en deux sousgroupes qui s'envoient l'un à l'autre le défi d'utiliser un objet particulièrement éloigné de l'objet étudié.

Exercices

Choisir un objet de recherche, soit dans les exercices précédents, soit en tenant compte des préoccupations du groupe, et chercher à le perfectionner en empruntant un certain nombre d'articles tirés au hasard dans la liste d'objets inducteurs cités ci-dessous :

1) une bétonneuse – 2) une bicyclette – 3) un revolver à barillet – 4) une brouette – 5) un chauffe-eau à gaz – 6) un moulinet de pêche – 7) une tente – 8) un étau – 9) un appareil de photo – 10) une lampe de chevet – 11) une bascule – 12) une fenêtre – 13) un violon 14) une tondeuse à gazon – 15) une lampe à souder – 16) une raquette de tennis – 17) un moulin à café – 18) un piège à loups – 19) une table à repasser – 20) une machine à laver la vaisselle – 21) un rasoir électrique – 22) une machine à

écrire – 23) un piano – 24) un établi – 25) un sécateur – 26) une charrue – 27) un pressoir – 28) un cric – 29) une tringle à rideaux – 30) une cafetière – 31) une luge 32) une bombe à raser – 33) un toit en tuiles –34) un arc – 35) une chaussure de ski – 36) une balançoire – 37) un coffre à outils – 38) une machine à coudre – 39) un massicot – 40) une baignoire – 41) un thermomètre – 42) un rabot – 43) une voiture – 44) des haltères – 45) un matelas pneumatique – 46) une tondeuse – 47) une chasse d'eau – 48) un casque sèche-cheveux – 49) un lecteur de CD – 50) une flûte – 51) une agrafeuse – 52) une veste – 53) une scie circulaire – 54) une cage à oiseaux – 55) un four.

On peut aussi choisir des listes de comportements, d'institutions, d'objets sociaux...

Exemple – Soit à perfectionner un essuie-glace

- Premier objet inducteur : **un violon.** N'y aurait-il pas un système de vibration qui pourrait débarrasser l'eau du pare-brise ? Et les ultrasons ? Pourquoi pas un balai d'essuie-glace fait comme un archet, tendu pour épouser la forme du pare-brise et formé d'une accumulation de fils au lieu d'une unique lame de caoutchouc toujours plus ou moins régulière ? Et si l'essuie-glace était un long fil qui parcourrait le pare-brise de haut en bas ? Et si le balai était animé de vibrations ?
- Deuxième objet inducteur : **un matelas pneumatique.** On retrouve l'idée du fonctionnement par pression ou dépression. De même qu'on peut gonfler plus ou moins le matelas, la vitesse serait réglable. Et pourquoi ne pas utiliser un coussin d'air pour écarter la pluie ? Et un coussin d'air chaud pour faire fondre le givre ? Ou encore chasser l'eau par de simples petits jets d'air ?

- Troisième objet inducteur : **un thermomètre.** Utiliser le chaud, le froid, la capillarité… Rien d'intéressant n'apparaît, à première vue, mais cela ne veut pas dire qu'il ne faille pas creuser.
- Quatrième objet inducteur : ***un appareil de photo.*** À l'avant de la voiture, il y aurait un appareil de prises de vues, facile à protéger de la pluie par un jet d'air en raison de sa petite dimension. Il permettrait la projection de la route sur un écran interne. L'angle de visée pourrait être plus ou moins large, on pourrait obtenir un certain grossissement des objets aperçus à travers ce système.
- Etc.

On ne gagne pas à tous les coups, mais il suffit qu'une fois on trouve…

Les briseurs de barrages

Un film, déjà ancien, a retracé l'aventure des commandos anglais qui détruisirent, pendant la dernière guerre, les barrages de la Ruhr. Deux phénomènes d'invention sont minutieusement décrits dans ce film.

1. Comment détruire le mur d'un barrage, sachant qu'il est vain de l'attaquer à la bombe en aval et qu'en amont, des filets de défense empêchent qu'on l'attaque à la torpille ? L'ingénieur Wallis, essayant de résoudre ce problème, se souvient qu'il a lu autrefois que Nelson donnait de l'efficacité à ses boulets en les faisant ricocher sur l'eau. Ce concept moteur, pêché par hasard dans des souvenirs d'enfance, devient la clé du dispositif : faire ricocher sur l'eau des bombes-boulets qui viendront s'arrêter au pied du mur et qui éclateront sitôt qu'elles seront à quelques mètres de profondeur.

2. Mais, pour lancer ces bombes-boulets, il faut des avions qui volent à une certaine vitesse et à une certaine hauteur. Pour

calculer cette dernière, les altimètres sont trop imprécis. Une équipe de pilotes s'entraîne cependant sur les lacs d'Écosse. Ils ont peur de s'écraser dans l'eau. Fatigués et angoissés, ils partent, un soir de bordée, pour Londres. Ils vont au music-hall et assistent au numéro d'une danseuse suivie par les feux de deux projecteurs. Cette information nouvelle est aussitôt convertie par l'un d'eux en réponse à leur problème. Deux projecteurs convergents seront fixés sous les ailes de leurs avions avec un angle tel que, lorsque les deux rayons se confondront sur l'eau en une même tache, la hauteur voulue sera exactement atteinte.

Dans l'un et l'autre cas, des informations différentes et nullement prédestinées sont devenues, par le jeu d'une exploration mentale polyvalente, des réponses pertinentes à des questions extrêmement précises.

Autres exercices

On trouvera dans le chapitre consacré à la méthodologie de la résolution des problèmes la description d'autres approches combinatoires et aléatoires, en particulier la « Méthode Morphologique ».

4. L'INVENTION DE NOUVEAUX MOTS

Nos ancêtres, c'est-à-dire tous les hommes qui, descendant des indo-européens, forgèrent nos formes verbales, ont connu le monde par le canal de leurs sens : le chaud et le froid, le proche et le distant, le blanc et le noir... Ils étaient des hommes vivant dans **une civilisation de peu d'êtres, de peu d'objets, de peu**

de concepts. Or, le monde multiforme qui se construit sous nos yeux ne peut pas être contenu tout entier dans les mots qu'ils nous ont légués, et que nos balbutiements d'enfants, nos rédactions d'écoliers, nos lectures d'adultes ont gravés dans nos esprits. **Nos pensées éclatent dans les structures mentales que nous imposent ces mots.**

Ceci est d'autant plus inquiétant que nombre de ces concepts anciens sont usés et que les mots qui les soutiennent ont été si souvent employés avec des sens approximatifs qu'ils ne sont plus qu'une monnaie de singe, une averse pour discours électoraux. Que signifie encore le mot « liberté » : pouvoir marcher sur le gazon, ou pouvoir empêcher les autres de marcher sur le gazon ? Et le mot « justice », et le mot « paresse », et le mot « amour », et le mot « égalité », et le mot « dialectique » et le mot « dieu »... ? D'autre part une idée naissante n'existe pas avant d'avoir un nom. Dès qu'une idée se montre elle devrait pouvoir être baptisée d'un nom bien à elle ; et dès lors, elle a droit à une pleine existence. Il ne faudrait pas que notre difficulté à créer des noms pour des choses nouvelles nous empêche d'entrer dans un XXIème siècle qui sera précisément plein de choses nouvelles.

Après une longue période de timidité, pendant laquelle nous ne pouvions pas arriver à comprendre les choses nouvelles parce que nous n'avions pas sous la main les mots et les concepts qui pourraient les recevoir, nous nous sommes mis en route et les mots nouveaux affluent dans notre langue... Et ceci malgré nos anciens grammairiens (Montaigne déclarait : « La recherche de phrases nouvelle et de mots peu connus vient d'une ambition puérile et pédantesque ; puissé-je ne me servir que de ceux qui servent aux Halles à Paris » ; et Vaugelas : « Il n'est permis à qui que ce soit de faire de nouveaux mots, pas même aux souverains ») et conformément au vœu de nos modernes grammairiens, comme Robert

Le Bidois qui, peu avant sa mort, annonçait **la création d'une banque des mots qui devrait permettre de stimuler et de contrôler la création des vocables nouveaux** indispensables à la compréhension des sciences et des civilisations étrangères. L'avenir n'implique pas seulement une science en progrès, une technologie puissante, un équilibre social satisfaisant, mais en quelque sorte un nouveau langage.

Les exercices suivants ont pour but de nous faire prendre conscience de ce problème. **Ce qu'il y a maintenant de plus noble dans une langue, c'est la faculté d'accueil.**

Exemples

Quelques nouveaux mots illustres (avant eux, le concept qu'ils portent n'avait pas d'existence) :

Cybernétique (Norbert Wiener, années 1940-1950). Science des actions et rétroactions. Litt : science du pilotage (d'un mot grec signifiant pilote d'où est aussi sorti gouvernail).

Cinéma(tographe) (les frères Lumière vers 1895). De deux mots grecs, l'un signifiant mouvement et l'autre inscription.

Quantum, Quanta (Heisenberg, début du XXe siècle). Valeur élémentaire d'une quantité qualifiée. Fondement de la physique de la matière. (du mot latin quantum, combien)

Transistor (John Pierce de la Bell Téléphone dans les années 66) À la base de toute l'informatique, de l'anglais transfer-resistor, résistance de transfert.

Entropie (le savant allemand Clausius vers 1830). Sert de support à la loi dite de la dégradation de l'énergie, une des conquêtes de la science moderne. D'un mot grec signifiant retour en arrière.

Laser (Th. Maiman, 1960). Faisceau de lumière polarisée, de l'anglais « Light Amplification by the Stimulated Emission of Radioactivity »

Exercices

1) Éclatement des mots surchargés – Dans bien des cas, les mots que nous employons se sont enrichis, au cours des siècles, de significations extrêmement diverses qui font qu'aujourd'hui ils sont ambigus et confusifs. Prenez un dictionnaire et mettez-vous à la recherche de quelques-uns de ces mots qui ont une multitude de sens... par exemple : connaître, champ, barre, aimer... Pesez les inconvénients de ce phénomène et voyez quel mot spécifique vous pourriez créer pour telle signification précise.

2) Détection des mots vides – Par suite des progrès de la connaissance, un certain nombre de mots se sont vidés de leur sens initial, ont perdu leur résonance affective. En particulier un certain nombre de mots du vocabulaire scientifique, philosophique et religieux. Par exemple : le vide, la nature, l'amour, le vrai, l'être, l'âme, le salut, la paresse, la moralité, le sacrifice. Essayez de détecter un certain nombre de ces mots et de comprendre les raisons pour lesquelles ils ne représentent plus pour nous ce qu'ils représentaient pour les anciens. (par exemple, l'amour n'est plus – la psychologie ayant passé par là – que l'état dans lequel chacun un individu retire le maximum de satisfactions de la fréquentation d'un autre.)

3) Création de mots. Trouvez des mots simples pour désigner : le lavage du linge à la machine, le fait de monter en ascenseur, l'appel par téléphone mobile, le responsable de la formation dans une entreprise, la recherche sur le Net, la recherche de groupe, les supports publicitaires,

l'obligation dans laquelle se trouve l'homme moderne d'apprendre toute sa vie, le fait que les enfants modernes posent aux parents des problèmes à travers lesquels ce sont les parents qui sont éduqués, une société sans hiérarchie de commandement ; le sentiment qu'un homme ne trouve son équilibre psychologique qu'en participant à l'édification de la société…… Cherchez dans un livre ou un journal d'autres exemples.

4) Dénomination d'objets encore sans nom. En vous servant de documents modernes comme support (livres, journaux, revues), essayez de définir un certain nombre d'autres concepts qui frappent à la porte du monde moderne et qui n'entreront que dans la mesure où on les aura baptisés. Trouvez les noms par lesquels on pourra les désigner. Cet exercice de prise de conscience est certes très difficile, mais il nous paraît fondamental.

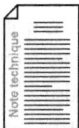

Comment se font les mots nouveaux ?

Avant de lancer le groupe dans la création de nouveaux mots, nous allons passer rapidement en revue les quelques méthodes qui sont habituellement employées pour leur donner naissance.

1) On emploie un mot ancien dans un sens nouveau (la genèse, une matrice, un modèle, la dialectique, une épreuve photographique, être tendance).

2) On utilise des racines anciennes (la nosographie, la cybernétique, la synectique, la combinatoire). Ce système est de loin le plus fréquent.

3) On juxtapose des fragments de mots connus (bobo, alicament, air-bag).

4) On utilise un mot d'une langue étrangère ou d'une langue-mère (les media, le web, le marketing, les happy few, la baraka, le geyser, le paria, le wagon).

5) On prend les initiales d'une expression complexe précise (Le PACS, le LASER, la NASA, un DVD).
6) On emploie le nom de l'inventeur ou un nom générique pour désigner l'objet (poubelle, godillot, guillotine, pasteurisation, frigidaire).
7) On forme un nom d'une façon totalement gratuite… Mais l'enracinement dans la langue est alors plus difficile.

Mots et langage

Une société est enfermée dans son langage :

Tout le monde voit comment le charbon, l'acier et les voitures influent sur les conditions de la vie quotidienne. Notre époque s'est enfin penchée sur l'étude du langage lui-même en ce qu'il influe sur l'organisation de la vie quotidienne, à ce point qu'une société finit par ressembler à un écho linguistique des normes du langage. Ce fait a profondément troublé le parti communiste russe. Pour une dialectique marxiste rivée à l'idée que la technologie industrielle du XIXᵉ siècle est à la base de la disparition des classes, rien ne pouvait sembler plus subversif que la pensée que les medias linguistiques puissent, au moins autant que les moyens de production, façonner l'évolution sociale.

(Mc LUHAN – *Pour comprendre les média.*)

Le chauvinisme en matière verbale :

Pourquoi parc ne réussit-il pas à l'emporter sur parking et fin de semaine sur week-end? Parce que parking et week-end ont l'avantage d'être univoques, alors que parc est déjà saturé de sens et que fin de semaine a une signification moins précise ». (Je dirais plutôt : parce que week-end évoque un halo d'images et d'idées qui transcende la somme de ses deux éléments, week, semaine, et end, fin).

(Robert Le BIDOIS.)

5. L'INVENTION DE NOUVELLES PENSÉES

Pour créer de nouvelles pensées, il faut provoquer dans notre cerveau la rencontre de pensées anciennes qui viennent s'y entrechoquer et s'y combiner, la réalité dans laquelle nous sommes plongés servant pour ainsi dire de catalyseur.

Déjà nos ancêtres avaient l'habitude, en présence d'un problème difficile, **d'enfoncer au hasard la pointe de leur stylet entre les pages de la Bible et d'y lire le premier verset qui leur tombait sous les yeux : c'était la réponse de Dieu à leur question.** Nous allons compliquer l'exercice et prendre au hasard deux ou trois textes que nous considérerons comme devant se combiner les uns avec les autres, par proximité ou par opposition, pour donner naissance à une pensée nouvelle qui sera comme une réponse à une question implicite.

L'important est d'essayer de prendre en compte globalement ces pensées différentes et de les intégrer dans une seule pensée définitive. C'est en quelque sorte un entraînement à penser plusieurs choses à la fois. Et surtout, il faut procéder à un réarrangement du matériau, de sorte qu'il y ait quelque chose de frappant et d'inédit dans ce qui sera proposé. On pourra se livrer à cet exercice, soit en tapant au hasard dans les livres d'une bonne bibliothèque, soit en tirant au sort quelques-uns des textes qui suivent. On pourra, dans un premier temps, faire de la combinatoire à deux éléments, puis à trois, puis à quatre, ce qui constitue, me semble-t-il, une sorte de limite. Cet exercice peut être fait, soit en groupe, soit individuellement. Dans ce dernier cas, on aura une démonstration nouvelle du phénomène de la divergence, chacun des membres du groupe devant vraisemblablement arriver à des formulations différentes de la pensée qu'il aura créée. Dans le cas où le groupe hésiterait sur la nature des propositions à élaborer, on lui demanderait d'élaborer des règles de conduite pour l'homme du XXIe siècle.

Cet exercice pourrait relever du concassage, que nous avons proposé dans la première partie : les méthodes antithétiques. Si nous l'avons fait figurer ici, c'est que nous voulons insister sur l'aspect de prise en compte globale de différents éléments. Nous ne tenons pas non plus pour négligeable le fait de découvrir que des éléments pris au hasard, c'est-à-dire sans intention préalable, peuvent contribuer à des constructions originales et appropriées. Avant de commencer, citons ce nouveau texte de Mc Luhan : « L'hybridation ou la rencontre de deux media est un moment de vérité et de découverte qui engendre des formes nouvelles. C'est cette méthode qu'utilisa James Joyce dans « Gens de Dublin » et dans « Ulysse », où des parallèles exactes de thèmes classiques créent la véritable énergie hybride. Cela se fait par une simple adaptation ou un simple métissage de situations d'une culture avec celles d'une autre... La recherche opérationnelle fait du principe d'hybridation une technique de créativité ». Citons aussi la règle XI de Descartes « **Il est utile, autant que cela est possible, de concevoir distinctement plusieurs choses à la fois ; c'est ainsi que notre connaissance acquiert beaucoup plus de certitude et la puissance de notre esprit une plus grande étendue** ».

Exercices

Créez une nouvelle pensée en combinant deux, trois ou quatre des pensées suivantes tirées au hasard. (Pour fabriquer le hasard dont nous avons besoin, il suffit de demander à deux, trois ou quatre membres du groupe de penser un nombre pris entre 0 et 43).

1) N'y ayant qu'une vérité de chaque chose, quiconque la trouve en sait autant qu'on peut savoir.... (DESCARTES)
2) Il avait fait mettre à mort un citoyen de Lucques qui avait été cause de sa grandeur ; on lui dit que c'était mal en user d'ôter la vie à un de ses anciens amis. « Vous

vous trompez, dit-il, ce n'est pas d'un ancien ami, c'est d'un nouvel ennemi que je me suis défait ». (MACHIAVEL)

3) Celui qui ne veut agir et parler que justement ne fait rien du tout. Il n'entre pas dans le cours du progrès, il n'est pas vrai parce qu'il n'est pas réel. Celui qui veut être vrai doit risquer de se tromper. (JASPERS)

4) Occupez-vous du sens, les mots se débrouilleront bien tout seuls. (Lewis CARROLL)

5) Est vrai ce qui convient à l'homme. En lui, toute la nature est concentrée, lui seul a été créé dans toute la nature, et toute la nature n'est faite que pour lui. Il est la mesure des choses et son salut est le critère de la vérité. (Thomas MANN)

6) C'est, en un sens, à force d'étudier l'homme que nous nous sommes mis hors d'état de le connaître. (J.-J. ROUSSEAU)

7) Et maintenant, Casca, je pourrais te nommer un homme fort, semblable à cette nuit d'épouvante ; un homme qui tonne, qui lance des éclairs, qui rouvre des tombeaux, qui rugit comme le lion du Capitole. (SHAKESPEARE)

8) L'avenir se confond en chacun de nous avec l'acte même de vivre. Un être est vivant pour autant qu'il vivra encore, ne fût-ce qu'un instant. La vie n'est que la conservation d'un avenir... (VALÉRY)

9) Ta femme est bonne, tu en jouis doucement et paisiblement ; personne n'interrompt tes plaisirs, ses pensées ne vont pas plus loin que les murailles de ta maison ; tu es pour elle le ciel et la terre, le but de ses contentements, l'accomplissement de ses désirs, la règle de sa volonté. (CERVANTÈS)

10) L'astronomie est née de la superstition ; l'éloquence de l'ambition, de la haine, de la flatterie, du mensonge ; la géométrie de l'avarice ; la physique d'une vaine curio-

sité ; toutes, et la morale même, de l'orgueil humain.
(J.-J. ROUSSEAU)

11) Vous périrez, vous qui cherchez un bonheur à part de celui du peuple. (SAINT-JUST)

12) Les hommes, quelque beau visage que fortune leur fasse, ne se peuvent appeler heureux, jusqu'à ce qu'on leur ait vu passer le dernier jour de leur vie.
(MONTAIGNE)

13) Souvent, j'ai vu un Négrito, incertain de l'identité d'une plante, goûter le fruit, flairer les feuilles, briser et examiner la tige, considérer l'habitat. Et c'est seulement compte tenu de toutes ces données qu'il déclarera connaître ou ignorer la plante en question
(Claude LÉVY-STRAUSS)

14) Quelquefois, je vois au ciel des plages sans fin couvertes de blanches nations en joie. Un grand vaisseau d'or, au-dessus de moi, agite ses pavillons multicolores sous les brises du matin. (RIMBAUD)

15) Toutes nos analyses nous montrent en effet dans la vie un effort pour remonter la pente que la matière descend. (BERGSON)

16) J'ai toujours préféré réaliser mes idées et résoudre mes problèmes à l'aide de mes propres forces. (STRAVINSKI)

17) Jamais une loi ne serait capable d'embrasser avec exactitude ce qui, pour tous à la fois, est le meilleur et le plus juste et de prescrire à tous ce qui vaut le mieux. (PLATON)

18) On a savamment disserté sur les méthodes d'invention. Il n'y en a pas, sans quoi on pourrait fabriquer des inventeurs comme on fait des mécaniciens et des horlogers. (RIBOT)

19) L'imagination, c'est cette partie décevante dans l'homme, cette maîtresse d'erreur et de fausseté, et d'autant plus fourbe qu'elle ne l'est pas toujours. Car

elle serait règle infaillible de vérité si elle l'était infaillible du mensonge. (PASCAL)

20) N'a jamais rien prouvé le sang des martyrs. Il n'est pas de religion si folle qui n'ait eu les siens et qui n'ait suscité des convictions ardentes. C'est au nom de la foi qu'on tue. (GIDE)

21) Il y a des jours montueux et malaisés qu'on met un temps infini à gravir et des jours en pente qui se laissent descendre à fond de train en chantant. (PROUST)

22) J'ai créé toutes les fêtes, tous les triomphes, tous les drames. J'ai essayé d'inventer de nouvelles fleurs, de nouveaux astres, de nouvelles chairs, de nouvelles langues. J'ai cru acquérir des pouvoirs surnaturels. (RIMBAUD)

23) Dans ce tribunal, on prend les voix à la majorité ; mais on dit qu'on a reconnu qu'il vaudrait mieux les recueillir à la minorité. Et cela est assez naturel : car il y a très peu d'esprits justes et tout le monde convient qu'il y en a une infinité de faux. (MONTESQUIEU)

24) Je méprise profondément celui qui peut avec plaisir marcher en rang et formation derrière une musique. Ce ne peut être que par erreur qu'il a reçu un cerveau : une moelle épinière lui suffirait amplement. (EINSTEIN)

25) Ce qui est le meilleur, ce n'est pas que la force appartienne aux lois, mais qu'elle appartienne à celui qui, avec le concours de la pensée sage, est un homme royal. (PLATON)

26) Les primevères et les paysages ont un défaut grave, ils sont gratuits. L'amour de la nature ne fournit de travail à nulle usine. (HUXLEY)

27) L'obstination et ardeur d'opinion est la plus sûre preuve de bêtise ; est-il certain, résolu, dédaigneux, contemplatif, grave, sérieux comme l'âne ? (MONTAIGNE)

28) C'est proprement ne valoir rien que de n'être utile à personne. (DESCARTES)

29) Jésus, ayant connu que tout le peuple viendrait pour l'enlever et le faire roi, s'enfuit dans la montagne, tout seul. (Évangile selon SAINT JEAN)

30) Qui sait si vivre est ce qu'on appelle mourir et si mourir ce n'est pas vivre ? (EURIPIDE)

31) Ce que nous n'avons pas eu à déchiffrer, à éclaircir par notre effort personnel, ce qui est clair avant nous, n'est pas à nous. Ne vient de nous-même que ce que nous tirons de l'obscurité qui est en nous et que ne connaissent pas les autres.(PROUST)

32) Dans une société saine et normale, il est habituel que les gens soient en désaccord... Parce que la psychologie repose sur l'équilibre des contraires, aucun jugement ne peut être considéré comme définitif si l'on n'a pas pris en considération son contraire. (JUNG)

33) Et que le malheureux se console en trouvant un malheureux comme lui qui, malgré tous les obstacles de la nature, a fait tout ce qui était en son pouvoir pour devenir un homme digne de ce nom ! (BEETHOVEN)

34) La plus grande bassesse de l'homme, c'est la recherche de la gloire. Mais c'est cela même qui est la plus grande marque de son excellence. (PASCAL)

35) La religion est l'ensemble des scrupules qui font obstacle au libre exercice de nos facultés. (Salomon REINACH)

36) Le meilleur moyen de savoir jusqu'où on peut aller, c'est de se mettre en route et de partir. (BERGSON)

37) Une mauvaise vie toute faite est infiniment plus pernicieuse comme toute faite que comme mauvaise. (PÉGUY)

38) Que seulement je fasse de ma vie une chose simple et droite, pareille à une flûte de roseau que tu puisses emplir de musique. (TAGORE)

39) Tout est bruit pour qui a peur. (SOPHOCLE)

40) La sincérité est une ouverture de cœur. On la trouve en fort peu de gens, et celle que l'on voit d'ordinaire n'est qu'une fine dissimulation pour attirer la confiance des autres. (LA ROCHEFOUCAULD)

41) Et si votre dureté ne veut pas étinceler et trancher et inciser, comment pourriez-vous un jour créer avec moi ? Ce commandement nouveau, ô mes frères, je le place au-dessus de vous : devenez durs. (NIETZSCHE)

42) J'avais vingt ans. Je ne laisserai personne dire que c'est le plus bel âge de la vie. (NIZAN)

43) Nous devons enseigner au peuple avec clarté ce que nous apprenons de lui avec confusion. (MAO TSÉ TUNG)

Exemple

Combinez : – 1. N'y ayant qu'une vérité de chaque chose, quiconque la sait en sait autant qu'on peut savoir... – 43. Une mauvaise vie toute faite est infiniment plus pernicieuse comme toute faite que comme mauvaise. – 40. La sincérité est une ouverture du cœur ; on la trouve en fort peu de gens et celle qu'on voit d'ordinaire n'est qu'une fine dissimulation...

Résultats

- La vérité dissimule le vrai.
- Une vérité toute faite est plus pernicieuse qu'une erreur.
- Une vérité douteuse est infiniment plus trompeuse comme vérité que comme douteuse.
- La sincérité d'une mauvaise vie nous touche plus que la dissimulation d'une vie toute faite.
- Une erreur toute faite est infiniment plus pernicieuse comme toute faite que comme erreur.
- Chacune des vies qui s'offrent à nous est aussi vraie que les autres, pourvu qu'elle soit sincèrement vécue.

- Il n'y a qu'une vraie vie : à nous de la trouver parmi toutes les fausses vies qui nous la dissimulent.
- Etc.

6. LA PERCEPTION SÉLECTIVE (LA MÉTHODE DU GRAND MAGASIN)

Tout acte de connaissance est **une rencontre entre les préoccupations intimes d'un individu et les informations qui lui parviennent de son milieu.** Un biologiste, un pianiste, un chef d'entreprise, un ingénieur, un comptable et un évêque, chacun plongé dans ses problèmes professionnels et partis ensemble pour une chasse à l'éléphant, vont retirer de leur même expérience des informations différentes qui viendront enrichir chacune à sa façon leur personnalité profonde. Il n'existe pas de « chasse à l'éléphant » en soi : mais il existe autant de chasses à l'éléphant qu'il y a d'individus. Si l'un des chasseurs n'avait ni personnalité, ni préoccupation dominante, ni curiosité, la chasse à l'éléphant n'existerait pas pour lui, Cette constatation est particulièrement importante en pédagogie : l'élève n'apprendra que s'il est prêt à recevoir, ou mieux que s'il a besoin de recevoir les informations offertes. Nous retrouvons ici l'obligation d'être motivé. Si un élève n'a aucune motivation, il n'intégrera aucune information, même s'il est inondé de sollicitations. « **Tu ne me chercherais pas si tu ne m'avais déjà trouvé** ». L'information, n'est-elle pas ce qui contribue à informer, à pétrir, à modeler, à construire intérieurement ?

Nous allons essayer d'illustrer ces réflexions par l'exercice suivant. Dans un premier temps, nous demanderons à chacun des membres du groupe de choisir un sujet de recherche ou de préoccupation qui donnera à son esprit une sorte de curiosité sélective ; puis, dans un second temps, nous lirons un certain nombre de réflexions de portée générale et nous demanderons à chacun de noter ce qu'il peut retirer de ces réflexions pour alimenter sa propre recherche.

Nous verrons que les mêmes textes, objectivement identiques, entendus avec les mêmes intonations, au même moment, dans la même salle, ont « retenti » différemment dans chacun des esprits. Malraux raconte que les chevaliers qui, à Vézelay, écoutaient saint Bernard prêcher la croisade ne pouvaient pas matériellement tous comprendre ce que l'orateur disait ; **« et pourtant ils partaient ».** Et pourquoi ne pas citer cette histoire d'un prédicateur mondain qui reçoit un jour la visite d'une pénitente convertie par son éloquence. « Et quel est le passage de mon sermon qui vous a ainsi touchée ? » – « C'est celui où vous avez dit : j'en ai fini avec ma première partie. Je passe à la seconde. C'est alors que j'ai décidé, moi aussi, de changer de vie ».

Exercices

Premier temps :

Demander à chaque participant de choisir, selon ses goûts ou sa personnalité, un axe de réflexion :

1) La formation continue.
2) La morale du XXIe siècle.
3) Les rapports avec les pays du tiers monde.
4) L'urbanisation.
5) Le problème de la famille.
6) L'éducation des enfants.
7) La sexualité.
8) Les relations dans l'entreprise.

... Ou tout autre axe de pensée qui serait plus « motivant » pour tel ou tel. Puis laisser à chacun le temps de s'imprégner profondément de son problème.

Deuxième temps :

L'animateur procédera à la lecture de tout ou partie des pensées rapportées dans l'exercice précédent : L'invention de nouvelles pensées. Il en fera une lecture lente, avec des intervalles entre chaque citation. Il pourra également ajouter un certain nombre de citations contenues çà et là dans ce livre. Chacun des participants notera ce qu'il en retire pour sa recherche propre, non pas d'une façon littérale, mais en les considérant comme des matériaux de la réflexion ou des stimulations de l'imagination. Puis il rédigera ses conclusions.

Troisième temps :

Confrontation générale. Chacun livrera ses réflexions. Les autres, revêtant pour un instant la préoccupation de celui qui vient de parler, essaieront d'enrichir encore ce qui aura été exprimé. Tous constateront en tout cas combien les choses entendues auront été diverses.

7. L'INVENTION DE NOUVEAUX OBJETS

Ce que nous venons de faire avec des pensées, nous allons essayer de le faire avec des objets. Dans une liste d'objets donnés, nous en tirerons quelques-uns au hasard, quatre ou cinq, et nous essaierons de composer un nouvel objet en utilisant au maximum les éléments des objets retenus. Ces éléments seront, soit les principes de fonctionnement des objets en question, soit leurs composants, ou encore leurs matières premières, que nous aurons toute liberté de remanier et de transformer à notre guise.

Naturellement, l'objet découvert devra assurer une fonction définissable, même si cette fonction est secondaire, étrange, fantaisiste, fantastique, futile. **L'exercice consiste à la fois à découvrir un nouvel objet correspondant à de nouveaux besoins, et surtout à combiner ensemble plusieurs objets de types différents.** Mais tout ceci est couronné par la volonté d'exciter notre imagination et de l'obliger à sortir des voies traditionnelles. Cet exercice est surtout un exercice de combinatoire, mais il est aussi un exercice de concassage et un exercice de divergence. Il se fera, soit séparément, soit collectivement. Contrairement à ce qu'on pourrait penser, il ne faut pas brusquer les réflexions et combiner volontairement et rationnellement, mais laisser lentement monter jusqu'à la conscience les solutions qui finiront par s'imposer.

Cet exercice s'apparente à certains tests de créativité dans lesquels on mesure l'aptitude du sujet à employer un objet pour un autre usage que celui qui est donné. Les réactions du sujet sont d'ailleurs différentes si cet objet est présenté comme un tout (c'est-à-dire une intention) ou démonté et réduit à ses éléments constitutifs.

Exercice

A – Inventez un nouvel objet en tirant au hasard trois, quatre ou cinq des objets suivants :

1) un torchon – 2) une brosse électrique pour les chaussures – 3) une pelle à tarte – 4) une poubelle – 5) un réveille-matin – 6) une agrafeuse – 7) une valise en cuir – 8) une corde à nœuds – 9) une table de jardin – 10) une vitre – 11) un tuyau de laiton – 12) un verrou – 13) une coupe – 14) une perruque de femme – 15) une paire de ciseaux – 16) une pompe à bicyclette – 17) une botte en caoutchouc –

18) un portefeuille – 19) une ampoule électrique – 20) un cintre – 21) une brouette – 22) une épuisette – 23) une pioche – 24) un sécateur – 25) un fer à souder électrique.

B – En vous servant de dix des objets de la liste précédente, essayez de résoudre les problèmes suivants (le bricoleur dans sa résidence secondaire).

1) la pompe est cassée : il faut faire monter l'eau du puits.

2) on signale un rôdeur dangereux : il faut se protéger.

3) un renard attaque chaque nuit les poules du fermier : il faut l'attraper.

4) le moulin à café est en panne : il faut moudre du café.

5) il n'y a plus d'allumettes : il faut allumer le feu sans papier avec du bois humide.

6) on a perdu la hache : il faut fendre du bois.

Exemple – Que peut-on faire avec un torchon, un ressort et une vitre ?

On peut :

1) casser la vitre en petits morceaux, l'enfermer dans le torchon et, en se servant du ressort comme manche souple, fabriquer une matraque.

2) combiner ces éléments de façon à faire une vitre auto-essuyante lorsqu'elle monte et descend.

3) après avoir cassé la vitre et l'avoir réduite à l'état de poussière, étaler cette poussière sur le torchon et, en se servant du ressort comme manche, fabriquer une ponceuse.

4) poser la vitre sur un châssis, transformer le torchon en rideau et le ressort en tringle à rideau.

5) allonger le ressort et l'écraser, couvrir la vitre avec le torchon fixer, le torchon sur la vitre en se servant des spires du

ressort comme de petites pinces et de façon à ce que le ressort fasse une bordure décorative. On a un cadre à photo.
6) épingler le torchon sur le mur, couper le ressort en quatre morceaux qu'on fixera dans le mur et qui serviront à maintenir la vitre devant le torchon. On a un tableau d'affichage.

« Les galeries farfouillette »

Une bonne technique pour exciter les nouvelles idées est de s'exposer soi-même à une multitude de stimulants en se promenant au hasard dans un endroit plein de choses qu'on n'aurait pas l'idée d'aller chercher. Un grand magasin, ou une exposition, ou une bibliothèque peuvent offrir un tel échantillonnage : et c'est tant mieux si l'échantillonnage n'est pas directement en rapport avec ce qu'on cherche. On ne regarde rien en particulier et, au lieu de fouiner pour trouver quelque chose de précis, on doit être prêt à accueillir quoi que ce soit qui attire l'attention. Ce sont souvent les objets les moins désignés qui suscitent une nouvelle idée. Il ne faut pas non plus analyser ou évaluer : on s'intéresse même aux bouts de dentelle et on ramasse tout ce qui retient l'attention, cependant que, dans le coin du cerveau, on conserve présent le problème étudié.

Si l'on tombe sur quelque chose qui paraît utile, il faut l'acquérir même si l'on ne sait pas bien à quoi cela servira. L'objet est là, et il s'associe progressivement avec tous les aspects du problème initial. D'une façon passive, il exerce une influence, peut-être une influence organisatrice... Il en va de même pour les idées et les théories qu'on acquiert par hasard...

(De BONO – *Lateral thinking*.)

« L'invention du cinéma »

Louis LUMIÈRE – *Dites donc, madame Rose, je vais à une séance de l'Académie et j'ai déchiré mon pantalon. Vous ne pourriez pas m'y donner un coup de machine. En vitesse...*

La Couturière – Pauv' monsieur Lumière, avec le nom que vous portez, comme si vous pouviez pas faire attention. Donnez-moi ça... Ca me gêne pas de voir de hommes en caleçon, vous savez !

Louis LUMIÈRE – Tenez, juste un petit coup.

La Couturière – Ca va être tout de suite fait... Alors toujours dans la photographie... ?

Louis LUMIÈRE – Ne m'en parlez pas, ça me donne du souci. Mes photographies, elles ne bougent pas... Ce serait tellement mieux si c'était vivant... Vous n'avez pas une idée ?

La Couturière – Oh moi, je connais rien d'autre que ma machine à coudre...

Louis LUMIÈRE – Oui, bien sûr... Mais dites donc, ça va drôlement vite, justement, votre machine à coudre... On dirait que mon pantalon, il bouge tout seul...Ca court ! Attendez, vous pourriez me le faire lentement... Ah ça... Ah ça, par exemple ! Encore... encore... Là, il avance par petits à coup !

La Couturière – Oui bien sûr, il y a par dessous des petites griffes qui le poussent après chaque point.

Louis LUMIÈRE – Faites voir... Oui, et quand le tissu a avancé, tac ! Il s'arrête et l'aiguille le pique, tic ! Tac-tic, tac-tic... Et quand vous allez vite, on ne se rend plus compte des secousses. Dites donc vous me donnez des idées !

La Couturière – Oh, monsieur Lumière... !

Louis LUMIÈRE – Non, non, ce n'est pas du tout ce que vous pensez... Mais d'une photo à une autre... pour les faire bouger... ça avancerait, comme le pantalon. Il faut que j'en parle à mon frère... Je crois que c'est une idée formidable...

La Couturière – Vous n'allez pas tout de même repartir sans votre pantalon... Tenez !

Louis LUMIÈRE – Ah j'allais oublier !... Merci, madame Rose. Merci, merci, merci... Je vous tiendrai au courant.

(Histoire caustique et illustrée de la bonne ville de Lyon.)

UNE NOUVELLE CIVILISATION

Après s'être entraîné longuement aux exercices qui précèdent, on pourra aborder avec fruit le travail de synthèse qui consiste à faire le tableau d'une nouvelle société.

On se mettra dans la situation des passagers du Mayflower débarquant sur les côtes d'Amérique... et dans le contexte du XXIe siècle qui commence à se profiler. On définira les traits de cette nouvelle société :

1) Le caractère et le comportement des citoyens,
2) Les principales lois,
3) Le fonctionnement de l'économie,
4) Le mode de gouvernement,
5) La justice, la sécurité, la police,
6) L'enseignement.

Évidemment, ces ensembles rétroagissent les uns sur les autres mais il n'est pas indifférent de savoir quel est celui auquel on donne la priorité.

Cet exercice pourrait être entrepris avec profit dans le cadre d'une classe où il pourrait occuper plusieurs mois et même une année scolaire. Il serait l'occasion d'étudier comment ces différents problèmes ont été résolus dans la réalité, aujourd'hui et autrefois, par les nations du monde. Mais il serait aussi l'occasion de prendre contact avec un certain nombre de tentatives spéculatives, telles que la République et les Lois de Platon, Utopia de Thomas More, les voyages de Gulliver de Swift, le Meilleur des Mondes d'Huxley, 1984 de George Orwell, l'Ile de Robert Merle. La lecture du livre de Jean Servier « Histoire de l'Utopie » serait une excellente introduction à cet exercice.

MÉTHODOLOGIE GÉNÉRALE DE LA RÉSOLUTION DES PROBLÈMES

> Puisque ces mystères nous dépassent, feignons d'en être
> l'organisateur.
> COCTEAU.

L'objet principal de ce livre étant d'offrir à des groupes divers le moyen de s'entraîner mentalement à la découverte et d'augmenter leur aptitude créatrice, nous avons été jusqu'à présent moins préoccupés de l'objet et du résultat des exercices proposés que des attitudes et des aptitudes qu'il fallait développer chez les participants

Dans cette deuxième partie, nous changeons complètement de perspective et nous proposons UNE MÉTHODOLOGIE qui, laissant au second plan la question des attitudes des chercheurs et de leurs capacités créatrices, permet de traiter **un problème** en partant de la **question posée,** pour arriver tranquillement et sûrement jusqu'à la **réponse** à lui **donner.** On verra d'ailleurs quelles justifications et quelles applications trouvent dans cette méthodologie la plupart des exercices des cinq premiers chapitres.

Nous aimerions baptiser la recherche à laquelle nous nous intéressons : **recherche fonctionnelle.** Nous voulons dire par là que nous nous intéressons au processus qui permet de construire **des outils devant remplir des fonctions.** Aussi, avant d'entamer la description du processus, devons-nous rappeler ce que nous entendons par « outils ».

Il y a, nous semble-t-il, trois types d'outils :

1) Des outils matériels ou **instruments,** simples ou complexes, c'est-à-dire des biens de consommation ou d'équipement destinés aux ménages (pour reprendre le langage des économistes), aux administrations ou aux entreprises. Ces instruments sont caractérisés par un mode d'emploi simple (dans l'état actuel de notre culture), par exemple : une machine à laver, une fenêtre, un tournevis, un ordinateur, une tondeuse à gazon, une caisse enregistreuse, une télévision, un bâtiment domestique ou industriel.

2) Des outils immatériels ou **conduites,** visant à résoudre les problèmes par des comportements et non par des moyens matériels : une structure de relations au sein d'une organisation, une politique d'information, une constitution ou des statuts, l'éducation d'un comportement, une règle administrative, la mise au point d'un système de rémunération, une mission donnée à un homme ou à un groupe d'hommes, un précepte moral.

Ces deux sortes d'outils ne sont d'ailleurs pas aussi indépendants que nous le laissons entendre. Car il y a une « conduite » appropriée au maniement d'une caisse enregistreuse, d'un tournevis ou d'un couteau ; et il faut mettre en place toute une infrastructure « d'instruments » pour l'établissement et la promulgation d'une nouvelle constitution.

3) Aucun instrument matériel n'étant indépendant d'une conduite et aucune conduite n'étant indépendante d'un instrument (à la limite une morale est un mode d'emploi des objets d'une civilisation), nous pouvons cependant distinguer en dernier lieu un ensemble d'outils au mode

d'emploi complexe **dans lesquels il y a au moins autant d'apprentissage que d'instrumentation** et qui constituent par excellence des « **systèmes homme-machine** » :
- un instrument de musique et son instrumentiste,
- un ordinateur et son utilisateur,
- un tour automatique et son régleur,
- un avion, son pilote et ses passagers,
- un matériel pédagogique, les élèves et le professeur.

Aux problèmes posés par ces outils, mixtes mais d'une relative simplicité, se rattachent évidemment les **problèmes complexes de relation homme-machine,** tels que :
- la régulation de la circulation urbaine,
- l'organisation d'un ensemble administratif,
- la stratégie de défense d'un pays,
- le réseau des transports, etc.

Le processus de recherche que nous allons décrire concerne ces trois types d'outils. Et il est très important que, lors des premières phases, qui sont celles où on se pose le problème à résoudre, on ne préjuge pas de la nature de la solution : en particulier que l'on ne veuille pas à tout prix réaliser un instrument là où une conduite conviendrait. D'autant plus qu'il est probable que nous tendrons de plus en plus à résoudre nos problèmes par des conduites plutôt que par des instruments. Et l'ingénieur qui se prépare à mettre au point un outil sait généralement que **l'instrument à lui seul n'est rien du tout : il ne vise qu'à rendre possible une certaine conduite** et n'est vendable que s'il permet au consommateur une nouvelle façon de vivre, plus économique, plus agréable, moins fatigante, plus « accomplissante »...

La méthodologie de construction d'outils que nous proposons n'est pas une **méthodologie investigative,** comme c'est la cas lorsqu'il s'agit d'une découverte scientifique. C'est une méthodologie normative, c'est-à-dire l'exposé de **ce qu'il faut faire pour trouver ce que l'on cherche.** Bien que les deux démarches ne puissent être opposées, ni même sérieusement distinguées l'une de l'autre, nous mettrons l'accent sur le caractère volontaire de celle que nous entreprenons de décrire.

Cette Méthodologie s'inspire fortement de l'Analyse de la valeur, de la Créativité, de l'Étude de motivation, de la Théorie de la décision et en intègre les concepts-clés. Elle est, d'autre part, directement tributaire de la Cybernétique, de la Théorie des systèmes et de la Mathématique des ensembles. Ces approches constituent un corps de disciplines appelé **PRAXÉOLOGIE** (sciences orientées vers l'action). Nous en avons tenté une synthèse méthodologique destinée à l'application quotidienne.

Nous référant au graphique ci-après, nous allons examiner en détail les différentes techniques qui permettent de venir à bout de chacune des étapes décrites :
   1. la perception du malaise,
   2. l'exploration de l'environnement,
   3. la définition des fonctions,
   4. la recherche des idées de solutions,
   5. le choix de la bonne idée,
   6. la construction de la solution,
   7. la diffusion de la solution.

Malgré l'apparence de rigoureuse linéarité du processus proposé, nous devons souligner ici (pour n'avoir pas ensuite à le redire à chaque page) que la démarche de découverte est caractérisée par **de fréquents retours en arrière.** Par exemple la définition des fonctions permet de perfectionner l'étude de l'environnement, la recherche des solutions invite à revenir sur la définition des fonctions... Et on peut même dire qu'**un problème n'est bien posé que lorsqu'il a été résolu.** Dans la

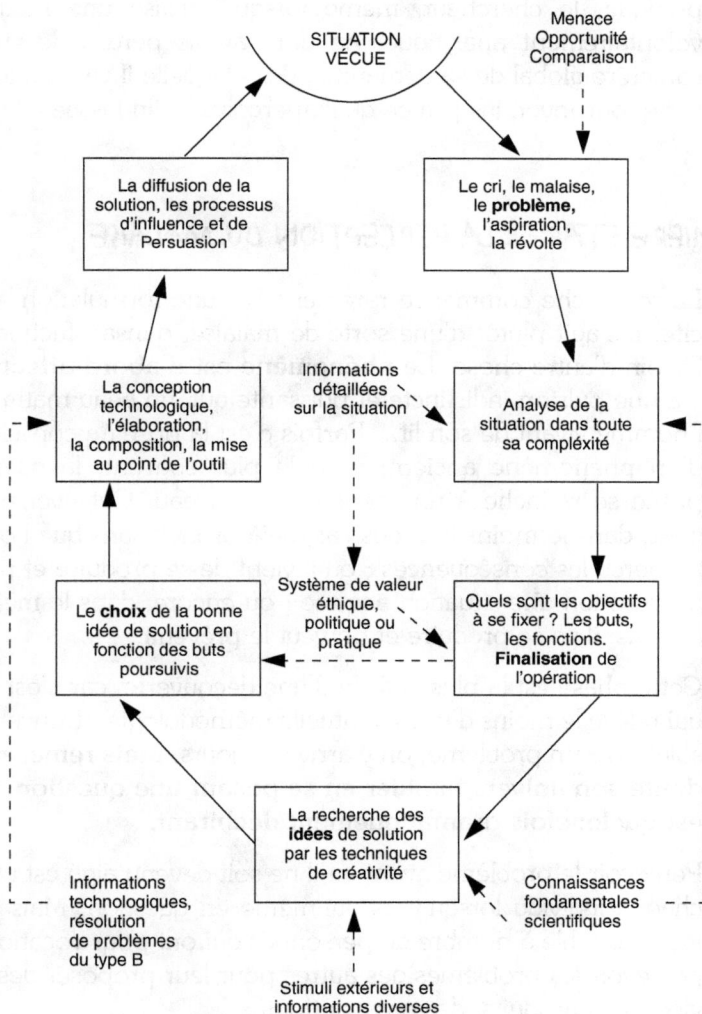

Figure M.1 : Stratégie de résolution de problèmes

pratique, le chercheur, même lorsqu'il utilise une méthode volontairement analytique, ne doit jamais perdre de vue le caractère global de sa démarche, dans laquelle il va en quelque sorte tournoyer, jusqu'à ce qu'il aperçoive enfin l'issue.

PREMIÈRE ÉTAPE : LA PERCEPTION DU MALAISE

La recherche commence rarement par une formulation explicite. Il s'agit plutôt d'une sorte de malaise, d'insatisfaction, du besoin d'autre chose. **Le phénomène est d'abord affectif :** il y a une pulsion indistincte et puissante qui, un beau matin, tire l'homme vivant de son lit... Parfois c'est la prise de conscience d'un phénomène ancien ; mais le plus souvent, la question posée se rattache à un événement nouveau. Cet événement s'est, dans le moins bon des cas, déjà produit sans que l'on en ait perçu les conséquences ; ou il vient de se produire et remet en question une situation acquise ; ou encore, dans le meilleur des cas, il va se produire et on veut le prévenir.

Cette phase est la plus difficile d'une découverte, car c'est celle qui relève le moins d'une éventuelle méthodologie : trouver une solution à un problème, on y arrive toujours. **Mais remettre en doute son univers familier en se posant une question, cela est quelquefois dramatiquement déchirant.**

Percevoir le problème avant qu'il ne soit devenu aigu est utile à chaque individu lorsqu'il est lui-même en question. Mais c'est indispensable à nombre de personnes qui ont pour vocation de percevoir les problèmes des autres pour leur proposer des services, des produits, des prescriptions :

* l'homme politique,
* le responsable hiérarchique,

- l'organisateur ou le conseiller,
- le producteur de biens ou de services.

C'est essentiellement pour eux que nous proposons l'une ou l'autre des approches qui suivent.

TECHNIQUES DE PERCEPTION DU MALAISE

L'étude des modes de vie

Ceux qui travaillent dans l'industrie sont familiarisés avec l'existence **d'agents des méthodes,** dont la fonction est d'observer le fonctionnement des postes de travail et de proposer à ceux qui les occupent des améliorations d'ordres divers concernant, par exemple, la circulation des pièces, la disposition du plan de travail, les modes opératoires, les attitudes, l'outillage... Ces améliorations ont pour but de rendre le travail moins fatigant et plus rapide. De la même façon, les sujets qui sont engagés dans une action ont beaucoup de peine à repérer les défauts de cette action. Il faut qu'un étranger (et s'il venait de Sirius, ce serait l'idéal), qui connaîtrait parfaitement les techniques, la psychologie et l'organisation, se penche sur leur action et se préoccupe de la repenser, de l'améliorer, de la simplifier. Nous allons donc nous transformer en agent des méthodes et **nous pencher... non plus seulement sur les postes de travail, mais d'une façon plus générale, sur les modes de vie des personnes auxquelles nous nous intéressons.** Que font-elles ? Comment s'y prennent-elles ? Quel but poursuivent-elles ? Comment pourraient-elles y parvenir plus simplement, plus rapidement, plus efficacement... ?

Comment s'y prendre pratiquement :

1) **L'observation sur le tas.** Lorsque cela est possible, il faudra voir le sujet en pleine action, observer, noter, mesurer

ce qu'il fait, puis l'interroger sur ses intentions et ses raisons.

2) **La simulation.** Lorsque le sujet n'est pas à portée de la main et qu'on en a une connaissance suffisante, on pourra se contenter de simuler son action. Un des membres du groupe jouera le rôle du personnage auquel on s'intéresse (mime) et le commentera.

3) **La consultation.** On peut également rassembler quelques-uns des sujets auxquels on s'intéresse et leur demander de revivre personnellement leur problème. Le dialogue s'engagera et les besoins réels apparaîtront au long de cette discussion.

4) **Le sujet créatif.** Il suffit de franchir un pas et d'intégrer l'intéressé au groupe de créativité dans lequel il apprendra lui-même à prendre de la distance par rapport à son action.

Quelques méthodes alternatives sont particulièrement indiquées :

La morphologie des modes de vie

La méthode morphologique – dont la description détaillée est donnée dans l'étape N° 6 – peut nous donner un cadre d'exploration systématique des modes de vie du sujet. En effet, les problèmes qui se posent à lui peuvent être sériés dans un espace à cinq dimensions que nous pouvons définir en fonction de nos travaux, et ensuite analyser minutieusement. Les cinq dimensions de cet espace pourraient être :

A) les personnes : 1) l'enfant – 2) l'adulte – 3) le vieillard – 4) l'homme – 5) la femme...

B) les lieux : 1) maison – 2) habitation – 3) lieux de circulation – 4) lieux publics – 5) lieux de travail – 6) jardin – 7) lieux d'excursion...

C) les temps : 1) tous les moments du jour – 2) de la nuit – 3) les jours de la semaine – 4) les saisons de l'année…

D) les actions : 1) travaux professionnels – 2) travaux domestiques 3) détente – 4) repos – 5) repas – 6) culture…

E) les besoins ou contraintes : 1) sécurité – 2) santé – 3) hygiène – 4) calme – 5) information 6) commodité – 7) gain de temps…

Bien entendu, la morphologie doit être construite en fonction du problème étudié, de telle sorte que l'on puisse définir des petits volumes bien délimités dans lesquels on examinera quels sont les problèmes qui se posent.

Voici, par exemple, la morphologie qui permettrait de s'intéresser à des problèmes posés par le « mode de vie vacances » :

a) l'homme – la femme – l'enfant…

b) à l'hôtel – en voyage – dans la nature – en ville …

c) en été – en hiver…

d) détente – santé …

e) repos – sécurité – information – gain de temps…

Dans cette matrice, tout est évidemment centré sur l'action : prendre des vacances, et les autres dimensions de l'espace sont orientées sur cette action, qui peut elle-même prendre des aspects divers (les différents types de vacances).

Voici un autre exemple : celui d'une recherche qui porterait sur les problèmes du petit enfant. On pourrait construire pour elle une morphologie du type :

a) le petit enfant de 1 à 2 ans…

b) jardin – chambre – cuisine – salon – W.C. – couloir…

c) au lever – dans la journée – au moment des repas – au coucher la nuit…

d) jouant – travaillant – mangeant – se levant – dormant…

e) sécurité vis-à-vis incendie – électricité – chutes – brûlures – explosions – chocs – inondations...

Ainsi, par réduction progressive de l'espace initialement considéré, arrive-t-on à explorer avec un détail infini le monde des problèmes qui se posent. La matrice joue un peu ici le rôle d'une check-list qui permet à chaque instant de ne rien oublier de ce qui pourrait être fait. Et encore une **check-list** est-elle passive et ne restitue-t-elle que ce qu'on y a intégré, alors que **la matrice morphologique permet de faire surgir des situations que l'esprit n'a jamais envisagées comme telles.**

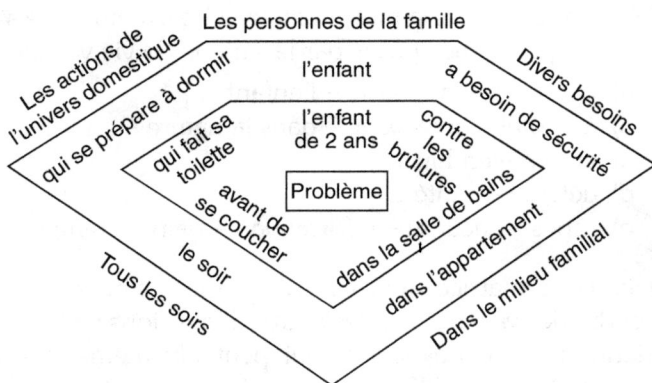

Figure M.2 : L'enfant dans la salle de bains

La défectuologie

Notre attention se porte maintenant, non pas sur telle ou telle personne, mais sur l'institution, le produit, l'outil, qui nous paraît être au cœur du problème : le but étant de prendre conscience de toutes les **lacunes ou défauts** de son fonctionnement. C'est une observation aisée, semble-t-il. Eh bien, pas tant que cela ! Il ne s'agit pas en effet de projeter sur les outils du sujet ses propres stéréotypes, mais de ressentir par l'intérieur et d'éprouver soi-même les imperfections dont il n'a pas toujours conscience. On a souligné le caractère éminemment novateur et créatif du **fault-finding** américain ou de « l'esprit de mécontentement » dont parle Richard Wagner. « À l'origine de la conscience inventive se trouve la perception d'une insatisfaction en présence du donné », dit René Boirel.

Dans la pratique, la défectuologie est une technique d'application simple. Quels sont les défauts d'un robinet, d'un livre, d'un téléphone portable, d'une poubelle, d'une machine à laver, d'un extincteur, d'une salle de conférences ? Le groupe pluridisciplinaire passe au crible toutes les servitudes et les incommodités d'usage de l'objet étudié, soit à travers une reconstitution ou une simulation, soit en observant directement leurs utilisateurs. La plupart du temps, les défauts qui, à la longue, deviennent explicites ne sont ressentis au départ que comme une sorte de malaise à peine perceptible et assez indéfinissable. Il faudra donc se pencher avec une extrême attention sur le problème et, dans bien des cas, ne pas se contenter d'observer le sujet de l'extérieur mais devenir soi-même en quelque sorte ce sujet.

Nous insistons sur le caractère hautement créatif de ces analyses. On ne peut pas demander à n'importe qui de jouer ce rôle, et en particulier on doit exclure les inventeurs, les concepteurs ou les fabricants de l'objet étudié. Ils aborderaient leur tâche avec un ensemble de préjugés techniques et affectifs qui constituent leur expérience et qui ôteraient toute valeur à l'observation qu'ils feraient. On ne peut pas avoir pendant trente ans enseigné l'anglais, ou fabriqué des chaudières, ou écrit des livres, **sans être devenu un faible d'esprit** en matière d'enseignement des langues, de fabrication des chaudières et de composition littéraire.

Toute remise en cause de ce qui est ou de ce à quoi l'on tient est ressenti comme une agression personnelle. Les spécialistes sont toujours les prisonniers des théories qu'ils ont élaborées... « La guerre est une chose trop sérieuse pour être confiée à des généraux ! »

L'investigation arborescente

Cette approche est l'inverse des deux approches précédentes. Nous étions partis de la situation la plus concrète, la plus vécue, la plus directe, exprimée soit sous forme de besoin ressenti (modes de vie), soit sous forme de carence (défectuologie). Nous allons maintenant partir des **grands concepts abstraits et généraux** pour faire, par degrés successifs, l'inventaire de tous les problèmes particuliers qu'ils contiennent.

Tout naturellement, le support méthodologique et graphique de cette investigation doit être du type de « l'arbre ». Retenons, par exemple, les concepts-clés de sécurité, ou de santé, ou d'entretien, ou d'étanchéité, ou d'épanouissement, ou de communication... Nous allons, pour chacun d'eux, ouvrir une recherche dans laquelle, de niveau en niveau, nous descendrons vers les solutions de détail qui permettent d'assurer la fonction globale recherchée.

Cette approche suppose un travail de réflexion et de classement long et délicat. **Mais il fournit une base d'action extrêmement précieuse pour une équipe d'hommes et de femmes engagés dans une action collective caractérisée par une vocation initiale.**

Voici l'exemple d'une société industrielle qui s'est donné pour vocation « l'étanchéité » :

> *« Peut-on parler de joint ? Le mot évoque de vagues rondelles ayant pour seule fonction d'éviter aux robinets de*

```
                                     ┌ Alimentaire ──── ┌ ............
                         ┌ Hygiène ─ Mentale           ............
             ┌ Prévention ─        Dépistage          └ Physique     └ ............
    Santé    Diagnostic...                    
             └ Traitement...

             ┌ Habitat...      ┌ Ch. de Fer...                ┌ ............
    Sécurité  Transport ────── Avion...        ┌ Signalisation ─ ............
             └ Travail...      └ Auto ──────── Confort...          └ ............
                                               └ Assistance médicale...
```

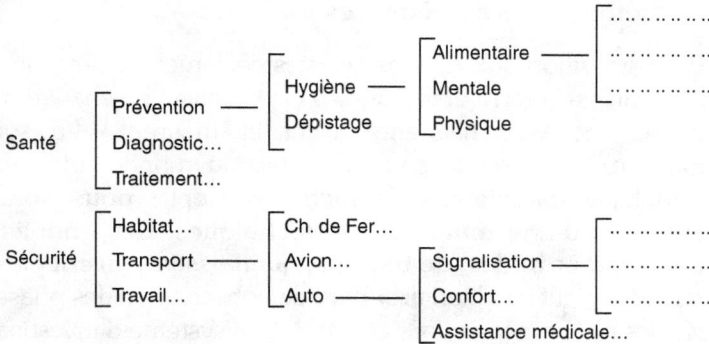

Figure M.3 : Investigation arborescente

fuir. Aspect plus que mineur en regard de la nouvelle vocation prise de fait par le joint en raison du développement des techniques de pointe et de la généralisation d'une technologie de plus en plus sophistiquée. Le joint est l'élément chargé de résoudre sous tous ses aspects le problème de l'ÉTANCHÉITÉ. Un domaine large qui concerne par exemple les réacteurs nucléaires, l'aérospatiale, la pétrochimie, l'automobile, l'électronique, mais aussi les machines à laver... L'étanchéité : de la machine à laver à la centrale nucléaire ! Une conception en rupture avec celle, atomiste et volontairement partielle, de l'entreprise traditionnelle. La question de l'étanchéité est en soi un problème, un problème dont on ne peut fixer les limites. Toutes les applications spécifiques ne sont que des cas particulier du problème général... »

Cet exemple peut être transposé dans de nombreux autres domaines : l'assistance de personnes âgées, la sécurité dans une entreprise, la réinsertion professionnelle des femmes... etc.

La méthode des ascendances

Par opposition aux régions célestes déclarées incorruptibles et immuables, la terre était pour les Grecs le lieu du changement : toutes choses y naissent, vivent et meurent ! La société moderne n'est qu'un sous-ensemble du monde total auquel s'applique parfaitement le même concept : **nous sommes entourés d'une multitude de techniques, de produits, de modes, d'attitudes, de besoins, qui naissent, vivent et meurent.** On peut très bien tirer parti de l'observation des phases de vie des phénomènes pour construire un système d'investigation des malaises. En effet les institutions, les produits, les services, les méthodes qui sont actuellement en usage, sont exposés à des modifications de l'environnement qui finissent par les rendre désuets.

Le graphique M.4 peut aider à comprendre le mécanisme de ces dégénérescences.

On peut donc suggérer que tout responsable d'une « **solution** » (produit, méthode, institution, service…etc.) se livre à **un examen périodique de la concordance de sa solution avec les données de l'environnement.**

1) Quelle est exactement ma solution ?
2) Depuis qu'elle a été mise au point, quelles modifications se sont produites… (sociologiquement, techniquement…)
3) Quelles révisions dois-je entreprendre… ?

Un responsable digne de ce nom devrait avoir perpétuellement sous les yeux, peinte en lettres d'or sur les murs de son bureau, cette liste des ascendances, non seulement comme une maxime familière à laquelle on aime se référer, mais comme **la carte vivante de l'univers dans lequel il est plongé ;** et il se pencherait régulièrement sur l'avenir pour

À la fin, la solution est devenue une anti-solution. Elle est plus nuisible qu'utile, elle coûte cher, il faut d'urgence en trouver une autre malgré l'attachement affectif que l'on a pour elle

Emergence de nouvelle valeurs ;
modifications sociologiques
de l'environnement

Emergence de nouvelle solutions ;
modifications technologiques
de l'environnement

Économies d'énergie

Élargissement des tâches

L'usage du NET

Montée de l'alimentation collective

Problèmes de pollution

Problèmes des transports

Augmentation des loisirs

Modification du sens du travail

Montée de la scolarisation

etc...

Mais cette solution dégénère avec le temps

La science de la motivation

Le Web

Les énergies nouvelles

La bio-ingénirie

Le laser

Les nouveaux matériaux

Emergence de la cybernétique

La miniaturisation des fonctions logiques

La fluidique

etc...

Solution en vigueur depuis 10, 20, 50 ans (ou plus)
(À l'époque où elle a été mise en place,
c'était une bonne solution)

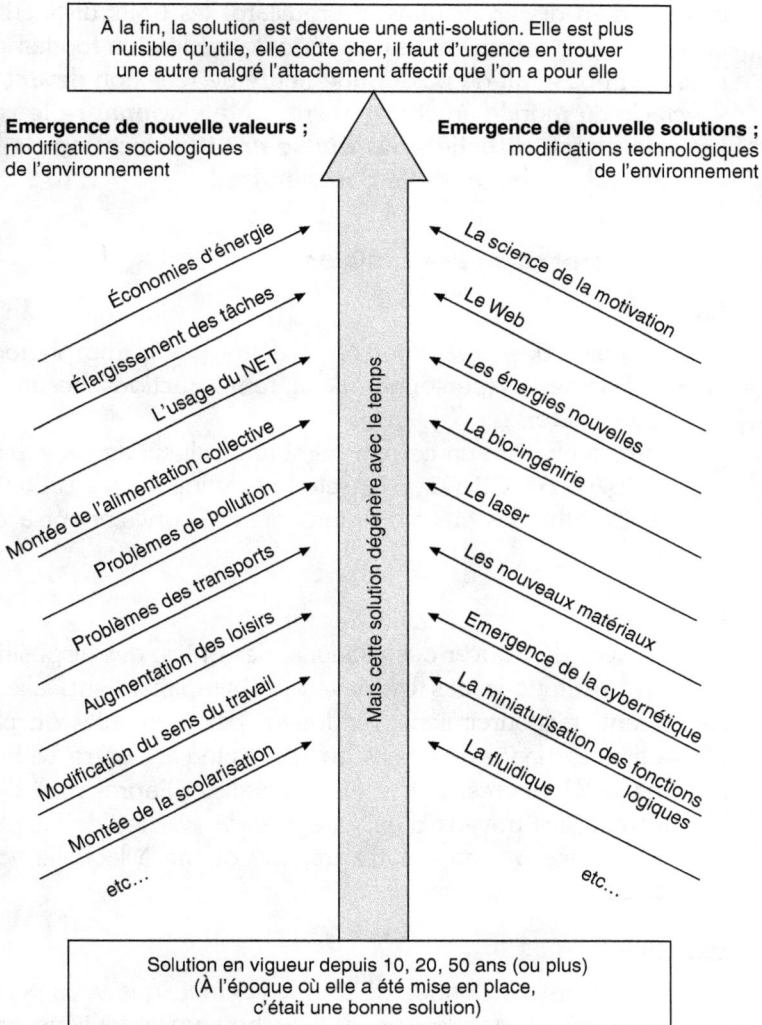

Figure M.4 : La méthode des ascendances

essayer d'en discerner dans le brouillard, les traits distinctifs : chaque matin, comme dans une sorte de méditation fondamentale, il s'imposerait de passer une heure de réflexion devant ce spectacle du monde en changement... **Mais connaître le réel est une œuvre difficile pour qui se croit la vocation de lui donner des ordres et de le contraindre !**

Exercices de perception des malaises

Exercice 1

L'espace des problèmes étant défini par la morphologie citée ci-dessus (personnes, lieux, temps, actions, besoins... à compléter) :
Tirez au hasard un certain nombre des lieux de cet espace (ex : A2 B1 C3 D1 E4... etc.) et définissez les produits, outils, attitudes et comportements qui conviennent à ces lieux.

Exercice 2

Essayez de trouver des produits, des outils, des dispositifs, des institutions des conduites qui simplifieraient, allégeraient, raccourciraient, rendraient plus agréables ou plus efficaces : la vie d'un bébé de trois a cinq ans entre 18 heures et 21 heures, le métier de buraliste, l'après-midi d'un retraité, les travaux d'un garagiste, la journée de l'écolier de 12 ans ou toute autre tranche de vie à laquelle vous pourriez vous intéresser

Exercice 3

Faire la liste ordonnée de tous les défauts que vous percevrez dans : un sarcloir, un tire-bouchon, un fauteuil, un livre, un ordinateur portable, un bureau de poste, une gare SNCF, le système de sécurité sociale français, les systèmes actuels d'assurance automobile, le suffrage universel... Ou la liste des problèmes que vous avez rencontrés pendant votre précédente journée, pendant vos dernières vacances, dans le cours habituel de votre vie de famille, à la relecture de votre journal de ce matin, dans le cours de votre vie professionnelle, en vous faisant et en mangeant un sandwich, en prenant votre bain, en allant en classe ou à votre travail...

Exercice 4

Essayer d'analyser dans le détail (au moyen d'un arbre) l'un ou l'autre des besoins globaux indiqués ci-après : besoin d'approvisionnement domestique, besoin de beauté-santé, besoin de formation permanente, besoin de mobilité professionnelle, besoin de sécurité physique, besoin d'information, besoin de réalisation personnelle... etc. Définir ensuite les institutions, les modes de vie, les dispositifs techniques, les outils qui permettraient de les satisfaire.

DEUXIÈME ÉTAPE : L'EXPLORATION DE L'ENVIRONNEMENT (RASSEMBLEMENT DES INFORMATIONS)

L'intelligence moderne est devenue particulièrement sensible à la notion de relation. **Rien n'existe isolément, en soi et pour soi, mais tout a sa place dans un contexte organisé** (*cf.* le structuralisme, la mathématique des ensembles, la systémique), par rapport auquel non seulement il se définit, mais sans lequel il ne serait rien.

La première démarche d'une recherche sera donc d'explorer **« l'univers » général** dans lequel se pose la question. Par exemple, s'il s'agit de la construction d'un bâtiment, on se demandera qui sont ceux qui vont l'habiter ou y travailler, comment ils s'habillent, se distraient, se nourrissent, dorment, aiment... et qui sont ceux qui verront ce bâtiment ; qui sont ceux qui le construiront ; ceux auxquels il apportera quelque chose ; ceux auxquels il ôtera quelque chose ; à quels préjugés il se heurtera, à quels besoins il répondra ; et d'une façon plus générale, dans quel contexte culturel, social, géographique, économique, il se situera.

Il y a, dans l'étude de cet environnement, beaucoup d'éléments dont on serait parfois tenté de considérer qu'ils sont secondaires, mais dont la prise en compte sera décisive lors des phases ultérieures.

L'étude de l'environnement a pour objet de prévenir l'élaboration d'une solution hâtive dans laquelle on n'aurait pas tenu compte de toutes les « données »... Quand on part pour l'Himalaya, ou pour le désert africain, ou pour la lune, **il faut passer un certain temps à se documenter sur le milieu dans lequel on devra évoluer :** il en est de même lorsqu'on veut résoudre même un modeste problème... Et si l'on est soi-même plongé dans cet environnement, il faudra prendre tout le recul nécessaire pour le voir avec des yeux neufs.

L'étude de l'environnement peut ne pas être considérée comme une phase créatrice du processus de résolution des problèmes : c'est exact dans la mesure où l'on doit s'efforcer d'atteindre à une connaissance objective et neutre des données. C'est inexact dans la mesure où les phénomènes observés devront être interprétés et décrits à travers des « modèles » qu'il faudra bien créer.

Cette phase d'étude de l'environnement est très importante dans les problèmes comportementaux qui concernent de nombreuses personnes. Elle est beaucoup plus réduite lorsque les problèmes ont une dimension essentiellement technique.

On pourra en venir à bout :

a) d'abord en définissant, au sein d'un groupe restreint composé de personnes directement concernées, les grandes dimensions à explorer ;

b) en complétant cette analyse en chambre par une exploration sur le terrain ; enquête, consultation, données statistiques, recherche de motivation ;

c) en faisant une synthèse lisible et claire de l'ensemble de ces données.

Dans le cas de problèmes complexes, cette **enquête préalable** peut durer plusieurs semaines ou plusieurs mois, et demander des moyens d'investigation importants.

Ce serait une grave imprudence que de chercher à résoudre le problème en court-circuitant cette phase initiale : on risquerait de proposer **une solution « technocratique »** qui ne conviendrait pas aux intéressés parce qu'on aurait négligé ou oublié une donnée importante.

Suivant les cas, on pourra pratiquer l'une ou l'autre des approches suivantes.

LES TECHNIQUES D'EXPLORATION DE L'ENVIRONNEMENT

La recherche des causes

Cette approche est particulièrement indiquée lorsqu'on se trouve en présence d'un problème caractérisé par un « désordre » ou un « malaise » manifeste : une machine est tombée en panne, un accident du travail se reproduit fréquemment, un conflit est sur le point d'éclater, et sans exclure (au contraire) les problèmes particulièrement complexes et subjectifs. **Dans un certain nombre de cas de caractère plus technique, le malaise pourrait être caractérisé par le mot « panne »** (le dispositif est en panne) et la recherche des causes prendra le caractère d'une investigation de type « méthode expérimentale ». Et lorsqu'on aura trouvé la cause, le problème sera résolu. Exemple : si le moteur s'arrête, c'est parce que le tuyau d'alimentation est coupé.

Dans d'autres cas, et en particulier lorsque des questions de comportement dans un système complexe seront en cause, **les causes seront plus diffuses, plus nombreuses et moins caractérisées.** Souvent il se produira entre elles un effet de synergie tel qu'aucune ne sera déterminante, mais que la réunion de plusieurs causes faibles produira un effet redoutable. Enfin, ces causes se trouvent hors de portée d'une action directe : on peut toujours changer les vis platinées d'un moteur, mais pas toujours le comportement d'un professeur anxieux et colérique. Quelles sont les causes du malaise ? Le groupe d'analyse se livrera à une investigation poussée, en s'efforçant d'appliquer le conseil de Valéry : « **Il est essentiel de ne pas comprendre »,** ou celui d'Aristote parlant de la science comme du fruit d'un étonnement. C'est-à-dire qu'il faudra essayer de ne pas se satisfaire d'explications superficielles, mais remonter toujours au-delà, en faisant éclater les formules creuses sur lesquelles on est tenté de prendre appui.

Voici un exemple de la façon dont il faut faire éclater les formules creuses par lesquelles on tente d'expliquer les phénomènes : « La cause est que Untel n'est pas sympathique ». Cela ne suffit pas : « Pourquoi n'est-il pas sympathique ? – Parce qu'il a des réactions désagréables. – Pourquoi a-t-il des réactions désagréables ? – Parce qu'il travaille dans des conditions impossibles – Pourquoi travaille-t-il dans des conditions impossibles ? –

Parce que son chef ne lui fait pas confiance et que tout le service repose sur lui. De plus, sa femme est malade et il est toujours tendu... ». Voilà qu'on vient d'arriver à des choses vraies après avoir dépassé les formules subjectives.

L'investigation causale pourra s'exprimer dans une forme arborescente, grâce à laquelle on pourra descendre dans un détail très précis :

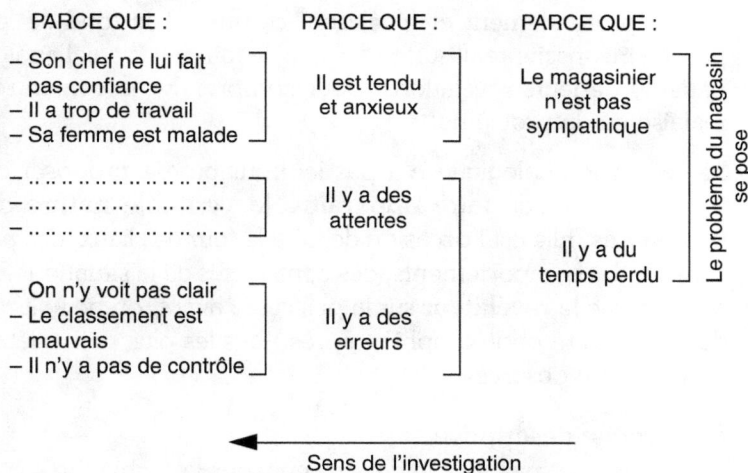

PARCE QUE :

- Son chef ne lui fait pas confiance
- Il a trop de travail
- Sa femme est malade

- ....
- ....
- ....

- On n'y voit pas clair
- Le classement est mauvais
- Il n'y a pas de contrôle

PARCE QUE :

Il est tendu et anxieux

Il y a des attentes

Il y a des erreurs

PARCE QUE :

Le magasinier n'est pas sympathique

Il y a du temps perdu

Le problème du magasin se pose

← Sens de l'investigation

Figure M.5 : Recherche des causes

L'approche affective

Cette approche peut venir compléter la précédente, ou être employée directement lorsqu'il s'agit de problèmes moins aigus, beaucoup plus diffus, dans lesquels on éprouve un malaise vague sans pouvoir préciser exactement de quoi il s'agit.

La seule façon de le savoir est d'amener les intéressés à prendre conscience de sentiments qu'ils ne peuvent pas ou n'osent pas exprimer directement. Si le problème concerne, par exemple, l'organisation d'un centre social, ou la situation dans une classe ou dans un atelier, on aura recours à la **méthode analogique,** et on demandera aux participants : « À quoi vous fait penser... l'objet de notre étude... ? ». « À un bagne, à un courant d'air, à un beau discours, à un vieux monastère, à un étang vaseux, à un nid douillet... ». Dans ces comparaisons, les participants s'engageront profondément et révéleront ce qui fait le fond de leur pensée inconsciente. Il suffira ensuite de faire avec eux l'analyse patiente de leurs révélations, pour comprendre le contenu du malaise ou du problème.

La méthode analogique n'a pas ici pour but de proposer des solutions, mais de **faire apparaître la véritable nature des problèmes.** Elle est l'occasion de faire le tour des lieux, des personnes, des comportements, des contraintes de la situation. Elle agit comme le **révélateur** sur la pellicule : avant, on ne voit rien de ce qui a été photographié ; après, tous les plus petits détails peuvent être observés.

L'approche descriptive
Si l'on ne veut pas, dès le départ, engager la recherche sur un chemin aussi intense, ou si l'on veut simplement formaliser, après l'approche affective, les résultats qu'elle a fournis, on peut se contenter de faire une description minutieuse de l'environnement.

Cette description sera habituellement contenue dans les quatre têtes de chapitres suivantes :

1) **Description sociologique :** Quels sont les institutions, les coutumes, les comportements, les fonctions, en un mot, le milieu humain dans lequel se situe le problème posé... ?

2) Description technologique : Comment est aujourd'hui résolu (ou non résolu) le problème qui se pose : techniques mises en œuvre, matériaux disponibles, contraintes diverses... ?

3) Description économique : Quels sont les coûts, d'une part, du malaise ou du désordre étudié ; d'autre part, des solutions actuellement en vigueur ? De quoi peut-on disposer pour mieux résoudre le problème ?

4) Approche schématique (ou macroscopique). Les approches que nous venons de proposer aboutissent à une analyse énumérative et non structurée... Il est généralement excellent de reprendre l'ensemble du problème et, selon le mot de Joël De ROSNAY, de le passer au macroscope, c'est-à-dire d'en construire un modèle cybernétique, dans lequel apparaîtront les grandes interactions. Rien n'est plus stimulant pour l'esprit que d'essayer d'expliquer une situation en se servant d'un graphe qui révélera comment les diverses actions des diverses personnes se combinent les unes avec les autres, chacune servant à l'autre de régulateur. Un graphe de ce genre fait apparaître généralement en toute clarté les carences ou les lacunes du dispositif sur lequel on se penche. Quel général livrerait une bataille sans s'être penché sur la carte de la situation pour y voir comment il peut heureusement combiner les données de la géographie avec ses ressources militaires pour obtenir le meilleur résultat possible ? **Le graphe descriptif peut jouer dans une bataille le rôle de la carte des opérations.**

Autres approches

Cette exploration de l'environnement pourra également être faite grâce à toutes les méthodes étudiées pour percevoir le malaise, en particulier « le point de vue de Sirius » (la recherche des causes) ou le « scénario » (la prise de distance).

RECHERCHE DE LA CONTRADICTION

Au cœur de tout malaise se trouve une **contradiction,** c'est-à-dire l'opposition de deux éléments antinomiques accusée (ou excitée, ou exaspérée) par l'évolution dans le temps du phénomène étudié... Par exemple :

La fonction fenêtre	+ Mettre l'appartement en relation avec l'extérieur − Isoler l'appartement de l'extérieur
La fonction Entreprise	+ Rendre un service qui permette de faire économiser de l'argent au client − Mais extraire du client un maximum d'argent
La fonction planification	+ Préparer l'avenir à l'avance de façon à n'avoir plus à s'en occuper − Rendre disponible aux opportunités et rester toujours aux aguets
La fonction de gestion d'un magasin de pièces détachées	+ Réduire au minimum le montant des stocks (qui suppose des risques de rupture) − Assurer un approvisionnement régulier des ateliers (qui suppose un maximum de stock)
La fonction enseignement	+ Apporter à l'élève une connaissance extérieure − Mais savoir qu'il n'apprendra rien qu'il n'ait personnellement découvert
La fonction chaises de jardin	+ Permettre de jouir de la nature − Mais isoler de la nature

Figure M.6 : La contradiction dans les objets

C'est ce qu'on pourrait appeler **la structure dialectique** des problèmes. En prononçant ce mot, nous nous référons à tout un système de pensée qui, partant de Platon **(le Parmenide),** débouche à notre époque sur toutes les logiques de l'action mises en œuvre par les théoriciens des révolutions (Ex. : Marx, Lénine, Mao ...) **pour essayer de transformer un monde qui considérait jusqu'ici que la stabilité était sa grande vertu.**

Le moment culminant de cette analyse de l'environnement consistera donc dans **la définition de la contradiction caractéristique** du problème qu'on y aura soulevé. C'est sur cette base seulement qu'on pourra envisager une solution, qui sera efficace dans la mesure où elle prendra appui sur les forces développées dans ces contradictions.

TROISIÈME ÉTAPE : LA DÉFINITION DES FONCTIONS

Dans le langage courant, nous exprimons plus le besoin de l'objet que le besoin du service qu'il nous rend. Nous disons :

- J'ai besoin d'une automobile, au lieu de : J'ai besoin de me déplacer.
- J'ai besoin d'un téléphone portable, au lieu de : J'ai besoin de communiquer.
- J'ai besoin d'une école, au lieu de : J'ai besoin d'apprendre.

Mais nous oublions qu'il n'y a pas une coïncidence obligatoire entre les objets ou les institutions qui nous sont proposés et les besoins qu'ils doivent satisfaire : soit parce que, lors même de leur conception, ils n'ont pas pu être adaptés exactement au besoin ; soit parce que le besoin a lui-même changé depuis qu'ils ont été conçus. Et nous sommes paralysés dans notre évolution personnelle parce que nous vivons dans un monde d'objets immobiles qui finissent par être pris pour des absolus.

Par exemple, les lits de nos ancêtres étaient équipés de matelas de crins qui se durcissaient et se déformaient sous le poids du corps : il fallait compenser ces défauts par la présence d'un sommier très souple qui absorbait les déformations. Nous avons maintenant des techniques de fabrication de matelas à ressorts, ou en mousse élastique, qui rendent inutile la présence d'un sommier élaboré : on pourrait les poser sur une surface plane (une planche, par exemple), le sommeil serait aussi confortable et la position du corps bien meilleure. Cependant beaucoup sont encore tentés, avant d'acheter un lit, de vérifier encore l'élasticité du sommier. **Ils veulent le lit et pas le repos.**

Ces problèmes peuvent se résoudre dans une espèce de logique ternaire : outil, fonction, besoin. **L'outil** ou le produit est la chose bien concrète et tout à fait contingente qui nous est offerte ; **le besoin,** c'est le mouvement indistinct et puissant qui nous pousse vers le produit ; **la fonction** est une donnée intermédiaire qui permet de traduire le besoin en termes de produit. La fonction est, pour ainsi dire, la « morale » du produit, ou une sorte de produit virtuel. Elle nous permet de découvrir quelle doit être l'adéquation entre le produit et le besoin, et par conséquent, nous donne l'instrument nécessaire au rapprochement de l'un et de l'autre.

Dans les pages qui suivent, les deux questions que nous allons apprendre à nous poser sont donc :

- À quoi cela sert-il (à propos de l'outil) ?
- De quoi avons-nous besoin (à propos de nous) ?

Cette démarche intellectuelle est pratiquée instinctivement depuis très longtemps ; mais elle a été systématisée et transformée en méthodologie explicitée par les techniciens de l'Analyse de la valeur dans les années 1940-1950. Ceux-ci se sont penchés sur les produits industriels dont la conception ancienne ne

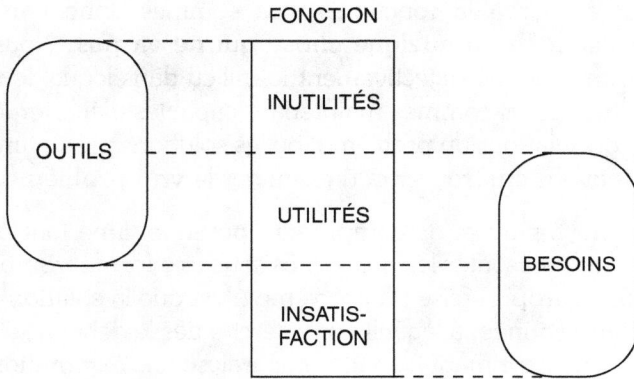

Figure M.7 : L'outil correspond plus ou moins bien au besoin

concordait pas avec les nouvelles techniques, les nouvelles matières, les nouveaux modes de vie ; et ils ont été amenés à les critiquer et à les reconstruire pour les rendre plus conformes à la fonction qu'ils avaient à remplir. Depuis, cette méthodologie a été généralisée.

NOTE SÉMANTIQUE – Les mots sont équivoques et imprécis. Nous disposons en effet, pour exprimer l'idée de cette finalisation du problème, de toute une liste de synonymes qui risquent de créer dans l'esprit une certaine confusion.

Nous disons en effet :

Objectifs, buts, demandes, revendications, besoins…. si nous prenons le point de vue de l'utilisateur ;
Fonctions, caractéristiques, qualités, contraintes… si nous considérons le cahier des charges de l'outil.

Pour arriver à la fonction, nous sommes donc partis d'un **malaise... Il y a quelque chose qui ne va pas.** Nous avons ensuite examiné objectivement le milieu dans lequel le malaise se situe : nous sommes maintenant capables d'écarter les fausses formulations du problème, ou les solutions prématurées que nous avons cru trouver et d'examiner le **vrai problème.**

Ceci nous permet de comprendre pourquoi il ne faut pas, dès l'origine, présenter les problèmes sous une forme trop précise : la forme trop précise du problème n'est que la solution instinctive, irraisonnée, à laquelle on cherche dès le début à se raccrocher. En l'exprimant trop tôt, on paralyse une exploration large, on se concentre trop tôt sur un système d'explication, on s'enferme dans un type de démarche peut-être voué à l'échec.

L'Analyse Fonctionnelle, c'est-à-dire la définition circonstanciée des buts que l'on poursuit, des effets que l'on compte provoquer, est une phase essentielle de toute action. Nous devrions y être entraînés dès l'enfance par une longue pratique.

Certains mots sont actifs, d'autres passifs. Certains sont positifs, d'autres négatifs, d'autres neutres... Ils révèlent certes des nuances psychologiques intéressantes, mais nous proposons de considérer l'ensemble de ces mots comme **un mot collectif** à signification globale. Le fait qu'une chaise de jardin doive ne pas s'enfoncer dans un sol meuble est-il une contrainte à laquelle se soumettre, une qualité ou une caractéristique de l'instrument, une fonction à remplir ou un article du descriptif ou du cahier des charges ? Cela n'a pas beaucoup d'importance ; et on peut tout aussi bien considérer qu'il s'agit d'une demande, d'une revendication, d'une attente, d'un besoin, d'un but ou d'un objectif... de celui qui s'en servira. Il faut donc ne pas s'embarrasser de trop de nuances.

MALAISE	FAUSSE FORMULATION OU SOLUTION PRÉMATURÉE	VRAI PROBLÈME (fonction à remplir)
Qu'est-ce qui se passe avec mon enfant	Je vais lui faire prendre un fortifiant	Comment améliorer sa relation avec moi
Les femmes participent peu à la vie municipale	Il faut faire un lâcher de ballons avant les élections	Comment vaincre le sentiment d'infériorité des femmes
Tel produit de telle entreprise n'est plus rentable	Il faut augmenter le prix de vente	Il faut reconcevoir le produit
Il y a des tensions dans l'atelier des presses	Il faut accorder une augmentation ou une prime	C'est le mode de commandement qu'il faut revoir

Figure M.8 : Faux problèmes et vrais problèmes

C'est l'éternelle illusion des moyens que l'on prend pour des fins. Ou alors il faut accepter que, partant de la solution proposée, on remonte jusqu'à l'analyse du malaise correspondant, qui fera éclater la solution proposée.

Le problème à résoudre commence préférentiellement par la formule : « Je suis embêté parce que… » (et non par : « Il va falloir que je fasse telle chose »). Ensuite, il faut approfondir et découvrir ce qui se cache au fond du malaise.

Premier temps : les personnes concernées

Nous devons ensuite faire l'énumération explicite des personnes concernées.

Le Porteur est celui qui éprouve directement le malaise : il est le premier concerné. Il peut être conscient ou inconscient du problème, bien qu'il soit la victime du malaise.

On peut distinguer les **porteurs au premier degré** (les membres de l'atelier où il y a une tension, les ménagères qui ne savent pas comment rapporter leurs provisions du marché, les habitants de l'appartement dont on est en train de faire les plans), et les porteurs au second degré, qui ont institutionnellement à résoudre le problème (le contremaître, le fabricant de sacs, chariots, etc., l'architecte).

Les « Voisins » sont ceux qui se trouvent dans le voisinage du porteur, qui sont concernés par le problème posé et qui surtout seront concernés par la solution trouvée. En d'autres termes, c'est le milieu où se pose le problème. Les amis, les voisins, les collègues, les supérieurs ou inférieurs, les clients ou fournisseurs du porteur... La limite entre porteurs et voisins n'est pas toujours très nette. Les problèmes ont toujours un caractère collectif, même lorsqu'une seule personne paraît être essentiellement en cause.

Le Verrou... Il arrive que, dans un certain nombre de problèmes d'ordre comportemental, l'essentiel du malaise soit provoqué par l'attitude d'une personne ou d'une catégorie de personnes qui bloquent toute évolution. Ce blocage peut d'ordinaire se manifester :

- soit lorsque des intérêts sont en jeu : remise en cause d'un privilège ;
- soit pour des raisons psychologiques : incapacité de changer ou volonté de puissance.

Le Décideur (payeur) est celui qui possède le pouvoir et les ressources nécessaires à la mise en œuvre de la solution proposée. Il est parfois difficile à identifier, en particulier dans les organismes complexes et centralisés, où le problème peut être posé à plusieurs niveaux et où les pouvoirs de chacun des échelons hiérarchiques sont mal définis... Mais il est inutile d'étudier un problème si l'on ne sait pas qui peut et qui est prêt à prendre des décisions nécessaires pour le résoudre.

La nature de la solution (et même du problème) peut changer avec le niveau du décideur. Si les pouvoirs du décideur sont limités, il faudra rester dans son cadre et ne proposer que des solutions qui soient à sa portée (même si elles sont imparfaites). Ou alors il faudra aller trouver avec lui un décideur de niveau supérieur. Si les pouvoirs du décideur sont absolus, la solution proposée pourra modifier de façon très importante le fonctionnement du système.

Par exemple, un problème scolaire sera résolu de façon différente selon que le décideur sera le professeur, le directeur de l'établissement ou le ministre de l'Éducation Nationale.

L'acheteur est un personnage complémentaire indispensable à prendre en compte. L'acheteur est le « **client** » du décideur. C'est le décideur au second degré. C'est celui qui sera content de trouver la solution qui aura été inventée et de la mettre en application (par exemple les ouvriers de l'atelier réorganisé par le chef d'atelier). Lorsque cette solution sera un produit ou un service de l'industrie, l'acheteur méritera son nom : il achètera la solution. Dans les autres cas, il sera « acheteur » par analogie, c'est-à-dire qu'il acceptera de mettre en œuvre la solution qu'on aura élaborée pour lui (par exemple encore, les professeurs peuvent être « acheteurs » d'une méthode pédagogique mise au point pour eux par un groupe de collègues).

Parfois l'acheteur se confond avec le décideur ; plus fréquemment, il n'est autre que le porteur de problème.

Le poseur du problème peut être l'un des personnages précédents : mais il peut également être un tiers. Ce qui le caractérise, c'est son **état de conscience** en face du problème. Quelles que soient les raisons qui le poussent, il contribue à le faire apparaître au plein jour. Le poseur voudrait faire cesser le malaise des porteurs ; mais il voit le problème sous un angle qui lui est propre et il éprouve parfois de la difficulté à bien comprendre les difficultés du porteur.

Le résolveur, enfin, est celui qui est chargé, ou qui se charge, de conduire les opérations d'analyse et de recherche. C'est un technicien de la méthodologie et de la conduite des groupes. Bien entendu, le résolveur peut aussi être porteur, poseur, décideur, acheteur ou voisin...

L'ensemble de ces personnages doit être défini au début de chaque recherche, sous peine d'échec certain.

Pour être complet, il faudrait encore mentionner le groupe sur lequel pourra s'appuyer le résolveur :

- tantôt groupe d'analyse dans les premières phases du problème,
- tantôt groupe de recherche d'idées dans les dernières phases.

Les membres de ces groupes peuvent être pris parmi les personnes ci-dessus mentionnées.

Deuxième temps : l'inventaire des attentes

Tous ces personnages sont explicitement engagés dans le problème. La question qui se pose est de savoir ce qu'ils veulent... En effet, la solution qui sera proposée sera bonne dans la mesure où elle satisfera au mieux les attentes des personnes. Nous devons abandonner ici toute conception métaphysique de la résolution de problèmes. **Il n'y a pas de solution idéale, ni de solution éternelle ; il y a la solution qui, ici et maintenant, répond le mieux aux préoccupations des gens.**

PROBLÈMES

		Tensions dans l'atelier des tours automatiques	Comment la ménagère peut-elle ramener ses provisions ?	Comment concevoir l'appartement de la famille Z…	Aménager le placard de Bernard (célibataire bricoleur)
Porteur	1	Les ouvriers	Les ménagères	Les futurs habitants (enfants inclus)	Bernard
	2	Le contremaître	Le fabricant de sacs, paniers, chariots…	L'architecte	Bernard
Voisins		Les autres ateliers Le chef du personnel Les syndicats Le Comité d'entreprise	La famille Les détaillants Les piétons Les voisins	Les amis Les femmes de ménage Les voisins	Personne
Verrou		La Direction ou tel ouvrier ou le Directeur Technique	Les habitudes de la ménagère	L'inertie mentale des futurs habitants	Bernard
Décideur		Le Directeur Technique	Le fabricant	Monsieur et Madame Z…	Bernard
Acheteur		Le contremaître Les ouvriers	Les ménages ou les ménagères	Les futurs habitants (enfants inclus)	Bernard
Poseur		Le chef du personnel	Le Directeur du Marketing du fabricant	L'architecte	Bernard
Résolveur		Le psychologue	Le chef du service recherche du fabricant	L'architecte	Bernard

Figure M.9 : Exemples de « Personnes concernées »

Cet inventaire doit être fait en mettant en regard l'aspect positif, **les espoirs,** et l'aspect négatif, **les craintes,** que les uns et les autres peuvent éprouver concernant la solution que l'on apportera au problème. (Il faudrait que je puisse mettre beaucoup de choses dans ma poussette, dit celui qui fait les courses ; mais il ne faudrait pas que je risque de heurter les passants en la traînant derrière moi ...). De plus, il faut s'efforcer, du côté des espoirs comme du côté des craintes, d'examiner les attentes **de caractère technique,** utilitaire, pratique, conscient et volontaire et, d'autre part, les **motivations d'ordre affectif,** émotionnel, inconscient, profond, lesquelles pèsent souvent plus lourd dans les décisions que les précédentes (Étude de motivation).

Il n'est d'ailleurs pas toujours possible de définir à partir de quel moment ce qui est utilitaire devient affectif, ou dans quelle mesure une revendication repose sur des critères techniques (utilitaire) ou psychologiques (affectif).

Le tableau suivant pourrait symboliser la démarche d'investigation nécessaire.

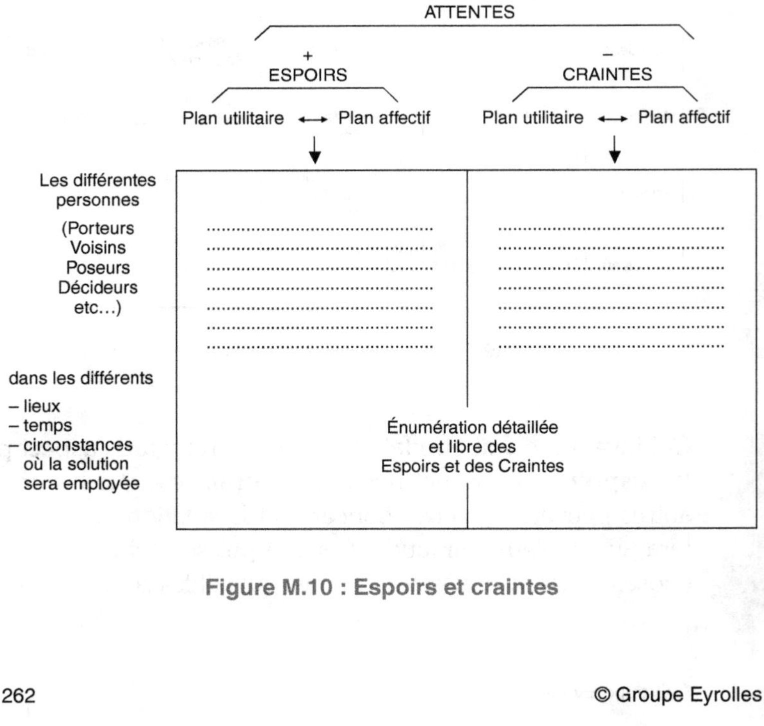

Figure M.10 : Espoirs et craintes

Lorsque la démarche analytique que nous venons de décrire est trop lente ou trop complexe, on peut aussi employer une méthode plus directe : on « jette à la figure » des intéressés toute une série de solutions improvisées de caractère extrême : « et si nous adoptions telle solution, que diriez-vous ? – Moi, répondrait l'un, cela m'irait très bien parce que... », « Moi, répondrait l'autre, cela ne m'irait pas du tout parce que... ». Et on voit ainsi apparaître, par réaction aux solutions proposées, tout ce que les intéressés n'ont pas réussi à formuler directement.

Troisième temps : la synthèse et l'arbre fonctionnel
(ou cahier des charges)

À partir de l'analyse globale et contradictoire des attentes des personnes, il faut faire un **travail de synthèse** dans lequel nous nous efforcerons de simplifier, d'ordonner les idées, et surtout de surmonter les contradictions. Ce travail de synthèse aura toujours un caractère subjectif : il reflétera l'éthique personnelle (ou simplement les options pratiques) des résolveurs du problème. **Mais il faut savoir que la solution du problème est aussi l'œuvre créatrice des chercheurs et qu'elle ne peut qu'être marquée du sceau de leur personnalité.**

Nous avons employé l'expression « cahier des charges ». Mais il reste entendu que nous demeurons exclusivement dans l'univers des buts à poursuivre et que nous n'anticipons absolument pas sur les moyens. En effet, toute liberté doit être laissée au chercheur de réaliser à sa guise les fonctions définies.

Nous proposons de réaliser ce cahier des charges sous la forme d'une arborescence à trois niveaux. Le niveau supérieur définit **l'objet de la recherche ou « fonction fondamentale » ;** le niveau intermédiaire décrit les sous-fonctions qu'il faut à tout prix remplir et sans lesquelles il n'y aurait pas de découverte réussie ; le troisième niveau permet de donner de chaque sous-fonction **une description précise et détaillée.**

Voici, par exemple, à quoi pourrait ressembler le cahier des charges d'une nouvelle fenêtre :

Fonction	Sous-fonctions	Analyse des sous-fonctions	Types	
	Laisser passer la lumière	Grande transparence	1	3
		Facile à nettoyer	1	1
		Vision non déformée	1	3
	Isoler	Isolation thermique	1	3
		Isolation phonique	1	5
Fonction « fenêtre »		Protection U.V.	0	2
		Protection regards extérieurs	0	2
	Ouvrir et fermer	Silencieusement	1	3
		Sans encombrement	1	2
		Ouverture réglable	0	3
		Maniement facile	0	5
		Ne pas battre	1	3
	Poser	Cadre indéformable	3	1
		Fixation au pistolet	3	1
		Pas de peinture	3	3
			I	II

Figure M.11 : Fonctions d'une fenêtre

Les deux dernières colonnes permettent de définir deux types de fenêtres. Le type I, fenêtre bon marché pour laquelle peu de qualités sont demandées, si ce n'est en ce qui concerne la pose, qui doit être facile. Le type II, d'un très haut niveau de qualité, mais dont il importe peu, car c'est une fenêtre de luxe, que la pose soit plus difficile.

L'établissement de cet arbre fonctionnel est indispensable. **Il permettra, à chaque étape de la recherche, de se situer par**

rapport au but poursuivi et, lorsque des solutions auront été trouvées, de les évaluer correctement. Dans les cas complexes, l'arbre pourra comporter des niveaux plus nombreux, grâce auxquels la difficulté sera plus facilement maîtrisée.

Aussi souvent que cela sera possible, après être descendu dans le détail des qualités élémentaires, on mettra des unités de mesure caractéristiques de ces qualités :

- Isolation phonique :
  • Haute fréquence (en décibels)
  • Basse fréquence (en décibels)

Même un objet très simple, composé à la limite d'une seule pièce, relève de l'analyse fonctionnelle ; et souvent d'une analyse fonctionnelle beaucoup plus fine qu'on ne le soupçonnerait à première vue. Prenons par exemple un simple verre à boire...

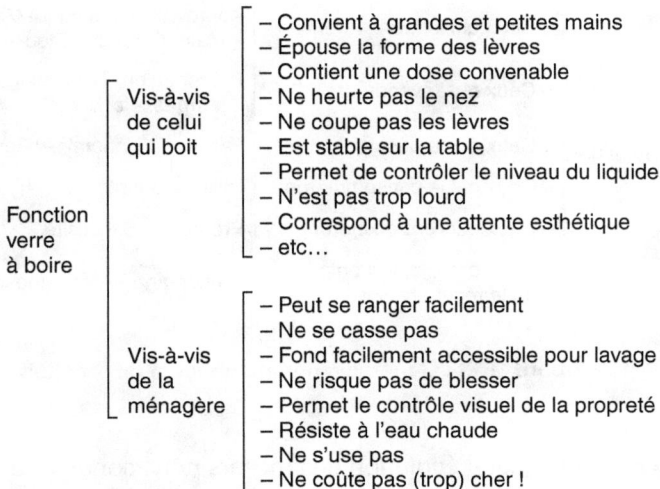

Fonction verre à boire

Vis-à-vis de celui qui boit
- Convient à grandes et petites mains
- Épouse la forme des lèvres
- Contient une dose convenable
- Ne heurte pas le nez
- Ne coupe pas les lèvres
- Est stable sur la table
- Permet de contrôler le niveau du liquide
- N'est pas trop lourd
- Correspond à une attente esthétique
- etc...

Vis-à-vis de la ménagère
- Peut se ranger facilement
- Ne se casse pas
- Fond facilement accessible pour lavage
- Ne risque pas de blesser
- Permet le contrôle visuel de la propreté
- Résiste à l'eau chaude
- Ne s'use pas
- Ne coûte pas (trop) cher !

Figure M.12 : Fonctions d'un verre à boire

... Du dosage respectif de chacune de ces fonctions et de quelques autres naît l'immense multitude des verres à boire que nous rencontrons sur nos tables.

LA GÉNÉRALISATION DU CONCEPT DE FONCTION

Dans les exemples cités, nous avons adopté le point de vue étroit de l'usager des outils, c'est-à-dire, en termes de marketing, du consommateur. Il faut, de plus en plus, élargir la perpective. **Un outil ne doit pas seulement être mis en relation avec un usager, mais avec tous ceux qui, de près ou de loin, auront « à faire avec lui » : constructeurs, vendeurs, poseurs, réparateurs...** L'arbre fonctionnel devrait, par conséquent, se construire de la façon suivante :

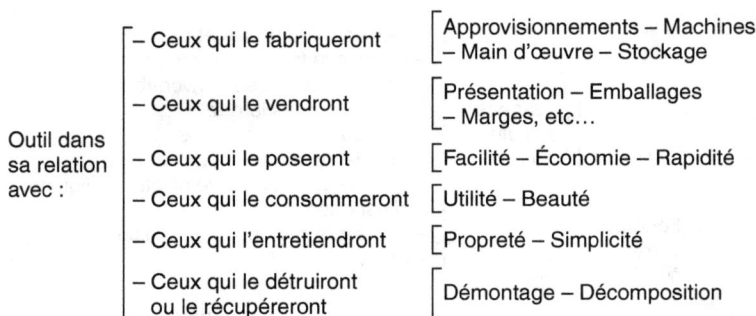

Outil dans sa relation avec :		
– Ceux qui le fabriqueront	Approvisionnements – Machines – Main d'œuvre – Stockage
– Ceux qui le vendront	Présentation – Emballages – Marges, etc...
– Ceux qui le poseront	Facilité – Économie – Rapidité
– Ceux qui le consommeront	Utilité – Beauté
– Ceux qui l'entretiendront	Propreté – Simplicité
– Ceux qui le détruiront ou le récupéreront	Démontage – Décomposition

Figure M.13 : Généralisation du concept de fonction

En particulier, l'évolution des mœurs nous conduira à éviter des structures d'outils ennuyeux à fabriquer (la crise de la main-d'œuvre), difficiles à entretenir (manque de main-d'œuvre artisanale), ou à détruire (pollution).

Exercice d'analyse fonctionnelle

Cet exercice se fera collectivement. Dans un premier temps, on évoquera avec précision toutes les circonstances de l'emploi de l'objet choisi (les temps, les lieux, les personnes, l'environnement ...). On jettera ensuite en vrac les idées de fonctions à remplir par cet objet (sans faire trop de distinction entre ce qui, dans le langage courant, s'appelle propriétés, caractéristiques, qualités et fonctions proprement dites). Puis on s'efforcera de comprendre et de classer ces fonctions. Un bon moyen de procéder à cette mise en ordre sera de construire un « **arbre fonctionnel** ». Au premier niveau figurera la fonction fondamentale de l'objet ; au second niveau, le détail des fonctions essentielles sans lesquelles l'objet en question n'existerait pas ; et au troisième niveau, l'analyse fine des qualités qui caractérisent chacune des fonctions essentielles de cet objet. On s'efforcera d'intégrer dans l'analyse et la composante utilitaire et la composante affective.

Construisez l'arbre fonctionnel de :

1) une fenêtre,
2) un lit,
3) une serrure,
4) une cuisinière électrique,
5) un parquet,
6) un sac à provisions,
7) une table à repasser,
8) un essuie-glace,
9) une maison de campagne,
10) une école secondaire,
11) une banque,
12) une entreprise,
13) un hôtel de vacances,

14) un bistrot traditionnel,
15) un appartement urbain,
ou de tout autre objet qui paraîtrait plus motivant.

(L'exercice sur la fonction peut être fait à propos, non plus d'objets ou d'institutions, mais d'hommes : quelle est la « fonction » d'un médecin, d'un professeur, d'un chef d'entreprise, d'un directeur commercial, d'un chercheur.)

QUATRIÈME ÉTAPE : LA RECHERCHE DES IDÉES DE SOLUTION

Nous voici dans le domaine créatif au sens strict du mot.

Nous renvoyons pour les méthodes indiquées à la première partie où elles se trouvent décrites, en nous contentant ici d'en faire un bref rappel. Rappelons simplement que nous sommes ici dans le domaine privilégié du **groupe pluridisciplinaire,** qui est, dans la découverte des idées, d'une extraordinaire fécondité.

Techniques de création d'idées

(Choisir celles qui paraissent le mieux adaptées.)

Première méthode : le concassage (ou brainstorming)
La solution actuellement employée pour résoudre le problème est, d'ordinaire, si présente à l'esprit et si obsédante, qu'elle risque d'en paralyser la démarche inventive. **Il faut donc s'en libérer (comment faire autrement)** grâce à la fameuse table de concassage d'Osborn.

Deuxième méthode : le système idéal
La méthode du système idéal consiste à imaginer, **sans tenir aucun compte des contingences actuelles,** un dispositif qui

donnerait la plus grande satisfaction possible, c'est-à-dire qui correspondrait le plus exactement aux fonctions décrites et retenues. C'est une autre façon de remettre en cause la réalité présente.

Troisième méthode : l'analogie

Une autre approche consiste à étudier le problème qui est posé **à la lumière de problèmes qui ont une certaine ressemblance avec lui.** Par exemple, le problème du magasin de pièces détachées est semblable aux problèmes de : l'Épicerie, la Banque, du Café-Tabac (pour ne prendre que quelques-uns des exemples les plus proches), ou de l'École, de la Pêche, de la Razzia, du Disque dur… etc. Le groupe, après avoir énuméré toutes les analogies, essaie de trouver dans chacune d'entre elles des principes de solutions…

Quatrième méthode : l'analogie vécue (ou heuridrame)

L'heuridrame est destiné à fournir du matériel de réflexion à partir d'une liste d'analogies préalablement établie. Un membre du groupe revêt pour cinq ou dix minutes l'identité de tel ou tel objet **analogique** et raconte son histoire telle qu'il la vit. Autour de lui, les autres membres du groupe « décryptent le message », c'est-à-dire traduisent ce qui est dit **en l'appliquant à l'objet même de leur recherche.**

Cinquième méthode : l'identification corporelle

Cette méthode s'apparente au mime et au psychodrame. On demande à l'un des membres du groupe de **s'identifier physiquement à l'objet de la recherche,** un personnage ou une institution. Autour de lui, les autres membres du groupe observent et notent les idées qui leur paraissent utilisables. Pour lancer le travail, on peut utiliser un système de boîte noire dans laquelle on enferme le sujet après avoir défini ce qui entre et ce qui sort.

L'identification peut prendre un caractère onirique et fantasti-que.

Sixième méthode : la méthode du grand magasin
Beaucoup de découvertes se sont faites par l'utilisation d'une idée rencontrée par hasard et transformée en solution au pro-blème posé. **Le principe de cette méthode est d'accélérer la rencontre des idées** par la consultation de listes, de catalogues, de manuels, ou par l'exploration de lieux riches en objets divers. Les stimuli peuvent également être visuels (formes, couleurs).

Septième méthode : la transposition (ailleurs et pas maintenant)
On prend le problème et on le transporte tel quel **dans une autre civilisation et dans un autre temps.** On décrit d'abord à grands traits cette nouvelle civilisation (environnement social, technique et système de valeur) puis on cherche comment le problème serait résolu dans ce contexte.

Le classement des idées de solution

Après avoir eu des idées, il faut les classer. A la phase chaude de créativité succède une phase froide et logique de classement.

Premier temps : Construction d'un arbre provisoire
On part d'une situation où toutes les idées sont exprimées en vrac par rapport à l'objet de la recherche.

Objet de la recherche :

      Idée de solution A
      Idée de solution B
      Idée de solution C
      Idée de solution D
      Idée de solution E

Idée de solution F
Idée de solution G
Idée de solution H
Idée de solution I
Idée de solution J
Idée de solution K

Mais aucun des objets du monde ou de la pensée n'est totalement isolé ou différent de tous les autres. Il existe entre tous des **relations,** c'est-à-dire une **structure.** Cette structure peut ne pas apparaître à la première démarche, elle n'en est pas moins sous-jacente au désordre apparent du donné brut. **Entre toutes les idées éparses qui ont été émises, il faut donc trouver un lien, ou mieux établir un ordre.** Pour cela, on cherchera à regrouper les idées qui relèvent du même concept : et ainsi on arrivera à des paquets de deux ou trois idées comparables. Puis, dans un deuxième temps, on cherchera à découvrir les ressemblances qui existent entre ces concepts ; et, en procédant de la même façon que pour les idées, on fera des paquets de concepts. On créera ainsi autant de niveaux qu'il sera nécessaire pour qu'on arrive au concept dominant qui regroupera tous les autres et coïncidera avec l'objet de la recherche.

Cette démarche de mise en ordre est un peu analogue à celle que fit Mendéléiev en remarquant que les corps chimiques dont la structure semblait relever du hasard le plus gratuit, pouvaient se ranger selon un certain ordre : qu'il y avait donc, sous-jacente à leur dispersion, une « raison », qui jeta sur l'étude de la nature une nouvelle lumière et permit les progrès scientifiques de la première moitié du XXème siècle.

L'homme ne peut rien dans le désordre, il est le jouet des éléments. Lorsqu'il a mis de l'ordre, il devient le maître du monde. Cela est vrai jusque dans le détail de notre vie personnelle ou professionnelle. Et le plus caractéristique, c'est qu'il s'agit non pas de mettre de l'ordre dans les objets eux-mêmes, ce qui pourrait être difficile ; mais simplement dans les idées que nous nous faisons de ces objets.

Pratiquement, un tel classement peut revêtir la forme d'un tableau à double entrée. Mais des cas aussi rigoureux que le tableau des corps simples seront rares. On adoptera plutôt la forme plus souple de l'arbre conceptuel.

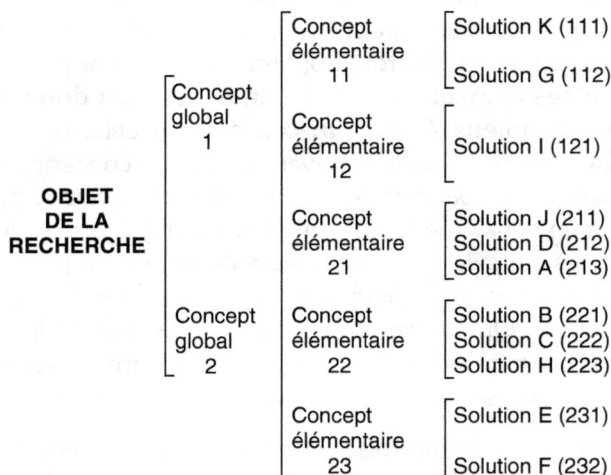

```
                                    Concept        ┌ Solution K (111)
                                    élémentaire     │
                                    11              └ Solution G (112)
                      ┌ Concept
                      │ global       Concept        ┌
                      │ 1            élémentaire     │ Solution I (121)
                      │              12              └
  OBJET               │
  DE LA               │              Concept        ┌ Solution J (211)
  RECHERCHE           │              élémentaire     │ Solution D (212)
                      │              21              └ Solution A (213)
                      │
                      │ Concept      Concept        ┌ Solution B (221)
                      └ global       élémentaire     │ Solution C (222)
                        2            22              └ Solution H (223)

                                     Concept        ┌ Solution E (231)
                                     élémentaire     │
                                     23              └ Solution F (232)
```

Figure M.14 : Construction initiale de l'arbre des solutions

Deuxième temps : révision et enrichissement de l'arbre

Le système ainsi créé est toujours un système incomplet, et souvent un système imparfait. Il faut donc le réviser et l'enrichir, et ceci ne peut se faire que par un retour aux méthodes intuitives qui s'appliquent d'autant plus facilement que l'esprit a déjà défini et circonscrit les grands domaines d'application.

On reviendra en premier lieu sur les concepts dominants. Dans l'exemple cité, nous en avons retenu deux ; n'y en aurait-il pas un troisième et peut-être un quatrième ? Il sera bien rare de ne pas découvrir que dans la première démarche on a oublié de définir tout un pan de la pensée. Ces nouveaux concepts dominants vont à leur tour, par le truchement de concepts intermédiaires, engendrer de nouvelles solutions appropriées.

On pourra ensuite, en partant de l'autre bout du tableau, c'est-à-dire des solutions, essayer de voir s'il n'y a pas d'autres possibilités concrètes qui correspondent aux mêmes concepts, et bien souvent, on s'apercevra ici aussi qu'en imaginant calmement de proche en proche, par analogie avec les solutions déjà citées, on trouvera une quantité d'autres solutions originales.

Le premier stade consiste à enrichir le tableau de droite à gauche (voir figure correspondante), en ajoutant des concepts nouveaux qui donneront des solutions nouvelles. Le deuxième stade consiste à enrichir le tableau en allant de gauche à droite, c'est-à-dire à fabriquer des solutions nouvelles correspondant aux concepts déjà définis.

On peut de plus – et ceci est très important – travailler à l'enrichissement de l'arbre en essayant de mêler ou de combiner les principes des solutions. Une fois qu'elles sont toutes inscrites sur l'arbre, il est facile de les faire défiler les unes devant les autres pour voir ce qu'elles peuvent s'apporter les unes aux autres. C'est le troisième stade qui suppose un mouvement de bas en haut et de haut en bas. Il est d'ordre combinatoire autant qu'intuitif.

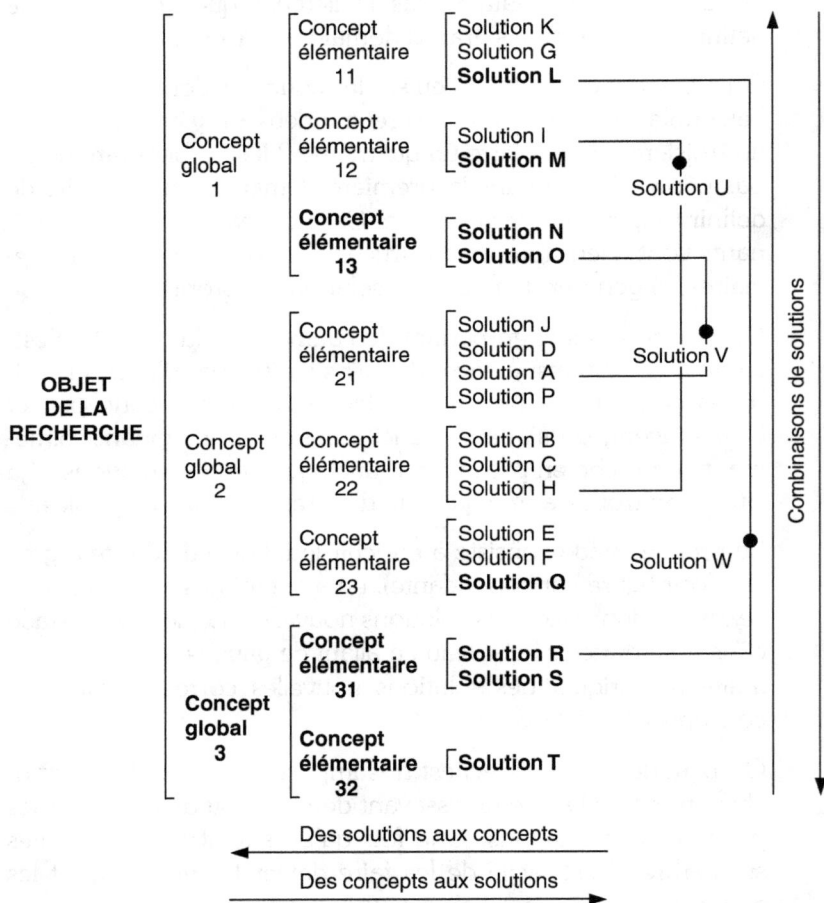

Figure M.15 : Révision et enrichissement de l'arbre

Exemple – La cafetière

a) CONSTRUCTION DE L'ARBRE

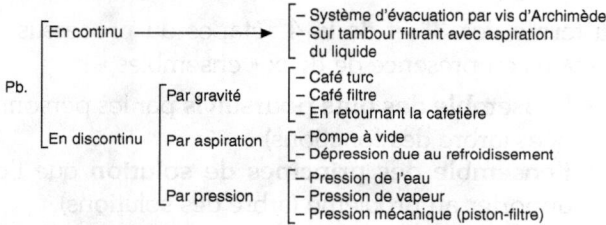

Pb.
- En continu
  - – Système d'évacuation par vis d'Archimède
  - – Sur tambour filtrant avec aspiration du liquide
- En discontinu
  - Par gravité
    - – Café turc
    - – Café filtre
    - – En retournant la cafetière
  - Par aspiration
    - – Pompe à vide
    - – Dépression due au refroidissement
  - Par pression
    - – Pression de l'eau
    - – Pression de vapeur
    - – Pression mécanique (piston-filtre)

b) RÉVISION ET ENRICHISSEMENT DE L'ARBRE

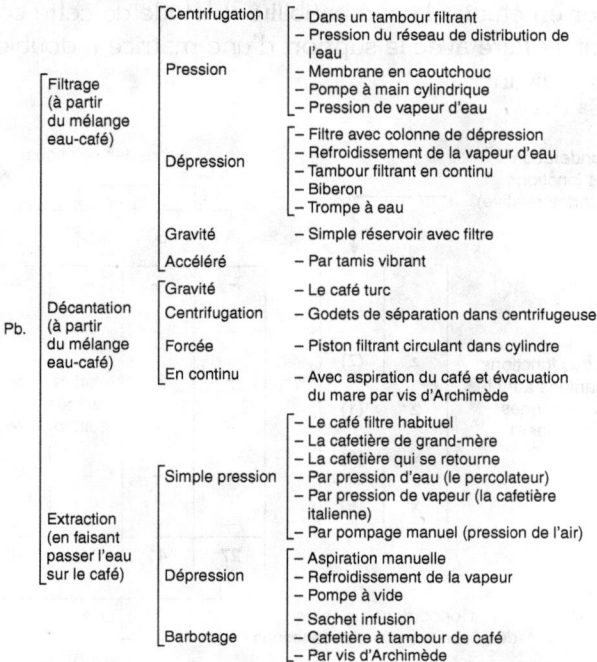

Pb.
- Filtrage (à partir du mélange eau-café)
  - Centrifugation
    - – Dans un tambour filtrant
  - Pression
    - – Pression du réseau de distribution de l'eau
    - – Membrane en caoutchouc
    - – Pompe à main cylindrique
    - – Pression de vapeur d'eau
  - Dépression
    - – Filtre avec colonne de dépression
    - – Refroidissement de la vapeur d'eau
    - – Tambour filtrant en continu
    - – Biberon
    - – Trompe à eau
  - Gravité
    - – Simple réservoir avec filtre
  - Accéléré
    - – Par tamis vibrant
- Décantation (à partir du mélange eau-café)
  - Gravité
    - – Le café turc
  - Centrifugation
    - – Godets de séparation dans centrifugeuse
  - Forcée
    - – Piston filtrant circulant dans cylindre
  - En continu
    - – Avec aspiration du café et évacuation du mare par vis d'Archimède
- Extraction (en faisant passer l'eau sur le café)
  - Simple pression
    - – Le café filtre habituel
    - – La cafetière de grand-mère
    - – La cafetière qui se retourne
    - – Par pression d'eau (le percolateur)
    - – Par pression de vapeur (la cafetière italienne)
    - – Par pompage manuel (pression de l'air)
  - Dépression
    - – Aspiration manuelle
    - – Refroidissement de la vapeur
    - – Pompe à vide
  - Barbotage
    - – Sachet infusion
    - – Cafetière à tambour de café
    - – Par vis d'Archimède

Figure M.16 : Comment faire fonctionner une cafetière

CINQUIÈME ÉTAPE : LE CHOIX DE LA BONNE IDÉE DE SOLUTION

Au terme des **3ᵉ** et de la 4ᵉ étapes du processus, nous nous trouvons en présence de deux « ensembles » :

- **l'ensemble des buts poursuivis** par les personnes concernées (arbre des fonctions) ;
- **l'ensemble des principes de solution** que l'on pourrait apporter au problème (arbre des solutions).

La phase de choix consiste à rapprocher ces deux ensembles pour en étudier la compatibilité. L'étude de cette compatibilité peut se faire avec le support d'une matrice à double entrée du type suivant :

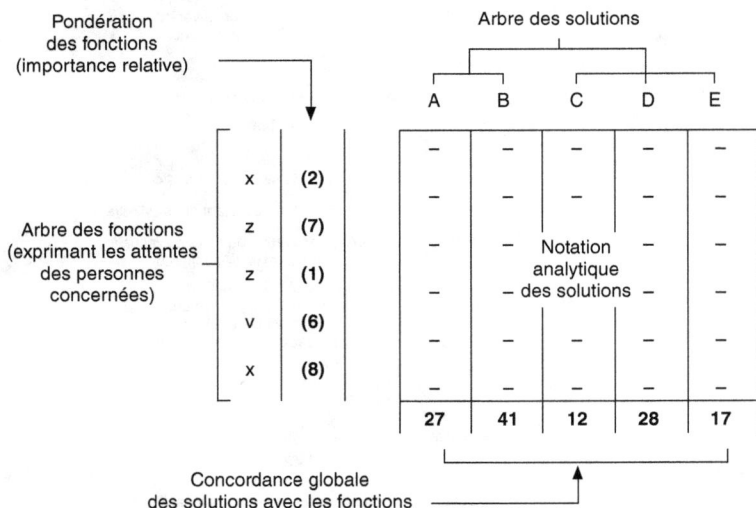

Figure M.17 : Confrontation des fonctions à remplir et des solutions

Le système peut être perfectionné par l'introduction de pondération des fonctions et de notes éliminatoires qui constitueront des seuils.

On voit que ce système est tout à fait semblable au système scolaire de la notation traditionnelle.

Précautions arithmétiques et sémantiques

Cette opération de choix peut paraître extrêmement simple : quelques additions et quelques multiplications suffisent pour imposer une décision. En réalité, si cette opération n'est pas effectuée avec beaucoup de précaution, elle risque de conduire à de graves erreurs...

Nous sommes en effet tentés de considérer que l'utilisation du quantitatif (les chiffres) dans du qualitatif (les fonctions et les solutions) introduit de la rigueur dans ce qui est fugitif, flou, insaisissable : il n'en est rien et les chiffres ne donnent jamais qu'une **fausse sécurité.**

Pour prendre des décisions, il faut ÉVALUER, et c'est là qu'est toute la difficulté.

Supposons que nous nous trouvions en présence d'un produit alimentaire auquel nous voulons reconnaître ou attribuer trois qualités :

- nourrissant ;
- bon marché ;
- bien présenté.

Les questions qui se posent à nous sont les suivantes :

Quelle est la qualité la plus importante ? Comment les évaluer les unes par rapport aux autres ? Comment et dans quelle proportion augmenter l'une pour pouvoir diminuer l'autre ? À quel degré doivent-elles être portées ? Et tout naturellement nous sommes portés à quantifier leur importance réciproque (2, 3, 5) par exemple et à fixer un seuil au-dessous duquel chacune d'entre elles devra se tenir :

* nourrissant = coefficient 2 – seuil 4/10 ;
* bon marché = coefficient 3 – seuil 7/10 ;
* bien présenté = coefficient 5 – seuil 6/10.

Mais comment « mesurer » le bon marché, le nourrissant, le bien présenté ? Nous avons cru résoudre le problème, nous n'avons fait que le déplacer. Il n'y a nulle part d'étalon qui puisse servir aux mesures que nous voulons effectuer. Qui nous permet de dire que « bon marché » vaut 3 ! et pourquoi pas 2 ou 4 ! … On voit que toute mesure de fonctions doit toujours être profondément relativisée. Les conclusions auxquelles nous arrivons ne seront pas inéluctables. Pas plus que ne le sont celles d'un jury d'examen qui admet ou qui refuse des candidats avec une marge d'arbitraire que les études docimologiques font apparaître comme importante (il faudrait, pour qu'une copie de physique soit équitablement notée, 16 correcteurs et il en faudrait 127 pour une copie de philosophie !).

C'est une des raisons pour lesquelles il faudra éviter de travailler isolément. La meilleure façon de venir à bout de la difficulté sera de constituer un groupe de notation travaillant à la façon des spécialistes de méthode Delphi : c'est-à-dire un groupe dans lequel les évaluations individuelles initiales (qui doivent être faites en toute indépendance) sont ensuite mises en commun et discutées de façon à ce que les tenants des opinions extrêmes puissent expliquer leur point de vue, et convaincre, s'ils ont raison, leurs collègues, avant que l'on passe au vote définitif de la note de groupe.

C'est également une des raisons pour lesquelles il faudra renoncer à travailler sur les solutions une par une. Comme il n'y a pas d'échelles de mesure bien définies (comme pour la température ou la vitesse) dans les matières dont nous nous occupons, il est très difficile de situer dans l'espace une solution et de lui donner une « note absolue ». Au contraire, il est beaucoup plus facile de confronter entre elles plusieurs solutions qui se fournissent à elles-mêmes des points de comparaison et se servent les unes aux autres en quelque sorte d'étalon. Pratiquement, il sera bon de travailler sur des ensembles de cinq à huit solutions. Ce nombre correspond, en effet, à ce que l'esprit humain peut facilement prendre en compte et comparer efficacement. Aller au-delà pourrait donner naissance à des oublis ou à des confusions. Nous suggérons, d'autre part, lorsque c'est possible, de mêler les solutions anciennes avec les solutions nouvelles, de façon à avoir des points de comparaison solides.

On peut aussi envisager de substituer au système cardinal (x mérite 3, y mérite 4 et z mérite 8) un système ordinal (z passe avant y qui passe avant x ; ou z est premier, y second et x troisième).

Dans le cours de ces opérations, on aura soin de passer constamment de l'analyse de détail à l'appréciation globale et de ne jamais considérer que le jugement définitif n'est que la somme inéluctable des jugements partiels. **La pseudo-quantification proposée ne peut jamais décharger le décideur de sa responsabilité.**

Optimiser ou sous-optimiser ?
En présence d'un arbre fonctionnel, on peut avoir deux attitudes :

1) Soit comparer entre elles plusieurs solutions, de façon à retenir celle qui présente le **meilleur équilibre de qualités (... et qui ne sera pas toujours celle qui aura la meilleure « note »).** C'est la technique que nous avons présentée dans les paragraphes précédents.

2) Soit, au contraire, choisir **une des fonctions** que l'on considère de loin comme la plus importante, ou comme la moins usée, ou comme la moins exploitée (dans le cas d'une situation concurrentielle), et demander que la solution proposée vise en premier lieu à satisfaire au mieux cette fonction, les autres fonctions étant laissées dans l'ombre. Si nous mettons au point par exemple une chaise de jardin, dont les quatre fonctions seraient les suivantes :

- solidité,
- élégance,
- confort,
- maniabilité,

nous pouvons : ou bien
1) adopter le type de chaise qui en présentera la meilleure synthèse ;
2) remarquer préalablement que telle chaise de jardin présente sur le marché est remarquable par sa solidité, telle autre par son confort, telle autre par son élégance, mais qu'aucune chaise de jardin n'est vraiment maniable. On a ainsi repéré un « créneau » qu'on peut décider d'occuper.

Et tous les efforts de créativité que nous ferons seront axés vers la maniabilité.

Le scénario ou l'évaluation globale
Dans bien des cas d'ailleurs, la relation entre les fonctions à remplir et les idées de solution pourra être faite d'une façon globale, instinctive, par une sorte d'intégration inconsciente des données du problème... **L'instinct de la bonne idée est peut-être ce qui caractérise en premier lieu le vrai chercheur,** et ceci d'autant plus que les idées neuves sont fréquemment

suspectes et auraient bien du mal à passer au travers d'une appréciation analytique (de même que les génies ne sont pas toujours reconnus par les examinateurs).

À défaut d'intuition directe, on peut également procéder par la technique du **scénario** : « Nous ne savons pas si telle voie est bonne, se disent les chercheurs, mais essayons de la mettre en application par la pensée : que se passera-t-il ? ». Et l'on procède à une sorte de **simulation** qui fait apparaître les unes après les autres les personnes concernées exprimant chacune leur opinion et mettant en relief les points forts et les points faibles. Ainsi se livre-t-on *a posteriori* à une **analyse fonctionnelle...** L'intérêt de cette technique est que les opinions s'expriment plus facilement en présence d'une solution qui frappe les intéressés de plein fouet, qui les modifie et les oblige à réagir, qu'en présence d'un problème qu'ils perçoivent mal et sur lequel ils n'ont souvent pas de réaction. C'est d'ailleurs, si nous nous reportons aux phases 2-3 (étude de l'environnement et définition des fonctions) une excellente technique d'étude que de projeter sur les intéressés une solution improvisée qui les amène à mieux analyser le problème.

SIXIÈME ÉTAPE : MISE EN ŒUVRE DE LA SOLUTION (LA MÉTHODE MORPHOLOGIQUE)

Après la phase de choix, **nous avons retenu une (ou plusieurs) idée de solution.** Cette idée de solution n'est pas une invention achevée, mais seulement – même si l'idée s'incarne dans un petit croquis ou un petit prototype – un **principe** directeur.

Il faut maintenant passer à la mise en forme définitive, c'est-à-dire que, partant de la structure (ou de l'architecture) générale qu'impose l'idée de solution retenue, nous devons examiner toutes les solutions techniques (matériaux, formes, relations) que nous pouvons adopter et choisir la meilleure de ces solutions.

En passant à cette étape, nous cessons de faire appel à l'intuition globale (phase 4), mais nous nous appuyons sur les principes de la « combinatoire ». **Chaque réalisation concrète est, en effet, un assemblage qui résulte d'un choix entre une multitude de solutions élémentaires.** L'instrument idéal de la construction de cet assemblage est la méthode morphologique (ce qui, étymologiquement, pourrait être traduit par : technique de description des structures d'un outil).

L'exemple de la fenêtre coulissante

Avant de faire de la théorie, prenons un exemple, et pourquoi pas celui de la « fonction fenêtre ».

Au terme de la phase 4, nous avons trouvé un certain nombre d'idées ou de principes de solution globaux et intuitifs (la fenêtre basculante, la fenêtre coulissante, la fenêtre qui ne s'ouvre pas, la fenêtre tournante, le mur-fenêtre ...) entre lesquels nous avons fait un choix, par exemple : **la fenêtre coulissante.**

La fenêtre coulissante est un principe de solution qui implique une certaine « architecture ». Cette architecture pourrait être morphologiquement décrite de la façon suivante (les sous-ensembles formateurs A, B, C, D, E) :

1) A – un élément fixe (liaison-mur),
2) B – un élément mobile,
3) C – un système de coulissement,
4) D – un système de commande,
5) E – un système de verrouillage.

À partir du moment où nous pouvons définir une « architecture », nous pouvons employer la méthode morphologique : mais pas avant, c'est-à-dire pas avant d'avoir retenu un principe de solution. La fenêtre basculante ou le mur-fenêtre induisent en effet une autre architecture. C'est pourquoi la méthode morphologique ne peut être employée qu'en fin de recherche, pour la mise au point détaillée du principe de solution qu'on a retenu.

Une fois qu'on a défini les sous-ensembles formateurs (c'est-à-dire l'architecture), on décrit les diverses solutions que l'on peut apporter au problème posé par chacun des sous-ensembles, par exemple le système de coulissage pourra être :

- C1 – glissière par frottement,
- C2 – roulement à billes,
- C3 – coussin d'air,
- C4 – sur roulettes,
- C5 – ....
- Cn – solutions restant à trouver...

Lorsque chacun des sous-ensembles a été étudié, on se trouve en possession d'un tableau qui peut prendre, soit une forme arborescente (plus commode pour l'écriture), soit une forme carrée, plus traditionnelle en analyse morphologique et plus commode pour la mise en œuvre de la combinatoire.

Si l'investigation est complète, **nous avons réussi à enfermer dans l'espace d'un tableau la totalité des solutions qui sont à notre disposition :** il ne nous reste plus qu'à choisir, entre toutes les combinaisons proposées, **l'assemblage** (A-B-C-D-E) qui répondra le mieux à notre objectif.

Ici se présente une difficulté matérielle : le nombre des assemblages est considérable. Dans l'exemple donné, il est de $(5 \times 4 \times 3 \times 2 \times 5) = 600$. Nous ne pouvons – sauf importance

Exercices pratiques de créativité

```
                                        ┌ A1  ......
                                        │ A2  ......
                   ┌ A – Élément fixe   │ A3  ......
                   │                    │ A4  ......
                   │                    │ A5  ......
                   │                    └ An  ......
                   │                    ┌ B1  ......
                   │ B – Élément mobile │ B2  ......
                   │                    │ B3  ......
                   │                    └ Bn  ......
                   │                    ┌ C1  glissère frottement
                   │                    │ C2  roulement à billes
  FENÊTRE          │ C – Système de coulissage │ C3  coussin d'air
                   │                    │ C4  roulettes
                   │                    └ Cn  ......
                   │                    ┌ D1  ......
                   │ D – Système de commande │ D2  ......
                   │                    └ Dn  ......
                   │                    ┌ E1  ......
                   │                    │ E2  ......
                   │ E – Système de verrouillage │ E3  ......
                   └                    │ E4  ......
                                        │ E5  ......
                                        └ En  ......
```

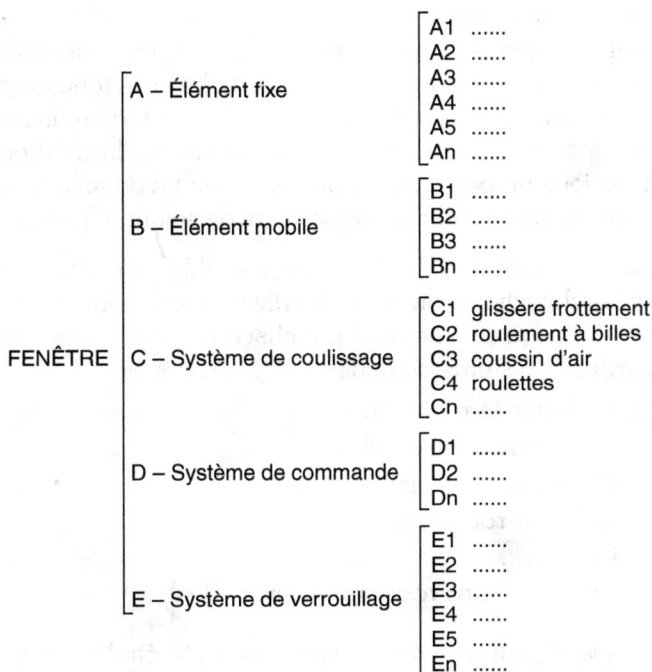

Figure M.18 : Morphologie arborescente

```
  A  (A1 A2 A3 A4 A5   An)
  B  (B1 B2 B3 B4      Bn)
  C  (C1 C2 C3         Cn)
  D  (D1 D2            Dn)
  E  (E1 E2 E3 E4 E5   En)
```

Figure M.19 : Morphologie carrée

exceptionnelle de la recherche – les examiner un à un. Nous tournerons cette difficulté en explorant la morphologie au moyen d'une dizaine ou d'une quinzaine de tirages aléatoires (par exemple : Al B2 C3 Dl E2 ; A5 B2 C2 Dl E3 ; etc ...) qui feront apparaître sous nos yeux dix ou quinze configurations inattendues. **Ces configurations inattendues seront examinées sous tous les angles par un groupe de recherche qui en tirera à chaque coup cinq ou six croquis suggestifs dans lesquels apparaîtront autant d'idées nouvelles.**

Au bout de deux ou trois heures de travail, le groupe aura sans doute accumulé une cinquantaine d'esquisses qui constitueront une mine d'idées dans laquelle le **bureau d'études** chargé de la réalisation n'aura qu'à puiser.

La méthode morphologique, très rigoureuse dans son principe, s'appuie néanmoins très fortement sur l'imagination :

a) d'abord parce qu'il faut beaucoup d'imagination pour faire la liste de toutes les variantes de chaque sous-ensemble. (Et d'ailleurs on doit souvent, pour remplir les cases vides, faire appel aux méthodes imaginatives de la 4e phase, en particulier à l'analogie.)

b) ensuite parce que la morphologie ne fait pas des découvertes automatiques, mais se contente de présenter à l'esprit des assemblages qui ne sont qu'un point de départ pour l'imagination.

C'est à ce titre que la méthode morphologique doit être considérée comme essentiellement heuristique.

PETITE THÉORIE DE LA MÉTHODE MORPHOLOGIQUE : LA BOÎTE D'OR

La méthode morphologique a été formalisée par Zwicky, astronome d'origine suisse vivant aux U.S.A. Elle repose sur des principes de « combinaison » qui ont été remarqués dès le XIIème siècle par Raymond Lulle. L'art combinatoire fut aussi une des préoccupations de Leibniz au XVIIème siècle.

Il n'y a en effet pas d'objet, si simple qu'il apparaisse, qui ne soit constitué de plusieurs éléments et puisse résister à une analyse. Une bicyclette, par exemple, est composée de :

   A) un cadre servant de liaison,
   B) un guidon et une fourche orientables,
   C) deux roues,
   D) un pédalier et une transmission,
   E) deux freins,
   F) une selle,
   G) de temps à autre, un cycliste.

Chacun de ces sous-ensembles peut évidemment à son tour être décomposé de la même façon. Par exemple, la selle est composée de :

   a) une système de contact avec le corps,
   b) un système destiné à amortir les chocs,
   c) une système de liaison avec le cadre,
   d) un système de réglage de hauteur.

(Nous avons employé le mot de « système » pour éviter de nous arrêter à une solution particulière et garder une complète ouverture vers toutes solutions).

L'analyse que nous venons de faire pour des objets matériels peut être étendue à des objets sociaux ou à des phénomènes non matériels. Par exemple, **un magasin de détail** peut être décomposé en :

A) rayonnages,
B) marchandises,
C) clients,
D) vendeurs,
E) espaces de circulation,
F) tiroir-caisse.

Un système de rémunération peut à son tour être décomposé en :

A) mode de calcul de la base du système,
B) mode de répartition entre les personnes,
C) périodicité des versements,
D) modalités des versements.

Une fois que la décomposition d'un objet en ses principaux éléments est faite (A, B, C, etc.), il est facile d'énumérer toutes les façons dont on peut réaliser chacun de ces éléments (Al, A2, A3, etc.) en tenant compte des matières, des formes et des solutions techniques possibles. **Ainsi a-t-on décrit un espace à n dimensions dans lequel sont obligatoirement contenus tous les types de l'objet auquel on s'intéresse.**

Lorsqu'on se trouve et qu'on veut rester dans le domaine du connu, la construction d'une morphologie permet de classer les objets appartenant à une même famille. Mais la méthode morphologique est surtout un instrument de découverte qui nous permet d'établir un système de relation pour passer du connu à l'inconnu. Reprenons en effet le tableau classique d'analyse morphologique tel que nous l'avons donné en exemple dans le cas de la fenêtre coulissante. Nous pouvons admettre que nous rangeons sous les indices les plus faibles les solutions anciennes connues et répertoriées, et sous les indices les plus forts les solutions inédites ou en voie de découverte.

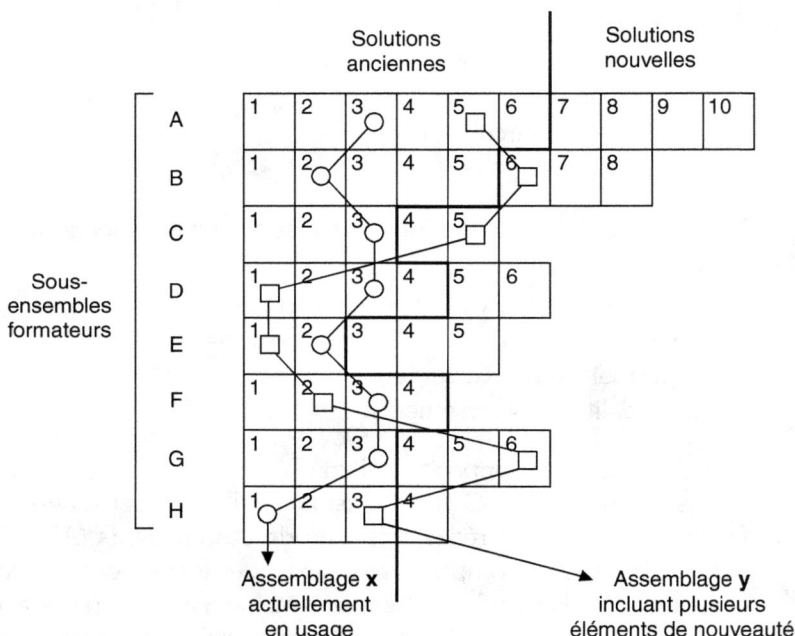

Figure M.20 : Le système morphologique

Nous sommes alors en possession d'un tableau complet qui peut servir à la fois de tableau de classement pour les objets qui existent déjà, et d'un tableau d'invention pour les objets que nous allons mettre au point. Ce qui montre à quel point classement et découverte sont en liaison étroite : **tout l'art de l'inventeur est de faire par anticipation le classement des objets qui n'existent pas encore** et ainsi de leur donner une sorte **d'existence**

virtuelle. N'est-ce pas d'ailleurs cette démarche qui fut celle de Mendéléiev lorsqu'il découvrit une structure logique dans laquelle venaient se placer, non seulement les corps chimiques connus, mais encore les corps chimiques à découvrir... Comme pour les morphologies, **le système de classement se transformait en système de découverte.**

Les cybernéticiens sont familiarisés avec le concept de « boîte noire », qui signifie qu'on ne sait pas comment les choses se passent à l'intérieur d'un dispositif, mais qu'on sait ce qui y est introduit et ce qui en sort. Ce concept de boîte noire est un peu sinistre et, **pour désigner la méthode morphologique en tant qu'elle est instrument à fournir des idées neuves à partir d'idées anciennes, nous préférons le terme de « boîte d'or ».**

Exercices sur la méthode morphologique

Exercice 1

Nous proposons d'abord de s'entraîner à la méthode morphologique prenant comme thème d'exercice des outils connus et ayant déjà fait l'objet de réalisations nombreuses. Après avoir construit les morphologies de classement, le groupe repérera et définira les **assemblages qui** caractérisent les modèles qu'il connaît. Puis il pourra mettre en évidence des incompatibilités et surtout faire apparaître les assemblages correspondant à des outils qu'il ne connaît pas ou qui n'ont pas été réalisés... et qui pourraient peut-être l'être.

D'autre part, dans la mesure des données historiques dont disposera le groupe, il serait très intéressant d'expliquer, à partir de la morphologie construite, la genèse des différents instruments : Quand le violon s'est-il séparé de la guitare ? Quand le clavecin a-t-il été doublé par le piano ? Quand la bicyclette a-t-elle succédé à la draisienne ? Cette investigation dans le passé est une préparation directe à l'exploration de l'avenir.

Construisez les tableaux morphologiques permettant de décrire :

- Tous les types de « bicyclettes » (au sens strict).
- Tous les types d'instruments destinés à transporter l'homme en se servant de sa propre énergie.
- Tous les types d'instruments destinés à tracer des signes sur du papier (stylos).
- Tous les types de « serrures ».
- Tous les types de « moulins à café ».
- Tous les types d'« interrupteurs électriques ».
- Tous les types de « lits ».
- Tous les types de « fenêtres ».
- Tous les types d'instruments de musique produisant des sons à partir de cordes vibrantes.
- Tous les types de magasins de détail.
- Tous les types de sociétés politiques.
- Tous les types de piscines publiques.
- Tous les types de vacances du travailleur.
- Tous les types de systèmes de sécurité sociale maladie.
- Tous les types de romans policiers.
- Tous les types de films de Far-West.

... Tout autre outil ou ensemble qui vous intéresserait et sur lequel le groupe posséderait les informations suffisantes.

Exercice 2

Il faut maintenant que le groupe débouche sur des outils nouveaux dont la structure lui est inconnue et pour lesquels il ne dispose pas de modèles déjà existants :

- Transformez les morphologies de classement de l'exercice précédent en morphologies de découverte et définissez les assemblages originaux et intéressants que vous y découvrirez.

- Construisez les morphologies permettant de mettre au point des instruments assurant des fonctions nouvelles ou des fonctions encore peu et mal remplies.
  - Un appareil destiné à maintenir sous pression pendant le collage les panneaux isolants que l'on colle sur un plafond (ou sur un mur).
  - Un appareil destiné à hisser un baigneur de la piscine jusqu'au plongeoir.
  - Un système pour livrer des marchandises ou du courrier à partir de la rue jusque dans chaque appartement.
  - Un dispositif qui permette d'isoler visuellement et phoniquement un dormeur dans son lit.
  - Un appareil à inertie signalant au chauffeur d'une automobile qu'il conduit trop brusquement (tournants et accélérations-freinages) pour ses passagers.
  - Un appareil domestique à stocker et à débiter le pain.
  - Un petit cumulus de cuisine destiné à fournir instantanément de l'eau à 100 degrés, pour faire du thé, du café, des infusions.
  - Un tableau à écrire transportable pour conférencier itinérant.
  - Un système de siphon permettant à un enfant de déboucher lui-même son lavabo sans recours à aucun outil.
  - ... Tout autre instrument dont vous auriez l'idée.

Gulliver et la combinatoire

> *Nous allâmes alors dans l'autre partie de l'académie. Je vis d'abord, dans une très vaste pièce un professeur entouré de quarante élèves. Après les politesses d'usage, voyant que mon attention était attirée par un tableau qui occupait la plus grande partie de la pièce, il me dit que peut-être je m'étonnais de le voir travailler à un projet pour l'amélioration des connaissances spéculatives par des moyens purement mécaniques, mais que par son invention le plus ignorant, pour un prix raisonnable et avec un petit effort musculaire, pourrait écrire des livres de philosophie, de poésie, de mathématiques, etc. sans ombre de génie ou d'étude. Et il me conduisit devant le tableau, devant lequel ses élèves étaient rassemblés. Il mesurait vingt pieds de côté. La surface en était composée de nombreux morceaux de bois qui étaient tous rattachés par de minces fils de fer. Sur chacun de ces morceaux de bois étaient écrits tous les mots de leur langue dans leurs différents modes, mais sans aucun ordre. Le professeur me pria de bien observer, car il allait mettre sa machine en marche. À son commandement, chaque élève saisit une poignée de fer (il y en avait quarante autour du tableau) et, en la faisant tourner brusquement, ils changèrent complètement la disposition des mots. Alors il ordonna à trente-six élèves de lire doucement chaque phrase, telle qu'elle était formée sur le tableau, et chaque fois qu'ils pouvaient trouver trois ou quatre mots successifs qui pouvaient faire partie d'une phrase, ils la dictaient aux quatre élèves de reste qui servaient de scribes. Cette opération fut répétée plusieurs fois et à chaque fois de nouveaux sens apparaissaient…*
> *Six heures par jour, les jeunes étudiants s'employaient à ce travail et le professeur me montra plusieurs gros volumes remplis de phrases inachevées qu'il avait l'intention de rassembler pour tirer de cette riche matière un ouvrage complet sur les arts et les sciences.*

> (Jonathan Swift – *Voyage à Laputa*.)

SEPTIÈME ÉTAPE : LA DIFFUSION DE LA SOLUTION

Supposons que, le problème étudié se situant dans le cadre d'une entreprise, d'une institution, d'une association quelconque... voire d'une famille, la solution trouvée soit présentée comme **une décision de l'autorité.** Même si c'est une bonne solution, conforme aux attentes de toutes les parties en cause, elle a toutes les chances d'être refoulée pour des raisons psychologiques de plus en plus évidentes en ces temps de contestations. Car, selon l'adage : « Qui fait (quelque chose) pour (quelqu'un), (s'il le) fait sans (ce quelqu'un), donc (le) fait contre (ce même quelqu'un)... ». L'être humain préfère de plus en plus faire son destin que de se le voir imposé.

La méthodologie que nous venons de proposer tend à supprimer les difficultés inhérentes à cette dernière phase : non parce que le groupe social intéressé par le problème serait devenu docile à la voix de ses responsables, mais parce que **la solution proposée a été pour ainsi dire sécrétée par lui-même.**

Ceci est évident dans un milieu restreint composé de quelques personnes ou de quelques dizaines de personnes. On a pu, en effet, transformer les intéressés en résolveurs directs de leur propre problème.

Mais lorsque le problème étudié touche des organisations plus vastes ou concerne une population dans son ensemble, il ne peut évidemment être question de faire participer nominativement tous les intéressés à la recherche. Et malgré la revendication de la méthode de prendre toutes leurs attentes en considération, il se peut que la solution élaborée pour tous ne soit pas d'emblée acceptée par tous.

En effet, les résolveurs de problèmes ont fait pas à pas un chemin, ils ont pris de la distance par rapport au phénomène, ils ont gratté l'apparence et trouvé la réalité, ils ont pris conscience de données cachées, ils ont tenu compte de l'expression des attentes et des craintes, même de celles auxquelles on ne pense pas tout d'abord, puis ils ont successivement envisagé toute une série de solutions parmi lesquelles ils ont retenu la meilleure ou la moins mauvaise... **Mais pendant tout ce cheminement, ils se sont considérablement modifiés : ils sont devenus différents de ce qu'ils étaient au départ. Comment s'étonner de ce que leurs pairs ou leurs mandants ne se retrouvent plus dans leurs conclusions !**

Il ne faut pas s'attendre à ce que ceux qui ont un problème tombent aux genoux de ceux qui leur apportent la solution et versent des pleurs de reconnaissance. Bien au contraire, ils manifesteront leur scepticisme ou leur fureur : **la solution proposée les trouble, les dérange, les inquiète ;** ils tenteront spontanément de la mettre de côté.

Le plus difficile n'est pas de trouver les solutions, mais de modifier ces hommes : ce qui demande de la sueur et des larmes. En reprenant le langage de Piaget, nous pourrions dire que tout apprentissage est tributaire d'une activité correspondante ; et **ceux qui ont agi ont appris quelque chose qui les distingue radicalement même de ceux pour lesquels ils ont agi. Il faut donc que le corps social, l'institution, fasse le même chemin que les chercheurs pour être capable de « reconnaître » la solution qu'ils lui apportent.**

Le résultat le plus immédiat d'une recherche est de transformer le chercheur... De la même façon, celui qui profite le plus d'un enseignement, c'est le professeur ; celui qui tire le plus de choses d'un livre, c'est l'auteur ; celui qui est le plus modifié par l'éducation, c'est l'éducateur. Ainsi le chercheur se trouve-t-il d'abord lui-même : c'est pourquoi tous les membres d'une société doivent participer d'une façon ou d'une autre à la recherche et à

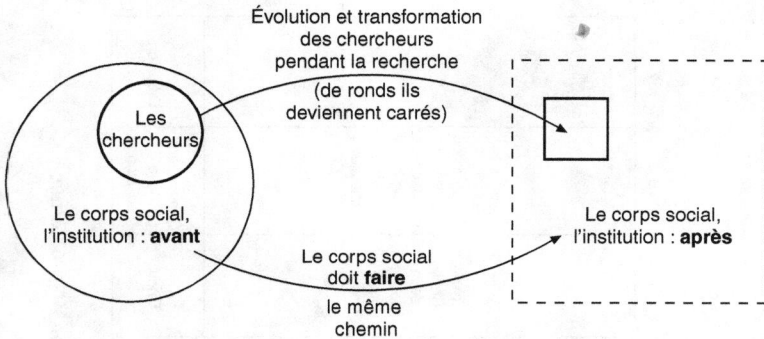

Figure M.21 : Diffusion de la solution

la découverte et devenir chercheurs pour se trouver eux-mêmes. Leur transformation personnelle est plus importante que les solutions proposées ; et, de toute façon, l'adoption de ces solutions dépend de leur transformation personnelle.

Nous ne pouvons réécrire ici un traité de psychologie pratique mais contentons-nous de cet apologue : deux alpinistes font une ascension... Le premier de cordée vient de franchir une étape difficile ; son camarade est resté en dessous de la corniche. Il faut que le second rejoigne le premier : cela sera long et difficile, même si le premier a laissé ici ou là les pitons et découvert une voie plus facile. Le **problème n'est pas résolu parce qu'un des deux est arrivé. Il faut que tous les deux fassent le même itinéraire.**

Nous dédions ces quelques lignes aux donneurs de conseils (aux apporteurs de solutions) de tous poils. Pourquoi les suggestions sont-elles deux fois sur trois refusées ? Parce qu'ils n'ont pas la sagesse ou le temps de faire refaire à leurs clients l'itinéraire qu'ils ont eux-mêmes parcouru. Une corniche en à-pic sur le vide les sépare éternellement.

1	2	3	4	5	6	7
• Étude des modes de vie	• Approche causale	Énoncé du vrai problème	• Système idéal (Antithèse)	Choix de la bonne idée	Construction de la morphologie de la solution choisie	Diffusion
• Morphologie des modes de vie	• Approche affective	Inventaire des personnes concernées	• Concassage			
• Défectuologie	• Approche descriptive	Recherche des « Attentes Craintes »	• Optimisation fonctionnelle			
• Investigation arborescente	• Approche schématique	Arbre fonctionnel	• Morphologie fonctionnelle (Analogies)			
• Méthode des ascendances	• Approche morphologique		• Identification			
• Autres méthodes			• Analogies			
			• Heuridrame			
			• Transposition (Aléatoire)			
			• Grand magasin			
			• Sept chemins			
			Arbre des solutions			
Perception de malaise	Étude de l'environnement	Définition des fonctions à remplir	Découverte des idées de solution	Choix	Construction de la solution	Diffusion

Figure M.22 : Tableau général de la méthode de résolution de problèmes

REMARQUES FINALES

Cette méthodologie est une méthodologie de la profusion, et il faut l'admettre comme telle. Elle n'est point faite pour le chercheur avare qui voudrait n'avoir qu'une seule idée : et que ce soit la bonne. Mais que dirait-on d'un artilleur parcimonieux qui voudrait faire mouche avec un seul obus ? Il faut, avant de découvrir, jeter longuement le filet et en ramener, bonnes ou mauvaises, toutes les idées qu'il contient, même s'il n'y en a qu'une qui doit servir : on doit ainsi avoir quelques chances de trouver la meilleure. Il y faut incontestablement une certaine générosité de caractère.

Cette méthodologie est comme un itinéraire balisé... mais il y a des sentiers de traverse, des raccourcis, qui permettent à l'esprit agile de simplifier les procédures et de brûler les étapes. Et, à l'inverse, il est parfois nécessaire de revenir en arrière, de s'y reprendre à plusieurs fois, pour franchir un obstacle. Ou encore telle idée de réalisation découverte en cours d'étude amènera à renverser le processus et à définir la réponse avant d'avoir posé la question : mais qu'importe si l'une et l'autre sont intéressantes.

Il est hors de notre pensée de croire que toute recherche conduite selon cette méthodologie aboutira infailliblement. Il y a trop d'obstacles en chemin pour que les risques de blocage technique ou de découragement psychologique ne soient pas graves. **Cependant, la méthodologie proposée constitue une sorte de filet de sécurité, de fil d'Ariane, auquel on peut toujours se raccrocher lorsqu'on s'est perdu dans le labyrinthe de sa propre pensée.**

La méthodologie proposée est particulièrement efficace lorsqu'elle est utilisée pour organiser le travail d'un groupe auquel on a demandé la solution de quelque important problème. En effet, le groupe en tant que tel n'a pas l'agilité et la capacité de retournement du chercheur isolé. Il est très puissant, mais il est lourd et il lui faut une bonne procédure. **Le groupe est comme un attelage de bœufs : si les membres du groupe ne sont pas reliés les uns aux autres, par le joug de la méthodologie, ils sont incapables de rassembler leurs forces et d'unir leurs efforts ;** même les plus sincères et les plus acharnés demeurent inutilisables. Au contraire, s'ils sont attelés ensemble, ils font preuve d'une extraordinaire efficacité : ils laissent loin derrière eux le chercheur isolé, malgré sa souplesse et sa légèreté.

Au reste, une bonne recherche doit reposer à la fois sur un groupe et sur un individu membre de ce groupe et nommément responsable de la recherche. Celui-ci prépare le travail, coordonne les efforts, recueille les idées, les essaie, les perfectionne, les mûrit, assure la liaison entre les séances de travail. Quant au groupe, il apporte à point nommé la largeur de vues, la capacité dialectique, la diversité d'opinions, sans lesquelles le chercheur isolé aurait tôt fait de s'égarer et de s'enliser.

Au cours de cette description du processus de la recherche, nous n'avons jamais parlé « d'informations », ni de « rassemblement d'informations ». C'est tout simplement parce qu'il aurait fallu en parler à chaque instant. Tout, dans la recherche, est confrontation de données : soit qu'on les extraie des profondeurs de son inconscient, ou de sa mémoire spontanée, ou du témoignage de tous ceux qui peuvent les fournir, dans le groupe et hors du groupe, soit qu'on les sollicite et qu'on les recueille du Monde et de l'Histoire.

ANNEXE : PETITE MÉTHODE EXPRESS

Nous avons développé jusqu'ici une méthode longue et détaillée, qui convient à des cas importants et dont l'application peut s'étaler sur plusieurs mois. Bien sûr, rien n'empêche de la manier plus légèrement et de prendre les raccourcis qui s'imposent : cependant nous proposons, pour aborder rapidement des problèmes urgents, une « **petite méthode express** » qui permet de parcourir sans presque s'en apercevoir toutes les étapes du processus. Cette petite méthode est particulièrement efficace lorsqu'on ne dispose, en groupe, que de quelques heures pour venir à bout d'une difficulté.

1 – Cerner le problème

Nous avons vu qu'il est difficile d'exprimer du premier coup un problème et que souvent le malaise s'exprime par une solution qui, elle-même, voile le vrai problème. Donc, il faut revenir au malaise initial exprimé en termes de faits : – le personnel prend ses repas dans l'atelier, – les enfants n'apprennent pas leurs leçons, – je ne suis pas motivé par mon travail.

L'animateur procède à la **formulation définitive du problème** et définit qui est le **décideur** (celui qui pourra décider d'adopter la solution proposée).

2 – Chercher les causes

À partir de ce malaise initial, il devient facile de chercher les causes.

Dans un premier temps, le groupe travaillera « joyeusement » en énumérant toutes les causes possibles, directes ou indirectes, proches ou lointaines, probables ou farfelues, du malaise... L'animateur reformule et écrit rapidement au tableau : 30, 50, 80 causes peuvent apparaître.

Dans un second temps, le groupe revient « sérieusement » sur l'ensemble de ces causes, les analyse, les hiérarchise, les apprécie, les pondère : **quelles sont les plus importantes ?** Il aboutit à une analyse arborescente du type de celle qui est présentée dans la méthodologie générale.

En faisant cette recherche des causes, le groupe a, sans s'en douter, fait l'exploration de l'environnement et défini implicitement les fonctions à remplir... Bien entendu, cette analyse doit être faite par un groupe de gens qui connaissent bien la situation et qui l'appréhendent chacun sous un angle qui est le sien. **C'est une sorte de mise en commun de toutes les données...** Il ne s'agit donc pas, au sens propre, d'un groupe de créativité, composé préférentiellement de naïfs qui découvrent la situation. Cependant, les naïfs du groupe, s'il y en a, peuvent contribuer à faire apparaître les vraies questions.

Éventuellement, le problème doit ici être reformulé.

3 – Chercher les moyens de supprimer les causes

Ensuite, le groupe va prendre les **unes après les autres** les causes qu'il a retenues et examiner comment on pourrait les supprimer. On adopte un style d'exploration très créatif selon les lois du genre, avec beaucoup de liberté : tout peut être dit, on ne doit pas censurer, on reprend et on perfectionne les idées des autres, on n'hésite pas devant un bon mot, une astuce ou un remède farfelu...

L'animateur note au tableau. Il fait une page par « cause ». On ne se préoccupe pas de la cohérence des idées, mais simplement de leur efficacité ponctuelle.

Puis vient la phase critique dans laquelle on censure les idées qui ne sont pas bonnes, on apprécie, on discute et on prolonge celles qui paraissent positives.

On peut terminer cette phase selon la bonne doctrine par la construction d'un arbre de solutions...

Il va sans dire que cette phase, ainsi d'ailleurs que la précédente, a largement contribué à faire sauter les stéréotypes au profit de l'efficacité.

4 – Construire la solution
Maintenant il faut mettre au point le dispositif pratique...

Sans s'embarrasser de méthodes formelles, on peut, par exemple, demander à chacun des participants comment, faisant intuitivement la synthèse critique de ce qui a été dit, il résoudrait le problème. Chacun travaille alors en silence pendant quelques minutes ; d'ailleurs la plupart des participants ont déjà fait d'instinct leur choix pendant la phase qui précède : il ne reste plus qu'à le formaliser.

On passe en revue toutes les solutions et, selon une procédure à définir, on fait un choix. S'il y a une solution qui paraît s'imposer, on l'adopte. Si plusieurs restent en piste, on les approfondit jusqu'à ce que l'une se détache. À la limite, on combine plusieurs bonnes solutions entre elles.

Si le problème n'est pas complètement résolu, le groupe se sépare et on confie à un des participants le soin de le mener à son terme pendant les jours qui viennent.

Troisième partie

POUR Y VOIR CLAIR DANS LES MÉCANISMES PSYCHOLOGIQUES DE LA CRÉATIVITÉ

1. DE LA « SCIENCE DES CAUSES » À LA « SCIENCE DES BUTS »

On peut distinguer deux sortes de découvertes :

1. La découverte dite fondamentale ou scientifique, qui consiste à comprendre **la cause des phénomènes observés** et à exprimer les lois du fonctionnement de l'univers au terme d'une démarche que l'on a coutume d'appeler **la méthode expérimentale.**

2. La découverte dite technologique ou appliquée, qui consiste à mettre au point des **outils** devant remplir des fonctions au terme d'une démarche que nous appellerions volontiers la **méthode fonctionnelle.**

L'ensemble du processus peut être décrit dans un graphe qui en exprime les principales étapes.

A – La découverte des lois scientifiques

Tout part du « **Monde dans lequel vit l'homme** ». C'est aussi bien le monde de l'homme des cavernes, que celui de l'homme du XVIIe siècle, que le nôtre. À partir de ce donné, deux démarches créatrices prennent naissance. La première est une démarche cognitive correspondant à la recherche scientifique pure. Elle est représentée sur le graphe par le circuit en pointillé qui va de rectangles en rectangles.

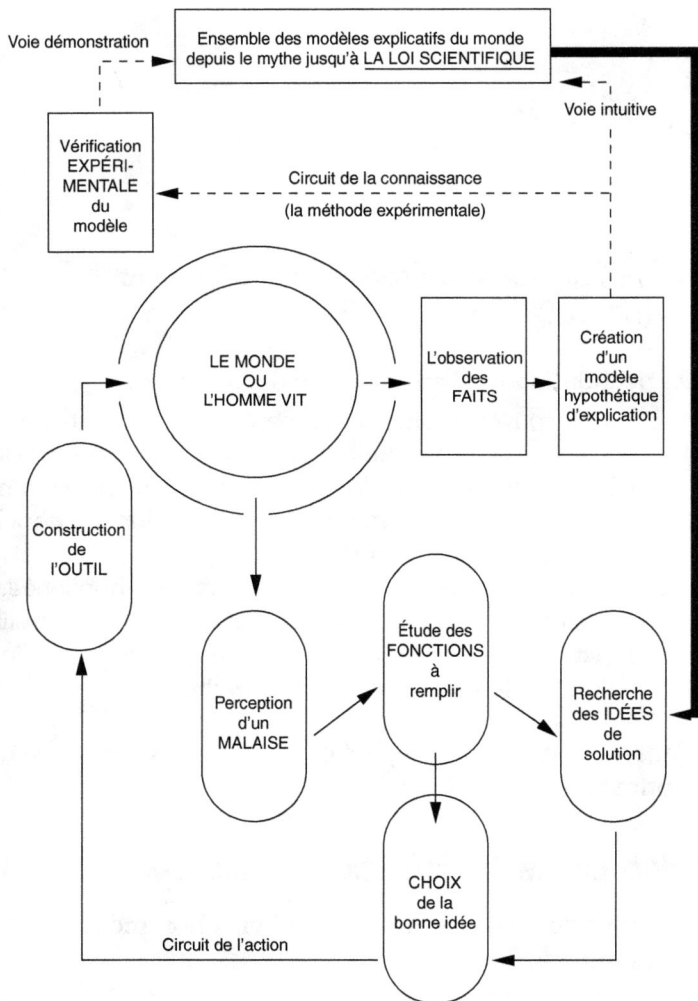

**Figure A.1 : Schéma cybernétique de la régulation
du monde par l'invention**

Bien que la curiosité puisse être considérée comme caractéristique de l'espèce humaine, l'homme moyen se pose spontanément peu de questions... Seuls, quelques esprits curieux prennent un jour de la distance par rapport aux autres et se demandent pourquoi telle chose est ce qu'elle est : la lune et ses quartiers, l'eau du bain qui monte, la pomme qui tombe, la lumière qui ne va pas plus vite lorsqu'elle est portée par le mouvement de la terre que lorsqu'elle est contrariée par lui. Ces esprits curieux appliquent par anticipation le conseil de Valéry : « Dans le métier de philosophe, il est essentiel de ne pas comprendre... ». **Ils voient avec des yeux nouveaux des faits que personne n'a remarqués avant eux** et sont frappés par leur étrangeté.

Les ayant vus, ils cherchent des explications et formulent des **hypothèses...** Jusqu'à la Renaissance, les hypothèses formulées n'étaient pas étayées autrement que par de nouvelles observations : car on n'avait encore songé ni à douter de ses sens, ni à construire des systèmes de vérification plus élaborés. À partir de la Renaissance, l'idée se fit jour que l'hypothèse peut être vérifiée par la construction d'un petit univers réduit aux principales dimensions des causes et des conséquences auxquelles on s'intéresse. C'est l'apparition de la **méthode expérimentale,** dont les principes sont énoncés par Bacon, puis perfectionnés par Stuart Mill et Claude Bernard.

Ayant été vérifiée expérimentalement, l'hypothèse entre par la voie royale dans le **corps des lois scientifiques,** qui sont comme le véritable trésor intellectuel de l'humanité... Ce qui ne veut pas dire qu'elles ne soient pas remises en cause de temps à autre.

B – L'invention des moyens d'action : les outils

Jusqu'ici, l'homme comprend, mais il n'agit pas. En effet, le circuit n'est pas bouclé ; nous restons dans le domaine de la connaissance et le monde n'est pas modifié par la découverte qui en est faite. Il faut, pour comprendre comment le monde se modifie lui-même, décrire la seconde démarche, la démarche de la découverte pratique (ou fonctionnelle, ou normative, ou praxéologique). Sur le graphe cette démarche est représentée par le trait plein qui relie les étapes en forme de gélules.

Nous partons encore une fois du **monde où l'homme vit.** Mais nous prenons de la distance en compagnie d'une autre catégorie de « déviants » (des révolutionnaires, des réformateurs, et parfois simplement des hommes d'affaires), qui s'aperçoivent que le monde ne va pas comme il devrait. **Il y a des problèmes de vie, des inconvénients, des menaces, des malaises :** il fait froid, il fait chaud, on a faim, on se bat, on est malade. Et, à travers cette envie d'agir s'amorce un processus de transformation effective du monde.

En effet, dans la mesure où cette contestation ne reste pas gratuite, elle aboutit à une réflexion sur ce qu'il faudrait pour résoudre le problème : c'est-à-dire à **la définition précise d'une fonction à remplir ;** quelque chose qui tiendrait chaud, ou qui rafraîchirait, ou qui nourrirait, ou qui assurerait la paix (ou la victoire), ou qui guérirait...

Et une fois que l'on sait ce que l'on veut, on cherche quelles pourraient être les **idées de solution.** Ce moment est solennel : car l'homme en proie à un besoin fouille hardiment dans le corps désintéressé des lois scientifiques. Il est représenté sur le graphe par le gros tuyaux qui va des Lois Scientifiques aux idées de solution. Et, de deux choses l'une : ou bien le principe de la solution y figure déjà, et il suffira de le mettre en œuvre ; ou, au contraire, ne l'y trouvant pas, on sera obligé de l'y faire apparaître et, pour cela, de reparcourir toute la chaîne de la démarche cognitive... **(Tous les métiers possèdent un contenu**

scientifique qui a grandi avec eux et se trouve enfermé dans leur pratique. Le produit fabriqué est le produit commun de la science et de la pratique qui sont combinées dans le métier... (Platon, *La République*.)

Cependant, les découvertes ne sont pas toujours antérieures aux fonctions à satisfaire ; et, souvent même, les outils ont été fabriqués instinctivement, sans que l'on s'appuie explicitement sur les lois qui les régissent. L'homme qui a fabriqué la première hache de pierre ne connaissait ni le principe du levier, ni les lois de l'inertie, ni les lois de la pression. Pasteur lui-même découvrit la vaccination contre la rage et la mit en œuvre ; mais il était bien incapable de l'expliquer autrement que par la formule très verbale de la « fabrication des anticorps ». Parfois aussi, la découverte d'une loi scientifique nouvelle permet de trouver une idée de réalisation, qui est **une sorte de solution qui n'a pas encore trouvé son problème** et qu'on promène de besoin en besoin pour voir si elle ne conviendrait pas à l'un ou à l'autre. Par exemple l'accumulateur, dont l'utilité n'apparut que lorsqu'on eut inventé la machine Gramme.

Lorsque les idées de solution ont été trouvées, ces idées doivent pouvoir être appréciées les unes par rapport aux autres, selon qu'elles sont plus ou moins aptes à remplir les fonctions fixées dans l'étape précédente. C'est le **moment du choix :** le plus difficile peut-être de toute la séquence.

Enfin, vient la dernière étape qui est celle de la **construction de l'outil.** L'outil apparaît, au premier abord, comme un **instrument,** simple ou complexe, mis à la disposition de l'homme pour résoudre ses problèmes. Dans ce cas, l'outil est fabriqué en empruntant au monde la matière première et les composants qui lui sont nécessaires ; d'autre part, cet outil se situe la plupart du temps au second degré, c'est-à-dire qu'il est lui-même produit à l'aide d'outils antérieurs.

Mais l'outil n'est pas toujours un instrument matériel. **L'outil est aussi une consigne, une constitution, une loi, un préjugé, une habitude, un comportement.** Ces outils non matériels modifient aussi très profondément le monde où l'homme vit, répondant à leur manière à des problèmes qui y ont été perçus : par exemple, les lois d'exogamie dans les populations primitives élargissaient la communauté économique et diminuaient les risques de conflit ; la conception judéo-chrétienne du travail dans la société européenne a permis la naissance de la civilisation industrielle.

De toute façon, **la plupart des outils matériels sont accompagnés d'un comportement,** c'est à dire d'une consigne, ou d'un mode d'emploi, sans lesquels ils ne seraient d'aucun secours. Par exemple, une automobile se double d'une « façon de la conduire » et d'un « code de la route », qui sont à leur façon, et bien qu'immatériels, des outils, c'est-à-dire des choses « utiles » remplissant une fonction précise pour répondre à un problème donné.

C – L'outil, l'homme et ses problèmes

L'outil, quel qu'il soit, est alors introduit dans « **le monde où l'homme vit »,** qu'il vient à la fois modifier et complexifier. Modifier, car il répond, s'il est bien réalisé, au problème qui a été posé et le fait pour une part disparaître. Mais complexifier aussi, car l'adjonction quotidienne d'outils nouveaux et compliqués donne au monde une physionomie de plus en plus déconcertante. À tel point que l'homme, tout en vivant mieux, vit aujourd'hui plus difficilement qu'autrefois, et en tout cas dans un monde de moins en moins « naturel ».

Nous venons de le dire, si l'introduction de l'outil dans le monde résout des problèmes, elle contribue aussi à en poser. Elle en pose d'abord au **savant** qui, comme nous l'avons vu, ne comprend pas toujours très bien comment fonctionne l'outil et qui cherche à formuler les lois que cet outil illustre,... mais elle en pose aussi à

l'homme d'action qui se trouve en présence de tous les nouveaux problèmes pratiques (antifonctions ou nuisances) que pose au monde le nouvel outil : d'abord la peine de le produire et la dégradation d'énergie correspondante ; ensuite l'utilisation d'une matière qui n'est pas toujours recyclable : d'où déchets, pollution ; puis les inconvénients attachés à son usage : bruit, encombrement de l'espace et du temps, effets psychologiques seconds ; sans parler de toutes les nuisances attachées au système économique : à savoir que ce qui est un avantage pour le particulier qui l'achète est une nuisance pour la collectivité qui doit en réparer les conséquences... Ainsi prennent naissance de nombreux problèmes qui provoqueront l'apparition de nouveaux outils, qui à leur tour, etc. À tel point que le mouvement de la civilisation industrielle pourrait relever d'un graphique dans lequel deux courbes inversées représenteraient, d'une part un progrès incontestable d'autre part la croissance des nuisances attachées à ce progrès.

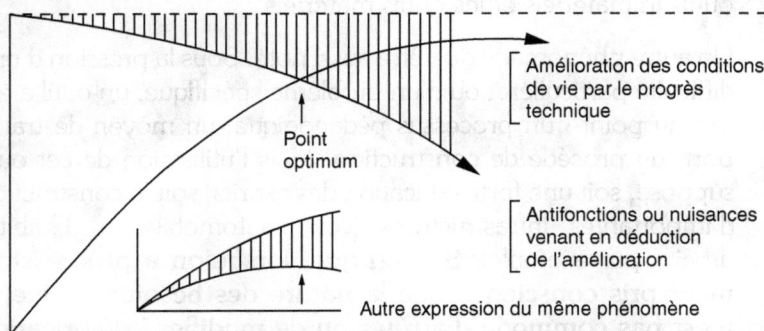

Figure A.2 : Le point optimum

Nous pouvons remarquer au passage que, jusqu'à l'ère atomique, le monde avait spontanément fabriqué une régulation d'un type très particulier... La condition humaine était dure, et les problèmes nombreux et douloureux : misère, famine, mortalité (comme ils le sont encore dans les pays du tiers-monde). Mais il n'était pas possible d'y porter remède par la construction d'outils technologiques : la science n'était pas assez avancée, ni l'économie assez efficace. La sagesse des peuples s'est donc inventé un outil psychologique qui était **une morale de la souffrance et de la patience,** c'est-à-dire « des conduites » introduites dans « le monde où l'homme vit » pour l'aider à y coexister avec ses problèmes : on acquérait des mérites sur terre, et plus on était patient et soumis, plus on avait de chances d'en être plus tard souverainement récompensé... Le but était atteint, on aidait l'homme à supporter sa vie. Mais, du même coup, on coupait la route à la contestation qui aurait pu (mais peut-être était-ce prématuré ?) stimuler la recherche scientifique et donner naissance à d'autres solutions aux problèmes de l'homme. On sent ici à quel point il y a possibilité de substitution entre les outils immatériels et les outils matériels.

Un autre phénomène doit être aussi noté. Sous la pression d'une difficulté particulière, ou d'un problème spécifique, un outil a été mis au point : un processus pédagogique, un moyen de transport, un procédé de construction. Mais l'utilisation de cet outil suppose, soit une forte éducation des esprits, soit la construction d'importantes infrastructures (voir l'automobile ou l'habitat urbain, par exemple). **Si bien que, lorsqu'on a progressivement pris conscience que la nature des besoins évolue, il n'est pas commode d'arrêter ou de modifier la fabrication de l'outil, qui devient alors, non plus une réponse à un problème, mais un frein à l'évolution.** Pendant un certain temps, on porte tant bien que mal remède aux inconvénients engendrés par ce décalage. Puis, lorsque les inconvénients ont notablement surpassé les services rendus, vient une crise qui aboutit au remplacement (ô combien douloureux ou onéreux) de l'outil périmé.

Ce phénomène de rémanence, est grave dans le monde matériel ; il est encore plus grave dans le domaine moral. Une civilisation se fait pendant des milliers d'années. Le comportement des hommes y est le résultat d'aventures, de risques et de réussites qui, à la longue, les construisent, les « informent » d'une manière très spécifique, de telle sorte qu'aucune société ne ressemble exactement à une autre. Mais **les archétypes mentaux sont plus lourds à remuer que la pierre des villes : et s'ils n'y prennent garde, l'attachement au passé empêche les hommes d'entrer dans l'avenir.** Ce qui était bon à un moment donné devient mauvais parce que les circonstances évoluent. Et il est probable que notre effort de créativité devra, dans les prochaines années, porter plus sur nos conduites que sur nos instruments : sans quoi nous serions dépassés par nos instruments. Mais il est très significatif que l'on songe plus volontiers à fabriquer de nouveaux instruments qu'à proposer de nouvelles conduites !

La pire erreur consiste à vouloir se référer au passé, comme s'il était exemplaire. Le passé est « historique » ; il n'est pas le prototype de nos conduites. **Les lois issues du passé ne s'appliquent pas totalement à notre avenir.** Toute action dans le domaine de l'homme relève d'un certain **prophétisme.**

Enfin nous ne devons pas faire, en mettant en application ce schéma de régulation des mouvements du monde, un raisonnement trop utilitaire. Certes, la société économique s'est donné pour but de répondre à nos besoins. Mais déjà, nombre de ces besoins ne sont plus du domaine de la subsistance matérielle : culture, plaisir, voyages, etc. Nous ne devons pas l'oublier. Et surtout, nous devons admettre que l'homme ne vit pas seulement de pain : il a aussi besoin de **se sentir exister dans la plénitude de sa vie,** en créant ou en inventant de temps en temps des œuvres gratuites et parfaites : un tableau, une statue, une symphonie ; ou des folies grandioses : une pyramide, une cathédrale, une guerre, une exploration, une religion... Il se lance dans la création jusqu'à n'en plus pouvoir ; et, s'y perdant, il s'y retrouve en quelque sorte. Il triomphe du défi qu'il s'est lancé à lui-même. Et probablement y a-t-il à l'origine de chacune de nos créations, même les plus modestes, un peu de ce besoin de surpasser la médiocrité quotidienne. Un économiste ou un savant qui négligerait cette dimension ne comprendrait rien ni à l'économie ni à la science.

D – La « science des buts »

Ainsi le monde tente-t-il de se gouverner lui-même. Nous avons employé plusieurs fois des mots qui relèvent de la Cybernétique. Nous pouvons facilement généraliser. La perception du problème, **c'est la fonction du capteur de l'écart ou du signal d'erreur ;** la définition des fonctions à remplir ou des buts à poursuivre, **c'est le calculateur qui transforme le signal ;** la recherche des idées de solution, **c'est la définition de la nature de l'énergie qu'il faudra employer ;** la construction de l'outil, **c'est l'élaboration du moteur réducteur d'écart,** de l'effecteur ; l'antifonction ou la nuisance provoquée par l'outil, **c'est l'écart résiduel après la tentative de correction.**

L'invention est un processus cybernétique parfait ; il est plus riche même que la plupart des processus cybernétiques analysés d'ordinaire, car il suppose que l'effecteur lui-même est modifié à chaque passage.

Le modèle cybernétique proposé rend en tout cas compte du fantastique phénomène d'accélération que nous connaissons actuellement. Des connaissances scientifiques de plus en plus nombreuses et efficaces permettent, en effet, de produire des outils de plus en plus puissants et perfectionnés qui, parce qu'ils posent chacun presque autant de problèmes qu'ils en résolvent, stimulent la recherche de nouvelles lois scientifiques et engendrent eux-mêmes de nouveaux outils... Si bien que l'on peut se demander si le libéralisme économique, père putatif de toute cette effervescence, ne devra pas bientôt, s'il ne veut être remplacé par des régimes autoritaires qui sauraient calmer cette agitation avant qu'elle ne devienne dangereuse, apprendre à se réguler lui-même en s'imposant des comportements nouveaux. Il y a probablement des fautes contre la civilisation qu'il ne faut pas commettre : mais lesquelles ? La réponse est d'autant plus importante à connaître qu'il n'y a plus aujourd'hui « des » civilisations qui peuvent réussir ou mourir dans leur petit coin sans même que le reste du monde s'en aperçoive et en soit profondemment transformé.

Une étape importante de l'histoire de l'humanité a été franchie lorsque l'homme a appris à élaborer les expériences nécessaires à la vérification de ses hypothèses : c'est-à-dire lorsqu'est née, à la Renaissance, **LA SCIENCE DES CAUSES,** ou étiologie, mère de la méthode scientifique, laquelle s'est royalement déployée jusqu'à nos jours et nous a offert des cadeaux magnifiques. Mais cette insatiable curiosité de l'homme à la recherche des causes doit, pour ainsi dire, être surmontée : la première explosion atomique marque le début d'un âge nouveau. **Non seulement parce que l'énergie, en changeant de dimension, a changé de nature ; mais parce que la civilisation ne peut plus courir le risque de s'échapper à elle-même.** Il ne suffit plus de comprendre le monde en laissant les chercheurs s'ébattre allégrement dans les champs de la connaissance : cette gratuité coûte trop cher. Il faut essayer de savoir où l'on va.

La société a maintenant trop de problèmes, qui sont des problèmes vitaux, pour ne pas avoir à concentrer toutes ses forces sur la recherche des solutions qu'ils appellent. Recherche qui n'est pas seulement technique, mais qui est sociale, éthique, politique : c'est-à-dire d'une complexité sans commune mesure avec celle qui s'est illustrée dans la découverte des secrets de la matière. **Et c'est ainsi que naît progressivement dans notre univers une sorte de nouvelle science, qui pourrait être appelée la SCIENCE DES BUTS, qui n'effacera pas la science des causes, mais qui, après l'avoir intégrée comme un instrument décisif de son progrès, la dépassera en urgence, en importance et en difficulté.**

2. LE MÉCANISME DE L'INVENTION

A – La boîte noire, qui serait mieux nommée la boîte d'or

Qu'est-ce que l'invention ? Comment se fait la découverte ? Aussi longtemps que nous ne connaîtrons pas le mécanisme exact de notre système nerveux nous en serons réduits à des explications globales et approximatives. Mais quelque imprécises qu'elles soient, ces explications globales peuvent cependant nous aider à comprendre les méthodes de la créativité et à les utiliser plus efficacement.

Nous pouvons poser le problème en termes de boîte noire. À l'entrée se trouve la question, le problème, le malaise, l'envie de faire quelque chose ; à la sortie la solution, la réponse, l'explication, la réalisation... Au cours du processus des informations diverses ont pu être introduites dans le système.

La boite noire de l'invention, c'est notre système nerveux. C'est même **notre organisme tout entier plongeant dans son environnement :** car il n'est pas sûr que nos découvertes résultent seulement du traitement de l'information par nos neurones ;

(Informations diverses)

Problème		Solution
Malaise	Boîte noire	Réponse
Question →	de	Explication
Envie	l'invention →	Réalisation

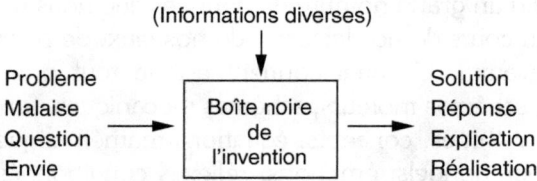

Figure A.3 : La boîte noire de l'invention

notre corps entier participe probablement à l'élaboration des solutions. Einstein, répondant à la fameuse enquête d'Hadamard sur la découverte en Mathématique, expliquait comment le mécanisme de sa pensée s'appuyait « sur des images plus ou moins claires de type visuel et parfois musculaire »... Les exercices de créativité s'efforcent d'ailleurs d'intégrer cette dimension.

Mais pour simplifier, **identifions cette boîte noire avec notre cerveau.** Structurellement, on peut distinguer dans le cerveau trois zones : le paléoencéphale ou cerveau ancien, siège des grandes pulsions fondamentales de domination et de sexualité ; le cerveau limbique, zone de la mémoire ; le néoencéphale ou cortex, centre du raisonnement volontaire. Une autre analyse insiste sur la division droite-gauche du cerveau : la partie gauche étant le siège privilégié du langage, et la partie droite l'instrument de la reconnaissance des formes et de l'organisation de l'espace ; l'une et l'autre parties sont en relation par l'intermédiaire d'un « corps calleux ».

Quelle que soit l'ultime explication des mécanismes cérébraux, nous pouvons retenir que notre cerveau est comme un **sac à informations.** À la naissance, nous le trouvons déjà bien garni de renseignements précieux en provenance de notre patrimoine génétique ; et notre vie tout entière se passe à continuer de le remplir d'un grand nombre de données que nous ramassons, ici et là, au cours de nos lectures, de nos jeux, de nos voyages, de nos travaux... Ce qu'il contient est de tout ordre : schémas visuels, schémas moteurs, schémas mécaniques, formules mélodiques, rythmes, concepts, équations mathématiques, mécanismes opérationnels, émotions, réflexes conditionnés, processus d'association, de déduction, d'induction, pulsions émotives, réactions de plaisir, de douleur...

Toutes ces informations se sont accumulées en nous-mêmes, un peu comme les sédiments qui se déposent au fond d'un lac, ou comme les couches successives qui ont recouvert un site préhistorique ; d'où il ressort qu'elles **ne sont pas toutes directement accessibles ;** ou, en d'autres termes, qu'il y en a fort peu qui sont conscientes. Certaines, même, sont plus profondément ensevelies et rendues inaccessibles. Cette partie refoulée de nous-mêmes est comme un grenier dans lequel on est allé cacher tous les vieux objets dont on ne veut plus entendre parler, mais qu'on n'arrive pas à jeter. D'autres sont inhibées par l'effet d'un certain nombre de tabous,... qui font eux-mêmes partie de ces informations (les informations s'interdisent les unes les autres) : tabous intellectuels (le principe de non contradiction... Tout le monde est au courant et fait semblant d'y croire : À ne peut pas être non-A), tabous moraux...

Contrairement à ce qui se passe dans un ordinateur, ces informations, ensevelies plus ou moins profondément en nous, **ne sont pas « adressées »,** même lorsqu'elles ne sont pas interdites. Lorsqu'on introduit une information dans la mémoire d'un ordinateur, on la munit d'un code qui permet, d'une part, de la faire ressortir au moment où on en a besoin, d'autre part, d'empêcher qu'elle ne ressorte au moment ou l'on n'en a pas besoin : ce qui est très possible car l'ordinateur n'a pas, à proprement parler, d'inconscient (malgré certains propos équivoques qu'il lui arrive de tenir). **Lorsqu'au contraire, nous introduisons une information dans nos cellules cérébrales, nous savons peut-être d'où elle vient, mais nous ne savons jamais où elle va se loger, ni à quoi elle est destinée, ni le moment où notre fantaisie nous donnera de la faire ressortir, ni quelle partie d'elle-même la prédestinera à être, un jour, une réponse à telle question que nous pourrions nous poser.** Ce n'est pas grâce à « l'adresse » mais par l'exploration de leur contenu même que nous passons cérébralement d'une information à une autre. L'étude du mécanisme des synapses, aiguillages aléatoires de notre connaissance, éclaire ces phénomènes d'un jour encore assez obscur.

Enfin, un ordinateur n'est pas agité par les émotions que nous connaissons. **De profonds courants affectifs semblent balayer les océans de notre connaissance et brassent d'une façon inattendue les informations dont nous disposons :** opérant parfois des substitutions inattendues, mélangeant les eaux froides et les eaux chaudes, superposant les pulsions et les concepts... et ainsi nous écartant subtilement de la rigueur dont nous voulons nous donner l'apparence. Par exemple, lorsque quelqu'un parle de sa voiture ou du percepteur, il peut arriver qu'il perde toute objectivité. Ou encore on peut avoir nourri en soi des « complexes d'échec » qui gauchissent toutes les démarches intellectuelles et les stérilisent. Enfin le phénomène n'est pas purement intellectuel : la circulation des informations retentit profondément sur tout l'organisme (joie, plaisir, angoisse ...), qui, lui-même, paralyse ou stimule le fonctionnement cérébral.

B – L'hyper-complexité

Il semble résulter de ces trois remarques que notre cerveau est un instrument bien imparfait, surtout lorsqu'on le compare à un ordinateur, si rigoureux dans son fonctionnement. Mais c'est à ces imperfections, fruits d'une grande complexité et de l'accumulation historique de fonctions hétérogènes, qu'il doit sa puissance inventive.

L'analyse d'Édgar Morin est significative. **C'est parce que notre cerveau est hypercomplexe et imparfaitement organisé pour l'action programmée qu'il nous permet de nous adapter à un environnement mouvant dans lequel il fonctionne par essais et erreurs, intégrant dans sa programmation les événements aléatoires, n'excluant pas les associations au hasard, c'est-à-dire le désordre.** « Les compétences qui résultent du développement des territoires corticaux nouveaux, de la constitution de nouveaux centres cérébraux, de la mise en relation de centres jusqu'alors non interconnectés, sont des propriétés globales résultant de la réorganisation et de l'accroissement en complexité du cerveau. Elles sont **heuristiques** (aptes à trouver une solution), **stratégiques** (aptes à combiner un ensemble de décisions, choix, en fonction d'une fin), **inventives** (aptes à effectuer des combinaisons nouvelles) ; en bref, **aptes à faire apparaître l'ordre à partir du bruit.** »

Dans cet immense brassage des informations, nous ne pouvons plus évidemment distinguer rigoureusement les différentes zones qui nous ont été morphologiquement décrites. Et surtout, il faut reconnaître que les zones profondes et non contrôlées de « l'inconscient » jouent (justement parce qu'elles ne sont pas maîtrisées) un rôle aussi important que les zones du raisonnement volontaire : « Au dire des penseurs qui ont pris la peine de décrire leurs méthodes de travail », dit Koestler, « non seulement la pensée verbale, mais la pensée consciente en général ne joue qu'un **rôle secondaire** dans la brève phase décisive de l'acte créateur lui-même. L'accent qu'ils placent presqu'à l'unanimité sur **des intuitions spontanées, d'origine inconsciente,** qu'ils sont incapables d'expliquer, donne à penser que depuis le siècle des Lumières on a grandement surestimé le rôle des processus strictement rationnels et verbaux dans la découverte scientifique. **L'irrationnel fait partie intégrante de tout processus créateur.** »

C'est ce que confirme ce mot d'Évariste Gallois : « Ils ne déduisent pas ; ils combinent, ils comparent. **Quand ils arrivent à la vérité, c'est en se heurtant de côté et d'autre qu'ils y sont tombés.** » Et cet autre, de Édouard Le Roy : « L'invention s'accomplit dans le nuageux, dans l'obscur, dans l'inintelligible, presque dans la contradiction. »

C – Un certain art du pêcheur

Sous cet angle, l'invention n'est plus seulement le déploiement souverain d'un raisonnement définitif. Elle doit être considérée aussi (sinon principalement) comme le résultat d'une exploration un peu tâtonnante de notre réservoir mental.

Résoudre un problème consiste à plonger dans le lac tranquille de nos connaissances, une sorte de croc ou de harpon, qui est la question, pour essayer d'y pêcher une information qui lui servirait de réponse. Cette rencontre est ce que Koestler appelle la « **bisociation** » et que d'autres auteurs appellent le « **croisement** » ou la « **rencontre** ». Aucune réponse ne pouvant être destinée à l'avance à aucune question, la rencontre entre les deux dépend d'un certain « **art de l'inventeur** », de même que la capture d'un poisson au bout d'une ligne dépend d'un certain « art du pêcheur ».

En ce qui **concerne la question,** c'est en effet tout un art que de faire, d'un événement simple et banal comme on en rencontre tous les jours, un instrument fouineur, crochu, inquiétant, quémandeur, agrippant : quelque chose comme un paquet d'hameçons ! Un problème bien posé est déjà à moitié résolu, nous savons cela. **Quant à la réponse...** mais c'est ici que nous touchons au cœur du problème. Une information peut être stockée dans un cerveau à la manière d'une **boule de billard** dans un étang vaseux : lourde et lisse, elle sombrera et personne n'arrivera jamais à la repêcher pour en faire quoi que ce soit. Ainsi procèdent les esprits logiques et/ou incultes : chaque chose à sa place et une place pour chaque chose (... J'appelle un chat un chat... De quoi parlons-nous exactement... Définissons nos termes... Ne mêlons pas les genres... Cordonnier, pas plus haut que la chaussure... À chacun son métier et les vaches seront bien gardées, etc.). Au contraire, une information qui entre dans un cerveau inventif est en quelque sorte transformée en une **pelote de laine.** Elle n'est plus lisse, mais poilue ; elle ne sombre pas, elle flotte entre deux eaux, polyvalente, indécise, disponible, incertaine d'appartenir à la mathématique, à la psychologie, à la physique, à la morale, à l'érotisme ou à la religion, hérissée d'une multitude de petites bouclettes par où elle est prête à être saisie et ramenée au jour... **Vient la question en forme de harpon que le chercheur lance dans l'eau trouble, ou le hameçon plombé dont il va fouiller les profondeurs : il aura tôt fait d'en ramener une, deux, dix pelotes-solutions.**

Pour devenir un bon inventeur, nous devons nous fabriquer des concepts chevelus. Les revues que nous lisons, les cours que nous suivons, les expériences que nous faisons sont « objectivement » les mêmes pour tous. Mais, « subjectivement », ils retentissent très différemment dans notre esprit. Nous pouvons, soit recevoir des informations monovalentes qui ne sont que des « une réponse » à des « une question » et que nous classons comme telles une fois pour toutes (les boules de billard).

Nous pouvons, au contraire, prédestiner ces mêmes informations à une infinie disponibilité, les transformer en concepts polymorphes, en représentations plurivalentes (les pelotes de laine). Ainsi ferons-nous de notre esprit, non pas un **Petit Larousse** (dans lequel on ne trouve que ce qu'on cherche, et encore !), mais **un livre de vie riche de toutes les réponses imaginables, et même de celles que nous pourrions trouver à des problèmes que nous n'aurons jamais le temps de nous poser.**

D – Témoignages

HELMHOLZ : « *Je me suis trouvé bien souvent dans l'inconfortable posture d'avoir à attendre une pensée heureuse et l'expérience que j'ai acquise du moment et de la manière dont elle s'est produite peut être utile à d'autres... Aussi loin que s'étende mon expérience, elles ne se présentent jamais à un cerveau fatigué et jamais à la table de travail. Il m'a toujours été nécessaire avant tout de tourner mon problème dans tous les sens jusqu'à ce que j'en aie tous ses angles et complexités bien en tête et puisse les parcourir sans effort préliminaire. Puis, après que la fatigue résultant de ce travail se soit effacée, il doit y avoir une heure de renouveau physique et de détente tranquille avant que les bonnes idées m'apparaissent. Elles étaient souvent là le matin quand je m'éveillais...* **mais elles aimaient souvent faire leur apparition alors que je me promenais tranquillement sur les collines boisées par temps ensoleillé.** »

POINCARÉ : « *Parmi les combinaisons choisies, les plus fécondes seront souvent formées d'éléments provenant de domaines fort éloignés... Parmi les combinaisons ainsi formées, presque toutes sont sans intérêt et sans utilité... Quelques-unes seulement sont harmonieuses et, par la suite, à la fois utiles et belles...*

*Représentons-nous les éléments futurs de nos combinaisons comme quelque chose de semblable aux atomes crochus d'Épicure. Pendant le repos complet de l'esprit ces atomes sont immobiles, ils sont pour ainsi dire accrochés au mur... Pendant une période de repos apparent et de travail inconscient, quelques-uns d'entre eux se sont détachés et mis en mouvement. **Ils sillonnent dans tous les sens l'espace... comme pourrait le faire une nuée de moucherons ou, si l'on préfère une comparaison plus savante, les molécules gazeuses dans la théorie cinétique des gaz. Leurs chocs mutuels peuvent alors produire des combinaisons nouvelles... »***

*Francis GALTON : « Lorsque je travaille à résoudre un problème, le processus me paraît être le suivant : les idées qui se trouvent à un moment quelconque dans ma pleine conscience semblent attirer d'elles-mêmes les idées les plus appropriées parmi toutes celles qui sont à portée de la main sans être tout à fait dans un rayon de conscience. **Il semble qu'il y ait dans l'esprit une salle de réception où la pleine conscience donne audience à deux ou trois idées en même temps et une antichambre pleine d'idées plus ou moins apparentées et située immédiatement hors de la vue de la conscience.** C'est de cette antichambre que les idées les plus étroitement apparentées semblent être invitées à prendre leur tour d'audience. »*

*Le CORBUSIER : « Lorsqu'une tâche m'est confiée, j'ai pour habitude de la mettre au-dedans de ma mémoire, c'est-à-dire de ne me permettre aucun croquis pendant des mois. La tête humaine est ainsi faite qu'elle possède une certaine indépendance : **c'est une boîte dans laquelle on peut verser en vrac les éléments d'un problème. On laisse alors « flotter », « mijoter », « fermenter ».** Puis un jour, sur une initiative spontanée de l'être intérieur, le déclic se produit : on prend un crayon, on accouche sur le papier. L'idée jaillit, l'enfant sort : il est venu au monde, il est né. »*

E – Principe des méthodes de créativité

Si l'on tient pour exactes ces descriptions du mécanisme de l'invention, **les méthodes de créativité ne sont autre chose que la stimulation ou l'accélération de cette exploration intérieure** qui permet, au cours d'une investigation dont nul ne peut mesurer la durée ni prévoir le résultat, de rencontrer l'idée heureuse qui servira de réponse au problème posé.

De même qu'un pêcheur dissimule le hameçon sous un appât ou sous un leurre, il faut aussi que le chercheur emploie quelque ruse pour attraper une bonne réponse. Supposons que le problème soit présenté très simplement à l'esprit sous sa forme habituelle : il va déclencher en réponse toute la gamme des stéréotypes qui lui sont sémantiquement attachés : on va pêcher des lieux communs et il ne pourra pas y avoir de découverte. Au contraire, **il faut que le problème se déguise et paraisse « autre »** pour permettre l'exploration intérieure de représentations spécifiques. C'est-à-dire que le bon chercheur va dissimuler le problème qui se pose sous des appâts divers. Trois grands types d'appâts sont à sa disposition, qui sont les trois grands types de méthodes de créativité :

1) **Les méthodes analogiques.** Le problème est déguisé en un problème qui lui ressemble : « Le problème posé n'est pas sans rapports avec tel ou tel autre problème déjà connu : et si nous essayions de le penser dans les mêmes termes ! » On explore ainsi toute la zone du cerveau qui contient les concepts qui sont en relation avec le concept de départ (analogie, ressemblance, voisinage, modélisation, axialité …).

2) **Les méthodes antithétiques.** Ici, par une sorte de ruse suprême, le problème se déguise en son contraire « et si nous faisions exactement l'inverse de ce qui a été proposé

jusqu'ici !... ». C'est le moyen d'explorer une nouvelle zone de concepts qui ne sont accessibles que par le biais du refus (antithèse, différence, opposition, négation, déformation, dépassement, tératologie, utopie ...).

3) **Les méthodes aléatoires.** Lorsqu'on a exploré la zone des concepts qui se ressemblent et la zone des concepts qui s'opposent, il reste une zone – immense parfois – de concepts qui sont sans rapport perçu avec le problème posé. Comme il n'y a aucun fil directeur qui permette d'explorer cette zone, on ne peut avoir recours qu'à des stimulations aléatoires : d'où la dernière catégorie des méthodes de créativité (hasard, superposition, combinatoire, exploration...)

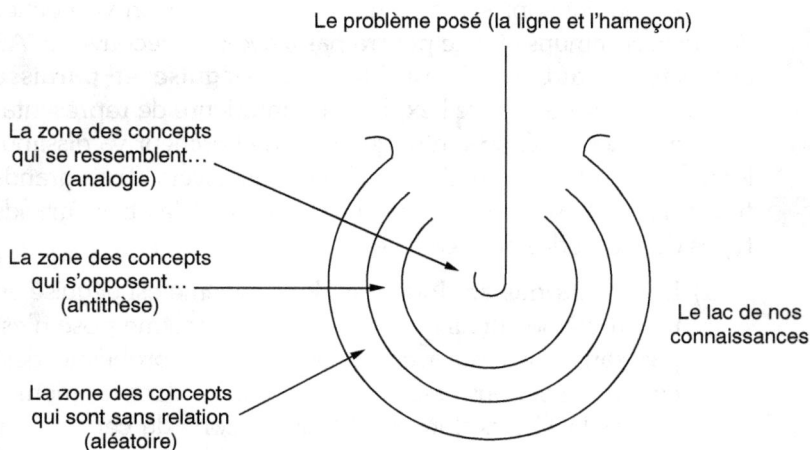

Figure A.4 : Le problème posé (la ligne et l'hameçon)

Bien entendu, cette distinction n'est pas aussi rigoureuse qu'elle en a l'air : les liaisons entre nos concepts sont tellement complexes que l'analogie, l'antithèse ou l'aléatoire sont presque partout à l'œuvre simultanément. Mais opérationnellement cette analyse est efficace.

Un dernier principe important mérite enfin d'être dégagé : les idées recueillies par l'une ou l'autre des méthodes ne sont jamais parfaitement adaptées au problème posé (si elles l'étaient, le problème serait résolu). **Mais il faut en quelque sorte forcer la réponse à s'adapter à la question,** la retoucher, la réviser, la brusquer même : un peu comme on fait entrer une cheville carrée dans un trou rond. C'est de la mauvaise mécanique, mais pour inventer il faut en passer par là !

F – Mise en œuvre des méthodes de créativité

Enfin les méthodes de créativité, et c'est là qu'elles apparaissent nombreuses et foisonnantes, vont s'employer à stimuler les trois processus d'exploration que nous venons de décrire **en proposant au chercheur une multitude d'attitudes, ou d'approches, ou de « trucs » (un truc qui sert deux fois est une méthode), inspirés tout simplement par la pratique.** En particulier, le psychodrame, l'identification, le mime, le rêve éveillé, le dialogue, la relaxation physique, la projection, la décontraction, la stimulation visuelle, la marche, l'exploration de matrices ou de catalogues... Et tous les moyens de stimulation sont probablement loin d'avoir été explorés.

Parmi tous ces moyens (et se combinant la plupart du temps avec eux) l'un mérite une mention particulière : **l'effet de groupe.** Les méthodes de créativité sont en effet parfaitement applicables par un individu qui, grâce à elles, accélère le mouvement intérieur de sa propre réflexion (voir schéma).

Mais on a constaté que **la mise en pratique de ces méthodes dans un groupe a pour effet non pas seulement d'addition-**

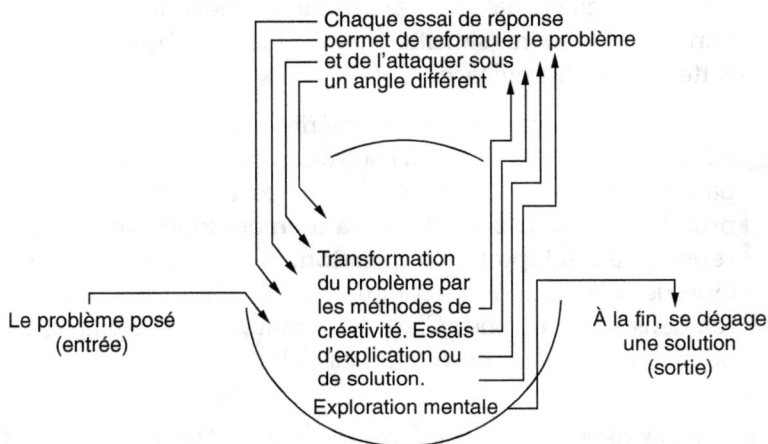

Figure A.5 : Auto-excitation du cerveau par les méthodes de créativité

ner les pouvoirs inventifs, mais de les multiplier l'un par l'autre grâce à un effet de stimulation collective : en effet, chaque approche formulée par un des chercheurs renouvelle les perspectives de tous et leur permet de balayer une zone à la fois plus vaste et plus précise de leur cerveau... Pour quiconque l'a éprouvé au sein d'un groupe cohérent et bien entraîné, l'effet de groupe a quelque chose d'éblouissant.

D'abord chaque sujet comprend le problème d'une façon qui lui est propre. Ensuite chacune des suggestions faites retentit différemment dans l'esprit de chaque sujet et renouvelle sa perception du problème. Cette nouvelle perception déclenche une nouvelle réponse qui retentit à son tour... etc.

Telle est la raison pour laquelle la créativité est souvent confondue avec les techniques de groupe. Ce que nous venons de dire explique cette confusion. Et, de toute façon, il est essentiel

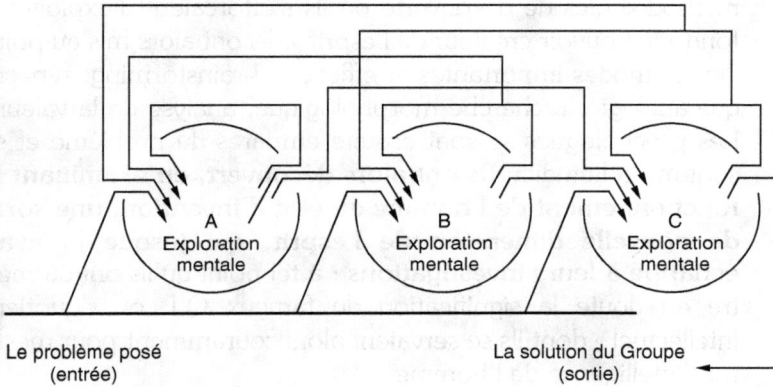

**Figure A.6 : Mise en inter-relation de trois sujets
par les méthodes de créativité**

d'une part d'accepter une initiation aux méthodes de créativité au sein d'un groupe, et d'autre part de faire de la même façon un certain nombre d'expériences approfondies. Mais après cela l'approche créative devient un réflexe fondamental de l'esprit qui se déclenche au moment où cela est nécessaire, et quelles que soient les circonstances.

C'est à la création de ces réflexes fondamentaux que ce livre est consacré.

3. CONVERGENCE ET DIVERGENCE

Il y a plus de cinquante ans que les chercheurs scientifiques et technologiques, stimulés par la formidable concurrence entre les États-Unis et l'URSS (… c'est la première fois que la recherche prenait l'allure d'une fonction vitale !) ont mis au point des méthodologies de découverte où ils s'efforçaient d'exploiter à fond « le pouvoir créateur de l'esprit ». Ils ont alors mis au point des méthodes importantes et efficaces (brainstorming, synectique-analogie, recherche morphologique, analyse de la valeur). Les psychologues se sont ensuite emparés du problème et se sont mis à l'étudier. **Ils ont alors découvert, en examinant le fonctionnement de l'homme en état d'invention, une sorte de nouvelle dimension de l'esprit, qui jusque là avait échappé à leurs investigations :** à tel point qu'ils ont dû mettre en doute la signification du fameux Q.I. ou « quotient intellectuel » dont ils se servaient alors couramment pour mesurer l'intelligence de l'homme.

« Qu'est-ce que l'intelligence ? » demandait-on à Binet, l'initiateur du Q.I. ? Il répondait avec esprit : « C'est ce que mesure mon test. » Il faudrait répondre aujourd'hui : « C'est l'état intellectuel de l'homme du début du XXe siècle. » Or l'homme du début du XXe siècle, à l'exception du foisonnement intellectuel d'une certaine élite artistique et scientifique, n'était pas un découvreur. C'était un « homme sérieux », selon l'expression de Simone de Beauvoir, un industriel, un colon, un militaire, un fonctionnaire... **Il semble qu'il y ait maintenant deux facteurs à retenir pour évaluer les capacités d'une humanité qui, à la suite de la Deuxième Guerre mondiale, s'est plongée dans une aventure scientifique et technique frénétique : l'ancien Q.I., permettant de mesurer la « convergence » de l'esprit, et un nouveau Q.I. permettant de découvrir sa « divergence » et d'apprécier – bien qu'avec beaucoup d'approximation – son pouvoir créateur.**

Ainsi n'avons-nous été pendant de longues années que la moitié de nous-mêmes !

La convergence est l'aptitude de l'esprit à s'insérer dans le monde qui est fait, à tirer le meilleur parti d'un apprentissage.

L'élève répète fidèlement les leçons du maître, utilise à la résolution des problèmes posés toutes les ressources de la logique et trouve directement la réponse qui dans le contexte actuel est généralement contenue dans la question. Le convergent a un champ de conscience étroit, c'est un fort en thème rapide, sûr, fidèle, doué d'une forte mémoire et d'une solide capacité de raisonnement, aimé des maîtres et poussé par eux aux premières places de la société. La préparation aux grandes écoles françaises est une admirable machine à sélectionner les convergents. **Mais le convergent n'est pas un créateur.**

La divergence est l'aptitude de l'esprit à reconstruire un monde différent de celui qui est proposé. L'élève revit par l'intérieur les enseignements qu'il reçoit en les modifiant pour les adapter à lui-même, il explore les unes après les autres les solutions trouvées intuitivement pour essayer d'en retenir une particulièrement favorable. Le divergent a un champ de conscience plus large, c'est un écolier distrait, lent, original, incertain, qui répugne à apprendre par cœur, hésitant devant la logique, mal aimé des maîtres qui ne trouvent pas en lui une image assez fidèle, et souvent écartés par eux de la sélection qui conduit au pouvoir : on n'a pas le temps de diverger quand on prépare un concours. **Et pourtant, c'est le divergent qui est créateur et qui pourrait accoucher de ce monde nouveau qui demande à naître.**

Cette dichotomie recouvre celle que les biologistes ont établie entre le cerveau droit et le cerveau gauche. Le cerveau gauche, qui correspond à la main droite, est le siège des opérations logiques. Il correspond à des aptitudes que faute d'un mot précis nous essayons de définir dans le tableau ci-dessous par une constellation de mots. Le cerveau droit, qui correspond à la main gauche, soutient d'autres aptitudes de mouvement et d'imagination non moins précieuses pour la maîtrise de l'existence.

Cerveau gauche :	Cerveau droit :
Connaissance, compréhension, certitude, vérité, affirmation. Calcul, précision, analyse, rigueur classement, modèle, principe général. Règle à observer, priorité des moyens, démonstration, procédure…	Doute, incertitude, étonnement, remise en cause, négation. Sensibilité globale, intuition, sens de la totalité, spontanéité, synthèse. Exception à le règle, sens du but, imagination, improvisation, initiative…

Les premières aptitudes sont faciles à mesurer et à enseigner (d'où la tradition scolaire) ; les secondes difficiles à mesurer et naturellement à enseigner.

C'est cette même distinction qui est faite par Édouard de Bono lorsqu'il parle de pensée verticale et de pensée latérale : la première qui marche par Oui-Non, qui utilise l'information pour ce pour quoi elle a été créée, qui choisit entre deux voies qui s'ouvrent, qui n'accepte que ce qui est concevable et à quoi l'on va par des chemins sûrs… La seconde qui se place hors du dilemme Oui-Non et pense Autre, **qui fait irrespectueusement passer l'information dans la moulinette de son imagination,** qui saute d'une voie vers une autre par une sorte de rupture qualitative, qui admet ce qui aujourd'hui paraît inadmissible et hasardeux. Un chercheur vertical est celui qui creuse son trou toujours plus profond et en fait un très beau trou, sans se préoccuper de savoir si le trou se trouve à la bonne place. **Un chercheur latéral sort du confortable trou dans lequel l'ont fait entrer ses maîtres pour aller voir si ce n'est pas ailleurs qu'il faudrait creuser !**

Cette opposition n'est d'ailleurs pas nouvelle. Les anciens l'avaient établie entre **Apollon et Dionysos,** le premier s'avan-çant glorieusement à la lumière de l'intelligence triomphante, l'autre se mouvant dans la semi-obscurité et l'ivresse de ses pulsions fondamentales. Dans la même ligne, Édgar Morin a distingué l'homo « sapiens » et l'homo « demens ». C'est bien d'être raisonnable ou raisonnant, mais rien n'aurait existé sans la « folie de l'homme » qui, à n'user que de sagesse, serait encore à marcher à quatre pattes au fond de ses fameuses cavernes...

(En août 1848 un ouvrier des chemins de fer de la Nouvelle Angleterre eut le cerveau transpercé par une barre à mine. Il survécut. Il avait gardé sa capacité logique, mais il avait perdu toutes des facultés affectives... Quelle chance d'être débarrassé de l'encombrant appareil de sa sensibilité, et de n'être plus soumis qu'à sa claire intelligence. Or, il échoua dans toutes ses entreprises. Étrange ! Plus récemment, un biologiste découvrit parmi ses patients un sujet atteint des même lésions que l'ouvrier cité ci-dessus : les conséquences étaient les mêmes et ses décisions étaient mauvaises. Comme si la sensibilité et l'intuition étaient nécessaires pour, dans le cours de l'action, soutenir, doubler et parfois contredire la logique.)

Au reste, ne pensons pas que tous les êtres humains doivent être définitivement rangés dans un camp ou dans un autre. Hormis quelques cas très purs de rigidité psychologique (cerveau gauche) ou de désordre mental (cerveau droit) nous sommes tous, compte tenu de notre hérédité et de notre éducation, à la fois convergents et divergents à des degrés divers. Tout au plus pouvons-nous parler de dominantes... L'objet des exercices de créativité présentés ici est en toute hypothèse, d'améliorer les performances imaginatives dans l'un et l'autre cas.

Un exemple – Fillerval Follies

Cette petite note est amicalement dédiée aux participants d'une session d'heuristique à Fillerval (château historique, haut lieu de formation) qui, s'ils se reconnaissent, ne m'en voudront pas de me servir d'eux pour essayer de prévenir une allergie fréquente dans les milieux industriels.

... Le cadre d'entreprise est un homme occupé et chargé de lourdes responsabilités ; lorsqu'il prélève quelques heures sur son emploi du temps pour « se former », il faut qu'il puisse en mesurer le rendement avec précision... Rendons cet hommage au cadre que, s'il est exigeant pour les autres, il l'est pour lui-même. Pour mesurer ce rendement, il dispose de deux para-mètres :

a) **L'utilité immédiate** – À quoi est-ce que cela va me servir demain ? Quelles sont les applications pratiques que je vais pouvoir en tirer ? Quelle méthode exacte dois-je employer pour résoudre mes problèmes ? Expliquez-moi bien votre truc pour que je le réussisse à mon tour.

b) **À défaut d'utilité immédiate, le sérieux** – Conditionnés par une société puritaine, janséniste et taylorienne, nous pensons que ce qui est efficace (sérieux) ne peut être qu'ennuyeux (sérieux). Il ne faut pas s'amuser quand on travaille : c'est immoral. À la limite, on peut être « inté-ressé » par ce qu'on apprend ; c'est tout.

Or, en ce qui concerne l'invention, les méthodologies sont peu efficaces si elles ne passent pas par une modification profonde du système mental, ce qui est une démarche à long terme... **D'autre part, la recherche de ces modifications profondes suppose une sorte de libération des conditionnements sociaux et, en particulier, du tabou du sérieux et engendre un climat « de liberté, de plaisir et de passion... ».**

Cette opposition entre le climat culturel fondamental et les travaux proposés se manifesta tout à coup fortement à la fin de la première journée de la session : on avait fait des exercices apparemment gratuits, on s'était de plus bien amusé... Mais n'avait-on pas abusé de la liberté donnée par l'entreprise ? Oserait-on dire à son patron et à ses collègues (et à sa femme) ce à quoi on avait passé son temps ? Un intense sentiment de culpabilité envahissait soudain le groupe. **Ainsi apparaissait cette contradiction fondamentale de la société industrielle, qui demande à l'homme régularité, discipline, obéissance, rendement, d'une part, et de l'autre, invention énergie, enthousiasme, innovation.** Mais la vie est faite de contradictions qu'il faut surmonter...

C'est ce que, le lendemain, je tentai d'expliquer. Je ne sais pas si je fus convaincant. Et c'est peut-être, malgré quelques exercices bien ennuyeux par lesquels j'essayais de me faire pardonner, le sentiment de l'avoir été trop peu qui m'amène à revenir ici sur ce sujet.

L'entreprise et l'homme sont en étroite inter-relation. Ils se font l'un par l'autre : tout ce qui construit l'homme construit l'entreprise ; et tout ce qui construit l'entreprise construit l'homme. Mais dans l'une et l'autre perspective, **ce qui est important, ce sont des « hommes vivants ».** On peut être bardé de trucs, de méthodes, de disciplines, de systèmes, de connaissances, et être un homme mort, inefficace, malgré les apparences. À l'inverse, on peut ignorer beaucoup de choses, mais avoir cultivé en soi-même un certain nombre de qualités d'accueil, d'attention intérieure, de présence d'esprit, de fidélité au réel, de sens de l'adaptation, de confiance en la vie : et c'est cela qui rend terriblement efficace.

Ce sont essentiellement ces qualités de l'homme vivant que tentent de développer les exercices de créativité : de sorte qu'après avoir pris de la distance par rapport à sa tâche quotidienne (« N'oubliez pas de respirer » disait déjà Péguy !), on puisse lui revenir avec un esprit nouveau et une volonté retrempée...

Il ne faut pas seulement gagner sa vie : il faut réinventer le monde. Mais cette espèce de plongée en profondeur dans la mer de sa propre vie intérieur, source de tout renouvellement, ne peut évidemment se faire en quelques jours de stage. Et c'est peut-être là l'erreur... Mais, de peur de ne pouvoir finir, faut-il renoncer à commencer ?

4. LE GROUPE PLURIDISCIPLINAIRE

Un concept dominant est comme un champ de force. Il polarise dans le cerveau toutes les idées éparses et désordonnées qui s'y trouvent livrées à son bon plaisir ; il les choisit, les trie et les ordonne par rapport à lui-même, tâchant d'extraire de chacune tout ce qui le concerne et les rangeant autour de lui selon l'appui qu'elles lui apportent. Ce travail est un travail de longue haleine ; il est par conséquent très profond et durable et il aboutit le plus souvent à une sorte de cristallisation de l'intelligence qui tend à considérer l'ordre ainsi secrété comme quelque chose de définitif, comme une sorte de référentiel fondamental, une loi-cadre, dans laquelle viendrait s'inscrire toute acquisition nouvelle.

La découverte, ou du moins le commencement de la découverte, consiste dans la mise en doute d'un référentiel d'origine par la perception et la prise en compte d'un concept non intégrable, qui vient progressivement semer le doute sur la structure antérieure et crée comme une sorte de nouveau champ de force autour duquel se réordonne à nouveau, en lui donnant corps et consistance, toute la collection des concepts antérieurs. Une logique nouvelle bouscule l'ordre établi par les logiques anciennes.

DIVERSITÉ DU GROUPE

Découvrir, c'est passer d'une structure ou d'un modèle à une autre structure ou à un autre modèle. C'est par conséquent se livrer à une opération intérieure sur soi-même : détruire et reconstruire ses représentations. Le groupe pluridisciplinaire d'invention y est particulièrement bien préparé, car sa constitution repose à la fois sur la diversité des logiques et sur la diversité des caractères.

a) Diversité des logiques

Chaque individu est marqué par l'apprentissage d'un certain nombre de tactiques qui sont tellement bien assimilées qu'elles finissent par marquer toutes les démarches qu'il entreprend. **Nous avons tous un certaine façon de résoudre les problèmes,** qui tient à la nature de notre formation : un chimiste cherche des solutions d'ordre chimique car ce sont celles qu'il connaît, dans lesquelles il se sent à l'aise. Et plus encore, ce sont celles-là qui lui viennent quotidiennement à l'esprit quand, essayant de prendre du recul par rapport au problème posé, il se détend et cherche à fouiller en lui-même. **Mais nous avons tous aussi une façon particulière de poser les problèmes** qui tient, elle, non pas tellement à la nature de notre formation, mais au type d'esprit que cette formation a engendré en nous. L'intelligence d'un mathématicien n'est pas la même que celle d'un physicien ou d'un philosophe.

En quoi peuvent consister ces différences formelles ? Elles sont certainement difficiles à définir et dépendent très probablement profondément de la nature des phénomènes étudiés. **Les mécaniciens,** par exemple, sont souvent caractérisés par une démarche univoque assez stricte, surtout rigoureuse : le monde entier devrait facilement, pour eux, ressembler à une de leurs machines, avec une structure précise, des lois de dépendance évidente, la démonstration de fonctions très distinctes et très intégrées. **Le physicien-chimiste** a fait, dans sa carrière, l'expérience de phénomènes plus complexes, ou du moins non encore maîtrisés, qui rendent son approche plus circonspecte, plus empirique, plus attentive à l'événement qu'à la rigueur du dessin. Il essaiera plus volontiers des solutions non raisonnées, simplement « pour voir » si par hasard elles ne révèlent pas l'existence d'une possibilité dont il ignorait tout. **Le biologiste** est encore plus prudent : il ne crée pas les réactions, il les observe ; il sait qu'il y a dans la nature des rythmes auxquels il faut se soumettre, il cherche à profiter des mouvements naturels de la vie et non à les créer. Les phénomènes dont il s'occupe sont peu sensibles au raisonnement ; il travaille donc tout naturellement par voie persuasive, l'analogie lui est familière : de même que... de même. **Le sociologue** a pu rêver quelque temps dans le sillage de l'école behavioriste d'une science expérimentale et statistiquable. Il est devenu, ces derniers temps, infiniment plus sensible à l'extraordinaire complexité du sujet de son étude : l'homme, et plus spécialement l'homme en groupe. Et plus encore que le biologiste, il est porté à croire que la vie est capable de résoudre tous les problèmes. À l'inverse du mécanicien, il se caractérise souvent par un non-interventionnisme complet.

Il serait possible de situer sur cette échelle, ou en dehors, tous les types de chercheurs, en tenant compte de ce que chacun est modifié par son tempérament, sa culture, son expérience, et qu'à aucun prix il ne faut enfermer un individu dans une catégorie qui n'arriverait jamais à le contenir. **Ce qui est précieux, c'est la superposition, ou plutôt l'interpénétration de logiques différentes.** Penser l'évolution sociale et la concentration urbaine en termes de formation de galaxies, imaginer la fermentation intellectuelle de la société en termes de physique nucléaire et de masse critique, appliquer la loi de l'entropie à tous les phénomènes de recherche ; il y a là, pour ne citer qu'un simple exemple, d'extraordinaires chances d'élargir des horizons bouchés.

b) Diversité des caractères

Mais la recherche n'est pas seulement un phénomène intellectuel. **C'est aussi, et peut-être avant tout, un phénomène affectif.** Le chercheur qui trouve n'est pas toujours le chercheur le plus intelligent (on prétend même que le quotient intellectuel des chercheurs n'est pas le plus élevé). Mais **le chercheur qui trouve, c'est peut-être le chercheur le plus insatisfait, ou le plus opiniâtre, ou le plus orgueilleux, ou le plus téméraire, ou le plus opportuniste, ou le plus revanchard, ou le plus idéaliste... ou le plus réaliste...** Il est facile de deviner à quel point un individu a de la difficulté à être à la fois cela et cela. S'il n'est qu'un de ces hommes, il se bloque sur lui-même. Le phénomène est le même que sur le plan intellectuel : poussées à leur extrême, les qualités sont stérilisantes. Il faut, sur le plan caractériel, savoir se débloquer, passer de l'insatisfaction à l'opportunisme, de la témérité au réalisme, de l'idéalisme au contentement de soi.

Les conditions de travail en groupes non hiérarchisés, égalitaires et pluridisciplinaires sont, de très loin, les plus favorables à ce dialogue. Les barrières tombent, les idées sont échangées, elles passent d'un cerveau dans l'autre, s'y essaient à tour de rôle. Chaque suggestion d'un des membres est un essai de dépolarisation des cerveaux des autres. Même si l'opération ne réussit qu'une fois sur dix, quelle extraordinaire expérimentation ! Ce sont des semailles mutuelles ; et peut-être qu'ici ou là, la graine tombera sur un terreau préparé où elle prendra racine et se développera, modifiant l'équilibre des échanges. **Pour que ces modifications soient réellement possibles, il faut recourir au fort ébranlement psychologique du travail de groupe.** Le « patron », entouré de ses collaborateurs, même éminents (et surtout s'ils sont éminents), ne se trouve pas dans des circonstances favorables pour être dépolarisé : il est le patron. Or, il lui faudrait accepter d'être défait, de recevoir et non pas seulement de donner, d'être guidé et non pas seulement de guider.

L'individu seul se bloque sur lui-même, se durcit, se fatigue, se décourage ; les autres lui sont nécessaires pour se remettre en route, se décristalliser, s'arracher de l'ornière, reprendre courage et se remettre en chemin. Ce phénomène est bien connu de l'internationale des savants, toujours aux écoutes, à des milliers de kilomètres de distance, de ce que font les autres. Le groupe, c'est les autres à portée de la main, le dépannage immédiat, la dépolarisation garantie.

Mais très particulièrement, le groupe d'invention est le lieu où viennent s'éteindre les inhibitions caractérielles dues à la société et à l'éducation. Il n'y a plus, dans un groupe d'invention, de respect humain, c'est-à-dire que l'on y abolit strictement toutes les barrières du conformisme et de l'inégalité : on doit pouvoir tout dire sans songer même à rougir de le dire. Le groupe tout entier attend de chacun qu'il marche hors des lois de la morale et de la connaissance traditionnelles. Il est prêt à chercher dans la plus insignifiante des pensées exprimées, l'amorce d'une méditation originale. Il demande à tous ses membres de renoncer totalement à surveiller et à contrôler la conformité de ses expressions avec le code des convenances éthiques et intellectuelles. À tel point que la séance du groupe prend souvent l'allure d'un rêve éveillé et que toutes les techniques de l'analyse psychologique pourraient y être mises en œuvre pour y faire surgir la nouveauté que l'on recherche.

Dans le groupe d'invention, **ce ne sont pas les pensées achevées qui sont les plus fécondes,** c'est-à-dire les pensées que la société demande ordinairement d'exprimer, **ce sont au contraire les plus inachevées,** celles qui sont comprises le plus différemment par les autres membres du groupe, parce que leur imperfection même éveille en chacun d'entre eux des multitudes d'ouvertures qui seront peut-être des solutions aux problèmes étudiés.

On n'entre pas dans un groupe d'invention pour y jouer un rôle, ni même le sien propre. On y entre pour être soi-même. Et c'est presque la seule occasion que la société puisse nous donner de faire cette découverte exceptionnelle : être profondément et complètement authentique. Mais ceci explique aussi pourquoi nous pouvons assister à certains blocages ou à certains découragements. C'est une chose parfois terrible que de se trouver soi-même en face de soi, contraint d'entamer la mince pellicule de vernis et d'apparence, pour découvrir sa personnalité profonde et inévitable ; c'est toujours, en tout cas, une expérience éprouvante : privé de ses stéréotypes, de ses pensées familières et de ses phrases toutes faites, on découvre tout à coup un néant balbutiant où les idées traversent le champ de la conscience avec la brutalité d'un éclair, et où elles cherchent à s'exprimer aussi fortement que le tonnerre. Et l'on cherche vainement les mots dans lesquels on pourrait faire tenir ces visions fugitives. L'expérience mystique au-delà du langage et de la pensée pourrait être de même nature : « Ah ! ah ! je ne sais plus parler ». Et en effet, les pensées nouvelles ne peuvent pas être contenues dans de vieux mots. C'est comme du vin nouveau dans des outres anciennes : elles éclatent, et la connaissance riche et informe coule à flots par tous les trous faits au tissu de l'ordre établi.

LES RÈGLES DU COMPORTEMENT DANS LE GROUPE D'INVENTION

Le groupe est habituellement considéré par les sociologues comme un facteur de stabilité. Dès qu'un groupe s'organise, il établit un programme, élit des responsables, définit des structures, convertit ou élimine ce que les psychologues ont appelé ses déviants. Parfois, le groupe a comme objet explicite ou implicite la conservation de l'ordre établi. Même dans les groupes qui ont l'aventure pour vocation, c'est une aventure qui est conforme à un certain ordre adopté initialement comme charte. Le groupe respecte ses « règles », et c'est selon la conformité qu'ils manifestent à ces règles que les chefs sont choisis. Or, quelles que soient les règles, du moment qu'elles existent, encadrant en quelque sorte un instant du temps, elles portent en elles-mêmes la destruction de ce qu'elles veulent organiser, qui demande à se développer dans une situation en constante évolution. Le changement ne peut intervenir que du fait de l'individu qui, prenant conscience de la rigidité des règles et du décalage qui commence à exister entre le comportement du groupe et les circonstances extérieures, s'oppose à ce groupe et réussit, après des affrontements parfois violents, à lui faire changer d'opinion et d'attitude.

Au milieu de tous ces groupes composés d'hommes tels que la civilisation les a formés et voués aux tâches de production, de législation, de défense, de culture, de combat... le groupe d'invention apparaît nouveau parce qu'il échappe à toutes les lois du groupe traditionnel. Il est en effet une sorte de microcosme dans lequel, au lieu d'accepter tels quels les caractères donnés, les comportements traditionnels, les morales courantes, on s'efforce de créer, pour favoriser l'invention et la découverte, une sorte de morale ouverte. Et, contrairement à ce qui se passait dans le cas précédent, c'est le groupe tout entier, et non seulement l'individu, qui devient novateur.

Les deux principaux préceptes de cette morale pourraient être formulés de la façon suivante : **1)** il faut récéder – **2)** il faut être défait.

1) Il faut récéder, c'est-à-dire régresser, c'est-à-dire retourner en arrière. Nous sommes habituellement fiers d'apporter, dans les groupes auxquels nous participons, l'expression la plus rigoureuse de notre logique la plus parfaite. Nous nous efforçons de nous y situer à la pointe de notre raison. Nous donnons nos déductions les plus achevées, nos conclusions les plus certaines, désireux que nous sommes d'exprimer ce que nous pensons que notre humanité contient de plus avancé ; et si nos pensées semblent se dérober, nous préférons nous taire plutôt que de donner le spectacle d'une contribution confuse. L'école, en effet, que nous avons fréquentée nous a formés à vouloir paraître rigoureux, et nous a inspiré le plus profond mépris pour toute démonstration qui ne suivrait pas tout droit sa ligne la plus rigoureuse. **Le groupe d'invention nous demande au contraire d'abandonner le préjugé que notre achèvement se situe au niveau de la logique consciente et définitive.** Pour arriver jusqu'à elle, trop de filtres interposés ont tari la source inconsciente de notre invention. **Les pensées les plus fécondes sont les moins surveillées ; les expressions les plus riches sont les plus spontanées, les plus incohérentes.** Il faut apprendre à solliciter directement un inconscient dans lequel se trouve la source de toute découverte. Cela ne peut se faire souvent qu'en balbutiant...

2) Il faut être défait – La gloire et le triomphe de notre vieille éducation, c'est d'avoir raison et, ayant eu raison, de persévérer jusqu'à la fin dans cette raison. Notre civilisation est pleine de vieux préjugés immobilistes, enracinés dans la conviction que la vérité est une et universelle et qu'il est méprisable de changer d'opinion religieuse, politique ou autre. On dit volontiers d'un homme qui a changé d'opinion qu'on ne peut pas avoir confiance en lui. Et pourtant, **il n'y a pas de vérité, il n'y a que des hommes vrais.** Et au lieu d'avoir du mépris pour quelqu'un qui cherche à être fidèle à lui-même, c'est de l'admiration qu'il faut lui témoigner, car il vit et ses opinions reflètent cette perpétuelle découverte de l'existence. **Le groupe d'invention demande à ses membres d'accepter de se remettre en doute à toute occasion :** qu'ils donnent leurs idées, bien sûr ; mais qu'ils n'y tiennent pas, qu'ils recherchent avec passion de les voir contredites, qu'ils participent eux-mêmes à leur démolition si elles se révèlent mauvaises ; ou mieux encore, si elles se révèlent bonnes, qu'ils acceptent de les voir reprises, orchestrées et embellies par les autres ; et symétriquement, qu'ils acceptent les idées des autres en les perfectionnant à leur tour. **Le groupe d'invention répond à cette définition du dialogue considéré comme une aventure dans laquelle chacun accepte d'être modifié par les autres.**

Ces deux règles, dont nous avons fait des énoncés différents, ne sont que les deux aspects d'une même attitude intérieure. Ce qui est défait, c'est notre raison achevée, notre logique individuelle, et cette défaite ne signifie pas autre chose que le retour volontaire à nos sources inconscientes. Quant à cet inconscient, il est collectif, et c'est à cause de cela que nous pouvons l'explorer en groupe. D'autre part, conformément aux lois de l'évolution, et plus particulièrement à ce que les biologistes appellent le phénomène de la pédomorphose ou de la néoténie (si vous ne redevenez pas des petits enfants…), il faut pour progresser consentir à une régression préalable. À travers ces deux règles d'une nouvelle morale, apparait toute une série de relations aux autres sans aucun rapport avec ce que nous avons pu connaître jusqu'ici ; le trait dominant étant que les autres ne sont plus des voisins avec lesquels il faut composer, des amis qu'il faut entretenir, des ennemis avec lesquels il faut lutter, mais qu'ils contribuent profondément à la constitution de notre personnalité profonde et qu'ils sont en quelque sorte « plus nous-mêmes que nous ».

En entrant dans un groupe traditionnel, l'individu se contracte et se durcit pour y être ce qu'on attend qu'il soit et pour y jouer le personnage derrière lequel il n'aura pas à révéler sa propre personnalité. **C'est une assemblée de chevaliers : tous ont revêtu leur armure et baissé leur visière.** Ils portent à leur bras l'écusson grâce auquel on peut savoir qui ils sont, ils tiennent dans la main la lance avec laquelle ils se préparent à transpercer leur adversaire. Et la discussion prend l'allure d'une joute au cours de laquelle chacun devrait continuer à être ce qu'il est, tout en cherchant à détruire ce que sont les autres. Mais peut-être que, sous une armure étincelante, se cache quelqu'un qui ne remporte la victoire que parce que les autres se laissent prendre à sa terrible apparence.

Dans le groupe d'invention, la personne humaine est défaite, ouverte, concassée, désarticulée, elle ne s'appartient plus. Elle remet en doute toutes ses certitudes et sollicite toutes ses ignorances ; **car la découverte passe par une remise en cause complète de ce qui a été considéré comme acquis.** Et il ne s'agit pas, paradoxalement, de détruire quiconque : il n'y a point d'ennemi et il n'y a personne à vaincre ; mais tous sont vainqueurs : « Si le grain ne meurt... ». Le groupe d'invention constitue une mise en commun des ignorances bien plus que des savoirs.

Il n'y a plus qu'un pas à faire pour découvrir que le groupe d'invention est un groupe démocratique. Chacun des participants y a droit, non pas seulement à une voix, représentant le jugement de sa personne sur une vérité proposée, mais à l'expression même de sa vérité personnelle. Et ce ne sont pas des raisons contingentes de politique, ou d'opportunité, ou d'autorité, qui lui donnent raison, mais la qualité même de cette vérité. **Et tout naturellement, le groupe d'invention ne peut pas se concevoir dans une société de type autoritaire. La liberté de repenser toutes choses est inadmissible dans un régime qui se veut stabilisé et définitif, ou même simplement dans un régime qui n'admet de mutation que par voie hiérarchique.**

Cependant, il faut ajouter que ce groupe va bien au-delà d'un simple groupe « démocratique ». La démocratie s'exprime d'ordinaire par l'adoption d'une « opinion moyenne » sanctionnée par un vote selon lequel chaque citoyen reste sur ses positions intellectuelles personnelles, tout en admettant que l'intention de la majorité doive naturellement prévaloir. Ainsi entendue, la démocratie est comme une sorte de réduction au plus petit commun dénominateur. **Dans le groupe d'invention, on dépasse le niveau de la démocratie car on demande à l'ensemble des participants de se remettre eu cause pour essayer de découvrir, aussi excentrique (ne devrait-on pas mieux dire « excentrée » ?) qu'elle paraisse, la solution la plus adaptée au problème.**

Groupe démocratique

On ne s'entend que sur ce qui est commun à tous. La solution est contenue dans un espace restreint.

Groupe d'invention

On est prêt à reconnaître la bonne idée où qu'elle soit. Chacun élargit son esprit aux dimensions du groupe.

Si le groupe d'invention ne peut se constituer que dans une société démocratique, il faut peut-être admettre qu'il invite cette société à se dépasser elle-même pour atteindre, en quelque sorte, un état **d'ontocratie** dans lequel s'exprime le peuple, non pas selon sa diversité statistique, mais **conformément à sa personnalité collective créatrice.**

5. LES POSTULATS DE LA THÉORIE DE LA DÉCOUVERTE

La méthodologie de la recherche, sous-jacente aux exercices proposés, repose sur un certain nombre de postulats que nous pensons utile de citer ici car ils définissent une approche très différente de l'approche traditionnelle…

Premier postulat – On peut reproduire volontairement le processus de la découverte. *Il ne faut pas attendre que l'illumination se produise au terme d'une longue et incertaine maturation ; il y a des attitudes volontaires qui permettent d'accélérer considérablement cette phase (stimuli extérieurs, phénomènes de groupe, recueillement intérieur, spontanéité …).*

Deuxième postulat – Le processus de la découverte est le même dans toutes les disciplines. *Au-delà de la diversité des connaissances mises en œuvre, ce qui fait l'unité du processus de la découverte, ce sont les règles de fonctionnement du cerveau. Tous les chercheurs cherchent de la même façon. La création artistique elle-même relève de la même démarche que la création scientifique.*

Troisième postulat – La découverte se fait dans l'inconscient. *La solution d'un problème n'est pas trouvée au terme d'une démarche logique et claire. Elle naît d'associations profondes, dans des zones de la pensée auxquelles on n'a pas toujours immédiatement accès.*

Quatrième postulat – Pour accéder à l'inconscient, il faut libérer l'esprit de ses inhibitions. *Notre éducation et la pression sociale ont mis comme une garde qui veille à la porte de nos trésors profonds pour en interdire l'entrée. Il faut écarter cette garde avec précaution mais avec fermeté.*

Cinquième postulat – La découverte se fait dans un climat de détente, de plaisir et de passion. *La joie la plus profonde que puisse éprouver l'homme, c'est de créer. La découverte suppose et engendre un climat exaltant. Rien n'est plus destructeur pour l'invention que l'ennui.*

Sixième postulat – Les découvertes ne sont pas faites par des experts. *Les connaissances accumulées au long d'une vie finissent par encombrer l'esprit, qui ne trouve plus le jeu nécessaire à l'invention. Beaucoup de découvertes sont le fait de « naïfs » qui ont abordé les problèmes sous un angle inattendu.*

Septième postulat – Le merveilleux favorise la découverte. *La création, même technique ou scientifique, est un phénomène aussi affectif qu'intellectuel. C'est parce que le chercheur « rêve d'autre chose » qu'il finit par le découvrir.*

Huitième postulat – La découverte naît de la bisociation. *Toute découverte naît du rapprochement de deux concepts, de deux théories, de deux expériences jusqu'ici distinctes. Provoquer ces rapprochements favorise donc la découverte.*

Neuvième postulat – Le groupe pluridisciplinaire est l'unité opérationnelle de la découverte. *Le groupe en effet permet la conjonction des « experts », qui ont beaucoup de connaissances, et des « naifs », qui remettent en cause ces connaissances.*

BIBLIOGRAPHIE

AZNAR G. – *Idées – 100 techniques pour les produire et les gérer,* Éd. d'Organisation, 2005.

BACHELARD G. – *La formation de l'esprit scientifique,* Éd. Vrin, 1972.

BACUS A. – *Libérez votre créativité,* J'ai lu, 1997.

BARKER – *Créativité pour les managers,* JV et DS, 1998.

BEAUDOT A. – *La créativité à l'école,* Éd. PUF, 1968.

BERNARD CI. – *Introduction à l'étude de la médecine expérimentale* (1865), Éd. Garnier, 1965.

BIZE P.R., GOQUELIN P. et CARPENTIER R. – *Le penser efficace,* Éd. SEDES, 1967.

BLANCHÉ R. – *La logique et son histoire,* Éd. Armand Colin, 1970.

BOIREL R. – *Théorie générale de l'invention,* Éd. PUF, 1962.

BOIREL R. – *L'art d'inventer,* Éd. Aubanel, 1963.

BONO E. de – *Lateral thinking,* Éd. Jonathan Cape, 1968.

BONO E. de – *La pensée latérale,* Éd. EME, 1973.

BONO E. de – *La boîte à outils de la créativité,* Éd. d'Organisation, 2004.

CAUDE R. et MOLES A. – *Méthodologie : vers une science de l'action,* Éd. EME, 1964.

CLARK Ch. – *Brainstroming,* Dunod, 1962.

DEMORY B. – *La créativité en pratique,* Chotard et ass., 1974.

DESMAREST M. et DRUEL M. – *La créatique,* Éd. Clé, 1970.

DESOILLE R. – *Entretiens sur le rêve éveillé dirigé en psychothérapie,* Éd. Payot, 1973.

DREVET A. – *Méthodes d'invention à l'usage des dirigeants,* Éd. Fayard Maine, 1973.

EMMANUEL P. – *Pour une politique de la culture,* Éd. du Seuil, 1971.

FARRINGTON B. – *La science dans l'antiquité,* tr. fr., Éd. Payot, 1967.

FUSTIER M., KAUFMANN A., DREVET A. – *L'Inventique,* Éd. EME, 1970.

FUSTIER M. – *La logique de l'arbre,* Éd. de l'ALGOE, 1972.

GORDON W.J. – *La méthode synectique,* Éd. Hommes et Techniques, 1965.

ISAKSEN S., TREFFINGOER D., DORVAL B. – *Résoudre les problèmes par la créativité,* Éd. d'Organisation, 2003.

JAKOBIAK F. – *De l'idée au produit,* Éd. d'Organisation, 2005.

KOESTLER A. – *Le cri d'Archimède,* tr. fr., Éd. Calman-Levy, 1966.

KOESTLER A. – *Les somnambules,* tr. fr., Éd. Calman-Levy, 1964.

KORZYBSKI A. – *Science and Sanity,* International non-aristotelician library, 1933.

LE ROY E. – *La pensée intuitive,* 2 vol., 1930.

MOLES A. et CAUDE R. – *Créativité et méthodes d'innovation,* Éd. Fayard-Mame, 1970.

NEEDHAM J. – *La science chinoise et l'Occident,* tr. fr., Éd. du Seuil, 1973.

OSBORN A.F. – *L'imagination créatrice,* tr. fr., Éd. Dunod, 1962.

POINCARÉ H. *Science et Méthode (1909),* Éd. Flammarion, 1959.

PROPP V. – *Morphologie du conte,* tr. fr., Éd. du Seuil, 1965.

RAPAILLE G.C. – *La relation créatrice,* Éd. Univ., 1973.

RIBOT T. – *Essai sur l'imagination créatrice,* Éd. Alcan, 1905.

ROBINSON ALAN G. – *L'entreprise créative,* Éd. d'Organisation, 2000.

ROUSSEAU P. – *L'invention est une aventure,* Éd. Hachette, 1965.

SOL J.P. – *Techniques et méthodes de créativité appliquée,* Éd. Univ. 1974.

TOUATI A. – *Créativités,* Éd. d'Organisation, 1992.

VIDAL F. – *Problem solving,* Éd. Dunod, 1971.

VIDAL F. – *La leçon d'imagination,* Robert Laffont, 1980.

WHYTE L. – *L'inconscient avant Freud,* Éd. Payot, 1971.